越中おわら風の盆の空間誌

〈うたの町〉からみた近代

長尾洋子 著

ミネルヴァ書房

越中おわら風の盆の空間誌——〈うたの町〉からみた近代

【目次】

目　次

凡例

◇表記について

・旧字は新字にあらため、現代表記を優先した。原則として団体名、資料名、引用文等も同様とする。ただし、人名はこの限りではない。

・引用文において〔 〕内は筆者による補足を意味する。

・引用文において繰り返し記号はできるだけそのままとしたが、〱の字点のみ、文字に置き換えた。また、とくに必要と思われる場合はそのままルビを残した。

・引用文中の「……」は、とくに断らない限り、筆者による省略を意味する。

◇資料について

・「おわら資料館」とあるのは、富山市八尾おわら資料館所蔵の資料をさす。

序章　越中八尾とおわら風の盆

——〈うたの町〉とはどこか

1　〈うたの町〉という空間

毎年九月一日〜三日まで、富山市八尾町《やつおまち》では、全国にその名をよく知られた年中行事「おわら風の盆」が行われる。

浄土真宗の古刹聞名寺《もんみょうじ》の門前に形成された在郷町の面影を強く残す旧町部がそのおもな舞台である。この日のために稽古を積み重ねてきた地方（唄、三味線、胡弓、太鼓、はやし）が独特のゆっくりとした足取りで土地の民謡おわらを奏でると、編笠に法被・浴衣姿の若者や子どもたちが踊りながら練り歩く。ひとつの隊が通り過ぎると、見物人は遠ざかるおわらの音を聞きながら、次はどの路地から現れるかとそわそわし、見のがすことのないようにと辻々や広場に設けられた演舞場に向かう。神社の境内や路上、ちょっとした広場で繰り広げられる輪踊りには見物人も参加できる。夜が更けると気の合う者どうしが小編成で町を流し、人びとはその夢うつつの音色に耳を澄ます。町全体がおわらに沸き上がる初秋の催しを堪能しようと訪れる人の数は、例年二〇万人にものぼる。本書が光をあてるのは、この八尾町である。

八尾町のはじまりは一六三六年にさかのぼる。いい伝えによれば、加賀藩より下された町の創建に関する重要な文書が一時、町外に持ち出される事件が起こった。八尾開町の立役者を祖とし、代々町政の中心にあった米屋少兵衛の家産が傾き、近隣の村へ引越した際、家宝として大切にしていた町建許可書をたずさえて行ってしまったのである。これは一大事、と憂慮した人びとは一計を案じ、花見の季節に少兵衛の転居先に押しかけて宴を催す策にでる。多くの芸人もかりだされたこの宴に家人が気をとられている隙に、文書は蔵から取り戻された。喜んだ町人たちは、帰る道すがら踊り舞いつつ練り廻り、これが恒例行事となって現代のおわら風の盆へと発展した。一説によると町建許可書の取り戻し作戦は一七〇二年のことであったというから、この説にしたがえば、おわら風の盆は三〇〇年以上の歴史を刻んできたことになる。(1)

八尾町の重要な年中行事をもうひとつあげるとすれば、聞名寺に隣接する八幡社の春季祭礼がある。色鮮やかな木彫をほどこした豪華絢爛の曳山にちなんで曳山祭と呼ばれる。八尾町はかつて飛騨街道の主要な集散地、また蚕糸業の拠点として栄えた。町人文化の栄華がしのばれる曳山は一七四一年以来の伝統とされ、町の誇りである。祭囃子の笛の音は北陸にようやく訪れた春を告げる。巡行の朝、陽光に輝く六基の曳山が並んだ様子は壮観だ。

曳山祭が全国各地の都市祭礼の典型を踏襲し、民俗行事の暦のなかで明確に位置づけられているのに対して、おわら風の盆は謎に包まれている。また曳山については近世以来の記録が存在するのに対し、おわら風の盆に関する記録や文献は明治中期以降に限られる。(2)行事の呼称についてもわからないことが多い。「盆」の語が用いられているとはいえ、盂蘭盆とは区別されており、死者の供養のための盆踊とは性格を異にしている。また「風の盆」の呼称はいわゆる雑節のひとつである二百十日の台風厄日に災害が起こらぬように祈る北陸地方の民俗に由来すると考えられるが、これは農事暦に位置づけた場合そう説明できるということであって、八尾の町人がみずから二百十日の厄除祈願のための行事を発展させたとは考えにくい。(3)この地方では季節を問わず、休みを「盆」と呼ぶ慣行があることを考慮すると、八尾町の祝祭的な練り廻り行事が二百十日に開催されることが定着し、北陸地方特有の季節

感や信仰、ことばづかいを反映して「風の盆」と呼ばれるようになったと推測できる。(4)

おわらとは越中おわら節をさす。越中一円で親しまれ、現在ではこきりこ節や麦屋節とならぶ富山県の代表的な民謡として知られている。七七七五からなる二十六音四句を標準的な詞型とするこの民謡の大きな特徴は、下句（七五の間）に「オワラ」の語を挿入する点である（都々逸や流行唄などが流用される場合も同様である）。

来る春風　氷が解ける　うれしや気ままに　オワラ　開く梅
お前百まで　妾九十九まで　ともに白髪の　オワラ　生えるまで

ところで、おわらの代表的な歌詞のひとつに次のようなものがある。

うたの町だよ　八尾の町は　唄で糸とる　オワラ　桑も摘む

蚕種の取引や製糸業で繁栄し、かつては県下随一の「蚕都」をもって任じた八尾町。桑畑の緑、湯気をたてながら一心に糸をひく女たちの姿を彷彿とさせつつ、おわらがそこかしこから聞こえてくる様子を詠ったこの歌詞は昭和初期に作られたものである（第6章）。それよりも前の歌詞にはこれほど単純明快に町を定義する表現は稀であった。この歌詞は表面的には町の情景を描写したにすぎないように取れる。だが、「うたの町」という表現は（経済拠点でなく）文化拠点としての新たな八尾像を象徴的に示したという点で重要である。また、経済基盤や流通経路が大きく転換するなかでおわらがクローズアップされるようになったことを考えれば、「うたの町」という言葉は八尾町を超えて、文化に活路を見出そうとしてきたコミュニティが展望したもうひとつの存在形態を示唆しているのではないだろうか。本書ではこうした象徴性や示唆性を重視し、これ以降〈うたの町〉と表記する。

その位置づけをあらためて考えてみよう。おわらにとって八尾町は〈本場〉であり、中心である。しかし見方を変えれば、八尾町は「裏日本」という国土認識の周縁に静かに佇んでいたにすぎない。そこにくらす人にとっては生活の場であり、離れた人にとっては故郷である。そしていつしかいかにも「蚕都」らしい労働や生活のリズムと一体になったおわらは影をひそめてしまった。経済基盤がすっかり変わってしまったからである。

おわらの歌詞に詠われ、文学作品に登場しテレビ番組やマンガの題材としても取り上げられてきた〈うたの町〉は、文学やメディアを介した想像のなかに存在するともいえる。股旅物のひとつとして評判をとった長谷川伸の戯曲「一本刀土俵入」（一九三一年）に登場する酌婦お蔦の故郷は「越中富山から南へ六里、山の中」、劇中ではお蔦がおわらを口ずさむ場面がある。序盤にノスタルジーの象徴としてうたわれるおわらは後半で主人公駒形茂兵衛とお蔦の再会のきっかけとなる。終幕ではお蔦の家族が安住の地としての八尾に旅立つという筋書である。上州出身で「信州から向こうは知らない」という茂兵衛にとって、恩人の故郷である八尾はユートピアとして提示されているといえるだろう。

紀行文や随筆に八尾が登場する例としては小杉放庵による『旅窓読本』（学芸社、一九三六年）および『帰去来』（洗林書林、一九四八年）がある。郷土研究誌『高志人』には福田正夫、白鳥省吾、邦枝完二、室積徂春、佐藤惣之助、横山美智子、川路柳虹、翁久允らが紀行文（詩やおわら歌詞のかたちをとる場合もあった）を発表している。[5]戦後は五木寛之「風の柩」（一九七一年『小説新潮』に連載、翌年『鳩を撃つ』所収の一篇として新潮社より出版）、高橋治「崖の家の二人」（一九八四年『小説新潮』に連載、翌年『風の盆恋歌』の題で新潮社より出版）、西村京太郎「風の殺意・おわら風の盆」（二〇〇一年『オール讀物』連載、翌年文藝春秋社より出版）、内田康夫『風の盆幻想』（幻冬舎、二〇〇五年）などがある。とりわけ高橋治の作品はおわら風の盆が広く知られる契機となった。テレビ番組では一九八一年三月にＮＨＫ銀河テレビ小説「風の盆」（脚本西澤裕子）が放映された。[6]マンガでは高橋治の小説を原作とする「風の盆恋歌」（作画石塚夢見、小学館、二〇〇一年）や、二〇一三年から二〇一七年にかけて『月刊フラワーズ』（小学館）で連載された小玉ユキの「月影ベイベ」がある。

毎年秋の訪れとともに姿を現すおわらの響きに満ちた独特の時空間は、現在も八尾が〈うたの町〉であることを示している。それは歴史的事実とノスタルジーの対象としての過去とが幻影としてともに浮かび上がる空間であり、うたを通じて紡がれた数々の物語に満たされ、おわらの〈本場〉として育まれた八尾町の存在が身をもって示される現実の空間である。想像力（幻影や物語はこの範疇に入る）は個人のレベルを超えて環境や時空間に対する人間のはたらきかけを左右し、意味づけ、しばしば政策や政治権力を通じて物理的な空間の形成を促す。(7)

このように、〈うたの町〉は歴史的・社会的・物質的・心的な相互作用のなかで立ちあらわれ認知される空間(8)であり、権力やイデオロギーと密接にむすびついている。「うたの町だよ　八尾の町は……」が示唆するのは、制度や諸力のはたらき、想像力、事物や実践の連関、あるいは偶然性に目を凝らすことによって浮かび上がる空間の輪郭や手ざわりであり、不断の空間編成過程である。以上をふまえ、本書において〈うたの町〉とは、いくつもの次元をはらむ視座として、同時に〈うたの町〉と呼ばれたときにこそ描出することが可能となる対象＝時空間として措定される。

なお、本書において「うた」とは第一に律動や旋律にのせて発せられた声、あるいは声が律動や旋律にのせて発せられた状態をさす。それは鼻歌のようなものから、物売りの呼び声、声明や読経、歌唱、あるいはそれらが電気的に増幅・再生された音響をも包含する、幅広い概念である。第二に、律動や旋律にのせて発せられることとなる未発の声を、うたの潜在的形式として含める。具体的には、詩歌、楽曲、楽譜、記憶・習得された律動や旋律の組み合わせなどである。より原初的な形式として、内的に湧き上がってくる律動や旋律をも想定する。ようするに、本書におけるうたは特定の仕方で組織され選別された音響現象にとどまらない。歌唱や作品を意味する通常の歌よりも多義的に用いられ、それにいたる概念、思考、記憶などの意識のはたらき、習慣や制度、感情や衝動、身体も重視される。複数の次元をはらむ視座としての〈うたの町〉は、八尾町という具体的な時空間の内外でうごめき展開した、多面的な近代におけるうたのあり方を万華鏡の覗き窓のごとく私たちにみせてくれるであろう。〈うたの町〉には民謡と近代が大きく関係している。したがって、続くふたつの節においてそれらについて論じるが、本書がうたという幅広い概念にこだわるのは、民謡という概念やカテゴリーには収まりきらないおわらの性質に鑑み、文化についてより包括的に論じることを意図しているからである。

2 ナショナル・エリートの構想としての民謡と近代

今日、民謡は「定まった歌詞と旋律を持つ、特定の地域を代表する伝統的な歌」[9]と一般に理解されている。しかし、複数の学問領域にわたって一九八〇年代末以降に活発化した批判的研究は、そうした理解がナショナリズム運動のなかで生み出され[10]、統治機構に位置づけられ[11]、メディアの発達とむすびついた音楽産業の進展とともに内実化し[12]、学問分野の成立に深くかかわり[13]、観光の大衆化や地域振興と連動して形成された[14]ことを明らかにしてきた[15]。これらは近代にまつわる問題である。

日本において「定まった歌詞と旋律を持つ、特定の地域を代表する伝統的な歌」としての民謡概念が形を取りはじめたのは、明治後期の国民文学運動を契機としている[16]。元来、民謡は古代中国において為政者側からみた民間の歌謡の意で用いられた。民衆の心意の反映、施政や教化に資するものといったニュアンスがあるが、漢詩文に通じた者以外にとってはほとんど馴染みのない語であった[17]。明治後期にこの語が前景化したのは、一八世紀ドイツの思想家ヨハン・ゴットフリート・フォン・ヘルダーによるフォルクスリートの理念が知られて後のことである。

フォルクスリートとは「フォルク（Volk）」と「リート（Lied）」とを組み合わせた複合語によって表現された理念である[18]。ヘルダーの民謡論「オシアンおよび古い諸民族の歌謡についての往復書簡からの抜粋」（一七七一年）において確立された。この論文はドイツの国民文化創成の機運を大いに高めることとなる『ドイツの特性と芸術について』(一七七三年)に収録され、注目を集めることになった。ゲルマン語の「兵士の群れ」を語源とする「フォルク」は複数形をもたない不可算名詞として「群集」や「人民」を意味し、庶民や下層階級をさす場合にも用いられた。もうひとつの意味として、「フォルク」は「民族」すなわち言語、文化、歴史を共有する人びとの集団もさす(この場合、可算名詞)。後者の用語法は二〇世紀に入ってから広く浸透したもので、ヘルダーの時代には「フォルク」といえば「群集」「人民」をさす場合が多かった。「オシアンおよび古い諸民族の歌謡についての往復書簡からの抜粋」において、ヘルダーはこのふたつの用法を「意図的に重ね合わせる」[19]。「フォルク(人民)」は知性偏重の近代知識人に比べて野生の力にあふれ、神が人間に与えた本性(自然)や感覚をもつ存在として提起された。他方、論題をはじめ論文中には「フォルク(諸民族)」の用法も頻出し、結果として、民族に固有であると同時に反主知主義的な(感性重視の)民衆のうたとしての「フォルクスリート」なる理念が掲げられ、ヘルダーはこれに耳を傾けよと読者に訴えかけたのであった[20]。

日本においてヘルダーの思想はドイツ文学、とりわけゲーテの受容とともに輸入された[21]。ヘルダーの民謡論に言及した最初期の文献として末松謙澄「歌楽論」(一八八四年)がある。フォルクスリートは一八九二年に森鷗外によって「民謡」と訳されたが、試訳の域を出ず、俗謡、俚歌、俚謡、巷歌といった語も用いられた。上田敏「楽話」以降、近代国家にふさわしい文学――ひいては文化――を創出しようとする構想のもとに、それまで普及することのなかった「民謡」の語が前景化する。

> 一体、私は我邦音楽界の急務として、なるべく早く実行したいと思ふ事業がある〔。〕それは民謡楽の蒐集である。文明の普及と共に、山間僻地も自ら都会の俗悪なる諸分子を吸収して、醇朴なる気風の消滅すると共に、古来より歌ひ伝へたる民謡も全然滅亡しさうであるから、今のうちこれを蒐めて保存することは……他日国民音楽を大成する時に一種の尚ぶべき材料と成るであらうといふ考だ[22]〔。〕

民謡は古くからうたい継がれてきたが文明化のもとでは消滅せざるをえない歌謡と定義されている。この語りには文明化され俗悪を免れない都会と純朴な山間僻地とを対比する地理学的修辞が当然のように付随している。上田はさらに、僻地において蒐集され中央に集約された民謡を材料とすることによって、国という単位であまねく共有されるべき国民音楽が創出されることを展望している。この論考は当時の知識人に大きな影響を与え、「フォルクスリート」の訳語問題に区切りをつけたとされる。上田の論考と同じ『帝国文学』に掲載された志田義秀「日本民謡概論」（一九〇六年）は西洋音楽を最上位に位置づけ、それに匹敵する日本の国民音楽は西洋音楽の移入ではなく、日本各地に散在する地方的なるもの＝民謡の集積を土台に達成されるべきだと論じた。(23)

こうした議論において上田および彼の後進が俚謡（俚歌）、俗謡（俗歌）といった類語を採らなかったのは、未来の国民文学なり国民音楽の根拠と担い手になるべき民は一体的でなければならず、都市文化との対比を含む「俚」、支配層の文化（「雅」）との対比を含む「俗」を用いては「国民」内部の分裂や対立を乗り越えられないと考えたからである。(24)つまり僻地と都会との物理的距離と格差をそのままに反映している（とみなされた）歌謡を国民文化の素材とすべくあえて「民謡」と命名、蒐集し、その果実を民衆に行きわたらせること（＝普遍化）が目指されたのである。ここには、普遍性を志向する西欧文明とさまざまな格差を克服せねばならない日本、原材料が散在する僻地と文化創成の中枢である中央、という空間イメージや距離の感覚を読みとることができる。

品田悦一はこうした議論は「知的エリートによるコップのなかの嵐に終始し」たとする。(25)実質的な国民的文学作品を生み出すことはなかったという意味では、そういえるであろう。しかし、彼らの影響はコップのなかだけにとどまらなかった。一九〇五年、文部省は全国の府県に民謡蒐集を命じ、教育機関や教化団体を通じて作業・報告を求めた。この調査の主導者・設計者には国民文学運動の中核を担った面々がかかわっており、彼らの抱いた空間イメージや距離の感覚が教育行政機構を通じて共有されていく過程が開始されたのである（第1章）。

また、ほぼ時を同じくして『日本民謡全集』（前田林外選訂、本郷書院、一九〇七年）が刊行された。国民文学運動で語られた展望がその構成によく表れている。日本海岸諸国、海を有せぬ諸国、太平洋海岸諸国の大分類の下に旧国名を配し、続いて四国、九州、北海道、琉球、台湾の順に、国土（より厳密にいえば大日本帝国の領土）を網羅しようとしている。一九〇九年刊の『諸国童謡大全』（童謡研究会編、春陽堂）[26]では、政治的・文化的・経済的中心性を意識してか、東京、京都、大阪がまず取り上げられ、その後に畿内、八道の旧国名順に、続いて琉球、台湾の童謡および民謡が紹介された。そして末尾には韓国併合条約を目前に控えた韓国の民謡が、片仮名表記された韓国語と日本語訳を並置するかたちで掲載された。一九〇五年に文部省による調査が実施されて、一九一四年にようやく刊行の日の目をみた『俚謡集』においては、もはや旧国名は姿を消し、地方官吏や教育関係者によって蒐集された民謡が都道府県別に配列された。

これらの民謡集は「国民音楽」への希求に内在する地理的な秩序を映し出すと同時に、その変化をも示しているように思われる。旧国名や街道にしたがった地名や風物の配列が「自然」と受け止められたであろう感覚から、均一な空間単位として道府県が並立するという国土観への推移を示していた。

ここにナショナル・エリートたちの構想としての「民謡」は制度を通じた社会・文化の構成力として作用しはじめ、つねに彼らの思惑どおりというわけにはいかなかったものの、うたの近代化が推し進められたのである。

3　民間における近代的民謡の出現

それでは、民間におけるうたの動向はどうであったか。

ヒューズは維新以降二〇世紀後半にわたって日本の社会全体が近代化されていくなかで、「近代的な民謡界（the modern *min'yo* world）」が生まれた要因とその背景、過程を論じている。[27]興味深いのは、比較的小さな町が産婆役をはたしたという指摘である。ヒューズによれば「近代的な民謡界」の誕生にかかわる主要なテーマは、江差追分に凝縮されている。

江差追分は追分節の一種で、近世の信濃に発した追分馬子唄が中山道を伝って越後に入り、船歌となって松前・江差に渡った経緯をもつ。江差は江戸時代から明治初年までヒノキアスナロ（ヒバ）の産地、北前船の寄港地、ニシン漁の基地として栄えた。最盛期には北前船の船主や豪商が屋敷を構え、ニシン漁の季節には津軽、越後、能登、加賀方面から網元や季節労働者が集まった。富裕な港町らしく、豪華な料理店や貸席が軒を連ねる遊里が成立し繁栄したことが、他所から流入したうたがさかんにうたわれ独自に発展する素地となった。

明治初期には箱館戦争や檜山騒動（海産税改定をきっかけとした漁民一揆）など変革期特有の混乱がみられたものの、江差は一八九〇年ごろまでは港町としての繁栄を維持する。ところが、二〇世紀を迎えてニシン漁がふるわなくなると、かねてからの無動力船の衰退、札幌・小樽方面の開発や鉄道敷設にともなう経済的・政治的求心力の低下にみまわれるようになった(28)。一九〇〇年ごろ、江差では職業や社会階層によって新地節、詰木石節、浜小屋節などと呼ばれる異なる調子で追分節がうたわれており、個人差も相当に大きかった。不況によって花柳界が衰退し、小樽や札幌、新潟、さらには東京にまで芸者が流出すると江差追分は各地でうたわれ流行唄《はやりうた》となった。

日露戦争後、東京音楽学校に邦楽調査掛が設置され、民間における俗楽も「科学的」研究の対象となるなど、民謡を含め在来の音楽に対する肯定的な見方が広まる兆しがみえてくる。東京では宮城出身の尺八奏者・後藤桃水が一九〇六年に追分節道場を開き人気を高めた。前節でみたように、このころにはすでに民謡の概念が生まれ知識人のあいだで議論の対象となっており、尊重すべき音楽の一ジャンルとして受け入れられはじめていた(29)。

江差でも追分節を保存しようとする動きが徐々に高まっていた。そこで懸念されたのは、江差追分としての同一性と威信（prestige）の問題である。ヒューズによれば、西洋からもたらされた規範的な楽譜(30)の影響により、江差に限らず日本全体で一曲のうたはただひとつの変わることのない「正しい」表現によってうたわれるべきであるという認識が広まりつつあったという。また、江差町を代表するうたと認めるには、洗練された音楽にふさわしい威信が必要と考える地元民は少なくなかった。[31] 江差追分をよくする者のほとんどは遊里で芸妓に習ったわけだが、このこと自体が江差追分の社会的地位を貶める要因となりえた。威信を獲得し社会から尊敬を得るには、花柳的要素を超える何かを創出し、宣伝しなければならない。その思いが「正調」確立への希求となった。

一九〇九年、地元の有力者および名人が参集して正調江差追分節の曲調が論議され、正調江差追分節研究会が発足した。[32] この会合を発端とする江差追分をめぐる重要な展開は次の七項目である。

①標準化

調子は二上がりとし、本唄（二六音）を七つの節に区切って各節を一息でうたう（七節七声）、といった規範となる唱法の確立。

②組　織

正調江差追分節研究会の結成（一九〇九年）。それまで地方では聞かれなかったような学術的響きのする熟語（研究、正調、保存、普及、「民謡」）が目立つようになり、うたが対象化されるようになった。

③楽譜化

四十物久次郎による伝習を目的とした楽譜作成（一九〇九年または一九〇三年）。

④コンクール

最初の江差追分大会が江差にて一九一〇年ごろに開催された。それまでの演奏会と異なり、西洋クラシック音楽のコンクールの影響を受けて順位を競う点が新しく、その後多くの民謡大会の原型となった。

⑤威厳化（dignification）

一九一一年、江差での追分節大会にただ一人羽織袴の正装で臨んだ平野源三郎が優勝。翌年、北海道選出の国会議員の推薦を受けて東京で独演会を開いた際には「寂び」のある演唱が絶賛されたばかりでなく、平野の服装、演唱様式、ふるまいが規範化される流れをつくった。江差追分の公演舞台では正装することが慣例となり、座敷歌とは差異化された真剣なものとして取り組む心構えの表れという言説が登場し、江差追分の演者のあいだでは品位と格調が重んじられるようになった。

⑥普　及

江差より東京、神戸その他の都市に追分節宣伝隊を派遣し、演奏と教習に専門的にたずさわる人びとが出てきた。これが刺激となって各地で同好会が結成される例がみられたほか、後藤桃水によってすでに下地ができていた東京は強力な普及拠点となった。

⑦録　音

現存するすべての江差追分レコードは一九〇九年以降に発行されたものであり、ちょうど正調江差追分節研究会の発足の時期および国産レコード会社草創期に合致する。

ヒューズによれば、これらの変化は伝統的な要素と海外からの新たな影響との相互作用によってもたらされたという。その後、他の多くのうたも江差追分と同じような展開をたどるようになる。その意味で、江差追分は最初の「近代的民謡（modern folk song）」であった。「近代的民謡」は地域社会に押し寄せた新しい時代の波に対する実践レベルの反応に着目した概念である。それはナショナル・エリートが議論した抽象的な概念や構想とは異なるもの、その影響を受けつつ形成された概念であり、うたの輪郭であった。

渡辺裕は①標準化について、江差追分以降民謡界に定着する「正調」を切り口に掘り下げる。[33]理念としてはヒューズのいう標準的唱法が「正調」ということになろうが、その成立過程は「いかにして、西洋的な『音楽』の概念や、それにまつわる価値規範を身に帯びる形で自己の再編成をなしとげてきたかを示す歴史[34]」であった。ナショナル・エリートが推進していた国民国家のイデオロギーと「正調」の追求が相関関係にあった状況は、日本に限らず世界各地でみられた。渡辺はポーランドの首都ワルシャワで九〇年にわたって行われているショパン・コンクールと江差追分全国大会を比較し、楽譜の制定と絡めて「ワルシャワ・スタンダード」と呼ばれる奏法が正統的標準として普及するメカニズムは、正調江差追分が「正調」として確立・普及していくメカニズムと同様であると指摘する。これはヒューズが整理した近代的民謡の七つの展開（ないし特徴）のほとんどに直結している。

しかし、渡辺は「正調」をめぐる「文化の現場」は国民国家形成にともなう文化のグローバル化という理解には収まりきらないことを強調する。

「正調」の概念は……一枚岩的なものではないし、その周辺に起こった動きもまた、そのような一つの直線的な流れに還元して説明できるほど単純ではない〔。〕……文化の現場は、そういう大づかみな捉え方ではみえてこない、様々な要素が時には偶発的な形でおりなす力学に満ちている。……同じ「正調」と呼ばれていても、時代によって、また局面によって、その内実や表象がそのたびごとに非常に異なっていた状況を目の当たりにするにつけ、今われわれが一般的に抱いている「正調」の表象もまた、うつろいゆく状況の中から現れ出てきたひとつの切り口にすぎない(35)〔。〕

ヒューズや渡辺の研究は「資本主義的・国家主義的近代と非‐西洋の文脈における過去の異なる枠付け方とのあいだの関係を問う(36)」ものだといえる。グローバル、ナショナル、あるいはローカルなレベルで正調（標準奏唱法）がどのように希求され、構想され、実践され、影響を与えあっていたのか、抽象的次元と「文化の現場」との「はざま(37)」を漂う多様な事象と問題に目を向ける必要がある。

現代日本においては一般的に民謡は伝統に属し、正調は発祥の地あるいは〈本場〉によって正統性を裏書され、真正な伝統を受け継ぐうたと受けとめられている。とすれば、ヒューズや渡辺の研究はそうした伝統がどのように近代日本あるいは地域社会の要請によって「創出」されたのかを問題とする「創られた伝統（the invented tradition）」[38]研究の系譜に位置づけられるかもしれない。ホブズボウムとレンジャーがこの命題を提出した時点において、「創られた伝統」は〈近代‐伝統〉という二項対立が〈変化‐不変〉に対応する概念システムを前提としていたがゆえに成立する逆説であった。この概念システムはヘーゲルに代表される一八〜一九世紀の哲学に特徴的な〈変化〉の概念、すなわち〈変化〉は歴史過程に元来そなわっているため、どんな社会も不変でありえないとする見方に通じており、西洋哲学に特有のものである。[39]「創られた伝統」の理論的枠組やことばづかいはその意味で西洋近代の思想のシステムにすんなりとおさまっていたといえる。[40]それは近代の逆説を突き、現代社会と伝統表象とを脱構築しようとする企図といえるものの、メタレベルで効力を発揮するにはいたらなかったのである。

こうした限界を乗り越える議論としてヴラストスが編んだ論集『近代の鏡――近代日本の創られた伝統』（Vlastos, Stephen ed. *Mirror of Modernity: Invented Traditions of Modern Japan*, University of California Press, 1998）があげられる。チャクラバルティはこの論集の貢献として、非‐西欧の文脈における過去についての認識枠組と資本主義的・国家主義的近代が前提とする認識枠組との関係にまつわる問題に取り組み、グローバルな過程そのものが多様な関係性を生じさせる性質を内在していることを明らかにした点をあげる。つまり、グローバル化という大きな画一的流れに各国がバリエーションをもたらすという単純な図式ではなく、〈伝統‐近代〉の二元論をめぐる文化的差異、政治、過去についての認識様式、主体形成についての問題はフィールド横断的に（たとえば『近代の鏡』における近代日本とチャクラバルティの歴史研究におけるインドを横断して）見いだされるとした。[41]そして「日本の近代を構成する諸カテゴリーにおける多義性と曖昧さは、伝統が『創られた（invented）』という偶然性の空間（the space of contingency）の存在を示したのである」[42]と述べる。「偶然性の空間」は資本主義と国民国家のメタレベルの語りによって構成される世界と、純粋な異種混淆性のヴィジョンという両極を含んでおり、開放性、非決定性、創造性、さらには「メタレベルの語り」や「雑種性」を対極的なものとして配置している構造への抵抗の契機をもはらんでいる。[43]

「両極」に言及しながらも、直後にそうした二項対立への抵抗の契機を持ち出すチャクラバルティの分裂的、離接的語りを不合理な物言いとして突き放すべきではない。いや、いかに突き放そうとしても、チャクラバルティが拓こうとしている偶然性の空間、言い換えれば西洋近代的二元論に依拠する思考と語りをコードシステムの不確実性によって骨抜きにする空間は、ポストコロニアル理論としてすでに知の世界を侵食しはじめて久しいのである。

この観点から考えれば、ヒューズや渡辺の研究は『近代の鏡』に連なる「創られた伝統」研究の発展形といえるだろう。両者ともに空間的な変数を導入し、文化の表象、形式、エイジェンシーにまつわる諸要素の関係性を重視することによって、メタレベルの思考に食い込む研究と記述に取り組んでいる。ヒューズは近代化を「分離した、しかし相互に関連づけられた過程が撚り集まった広い範囲にわたるカテゴリー」と定義し[44]、民族音楽学的ディテールの描出によって「民族誌的現在」における民謡界を描き出してその源流、感情、社会的側面に迫ろうとする。そして、明治期以降の民謡演奏と伝承における注目すべき変化（developments）の質を、民謡界の当事者の存在や感覚を尊重しつつ、「実用的近代化」「観念的近代化」「観念的西洋化」「同化的近代化」「都会化」「余暇活動」「伝統文化」という指標によって見きわめようとした[45]。これらの指標は、ヒューズも自覚しているとおり、一貫性を欠いているように思われるかもしれない。だが重要なのは並立可能な複数の性格を有する指標群を適用する柔軟性であると筆者は考える。なぜなら、ここに近代と伝統をめぐる新しさと古さ、変化と不変の対応関係にブレを生じさせ、西洋近代的な思考システムにメタレベルで揺らぎ、亀裂をもたらす契機をみるからである。

渡辺は「正調とは何か」という問いの根底に「『音楽』という概念それ自体をもう一度白紙に戻した地点[46]」からやり直す意志をもって研究に臨む。そうした研究は「芸術」や「音楽」という括りで「あるものを周囲のコンテクストから切り離して美的に体験し、そこに価値を見出そうとするような体験様式自体が……西洋近代の価値観やイデオロギーに媒介されつつ、歴史的・文化的に構築された[47]」事実とその経緯を明らかにすることに通じる。正調について問うことは「音楽」という「すぐれて西洋近代的な概念[48]」を相対化し、その概念がもたらす「固定的な表象を一旦捨て去り……ニュートラルな立ち位置から様々な事象を考えてゆく[49]」実験なのである。その際、文化資源学のアプローチが戦略的に用いられる。

文化資源学とは専門的な学問領域というより、研究の基本的姿勢と方向性にかかわる問題系である。渡辺によれば「われわれの周囲に広範に散らばっている文化に関わる事象を『資源』として捉え、それらを伝承、保存、利用といった観点を中心に考える」ことを課題とし、そうした対象の捉え方や考察方法によって文化にまつわる通念、常識化された概念、それらを支える社会の仕組みや制度化されたまなざしの「枠組み自体を問題化し……その批判的検討を介して、それを成り立たせている構造そのものを問う[50]」のが文化資源学のスタンスであるという。

正調は、二〇世紀前半、価値と制度の変革期を生きた人びとが何を資源として発見し、伝承・保存・利用の新たな循環を創り出したのか、またいかに正調そのものを文化資源としてアイデンティティ形成や生きる糧へとつなげていったのかを探り出すための有効な研究対象であった。と同時に、じっさいの伝承・保存・利用においては「正調」の一語にはおさまりきらない要素や現象が豊富に見いだされた。そうしたずれや余剰は、概念的にはこれまで無関係とされた事象やカテゴリー、たとえば「音楽」に対する「記念物」「民俗資料」「骨董」「演芸」といったものの布置関係を刷新する。渡辺は刷新の照準を西洋近代に発祥し概念の参照系として機能してきた「音楽」「芸術」のカテゴリーに定め、これらを問い直すために「境界線上の音楽」、すなわち音響にかかわる事象や実践のなかでも時代の過渡期や異文化接触の局面にあらわれた曖昧かつ両義的なものに着目した。チャクラバルティが重視する「偶然性の空間」はこうした意味での「境界線上」にあり、諸事象やカテゴリーの布置が刷新されていく運動とともにある。

本書におけるうたは、時空間の再編成過程の一局面において「音楽」の一部門として切り出されてくると同時に、その部門外にも存在し続けたという両義性、曖昧性、多義性を有している。その意味でうた（おわらを含む）は「境界線上の音楽」であり、〈うたの町〉の多次元性は、各章が明らかにするように、偶然性に通じている。本書は〈うたの町〉そのものの記述というよりも、それをめぐって外側からあるいは内側から作用する動きに注目し、思考の枠組を問い直そうとする領域横断的な知の運動と共振していこうとするものである。

4　研究の目的と方法

〈うたの町〉が現出するために、近代は不可欠な契機であった。近代は資本主義経済や国民国家が焦点化された秩序の再編成を促し、思想・事物・人・情報の移動の速度や経路を変化させ、固有の中心性や周縁性、格差を生じさせた。そこには芸術や文化にかかわる美学的な問題、たとえば「民謡」や「郷土芸術」といったカテゴリーの成立や〈野卑－野趣〉の判断などもかかわっていた。そのような動態のなかにおわらとそれにまつわる習俗、場、主体も形成されてきたのである。本書はこのような認識のもとに、〈うたの町〉を視座に据え、うたをめぐる文化と空間がおもに二〇世紀前半の日本という文脈（さまざまな要素や力の流れが複雑な関係を織りなす環境）のなかでどのような展開をみせたか、その文脈たる時空間がどのように生成、再編成されたかを描き出すことを目的とする。

近代は長く時間的概念として捉えられてきた。しかし、近代はメディア・テクノロジーの発達、グローバリゼーションを原動力としてその初発から空間性を抱え込んでいたのである。文化研究、グローバリゼーション研究、ポストコロニアル研究といった潮流に顕著に示されるように、私たちは（西洋近代を基準とした）単一の時間軸を相対化し、近代が場所によって異なる意味や過程を呈することを受け入れ、「それらの相互の節合として初めて語られうる」[51]新たな時空間認識のもとに思考様式を刷新し、出来事を記述する術を編み出す必要に迫られている。

この課題に取り組むには何が有効な手がかりとなりえるだろうか。本書では近代を主として時間概念と捉えてきた思考の習慣から距離をとり、民謡概念を相対化したときに聞こえてくるうたに耳を傾け、空間的なアプローチを試みる。そのきっかけとして「地理的想像力」と「歴史的現在」の概念についてふれておく。

〈うたの町〉をめぐる近代への空間的アプローチを試みるにあたって、ひとつの足がかりとなるのは地理的想像力であろう。前節に述べたように、日本において近代的な民謡概念が成立していくなかでメルクマールとなった民謡集にはそれぞれ編纂・刊行された時点での、あるいは編纂者が属する知的コミュニティの立場や思想に応じた地理的想像力が反映されていた。

地理的想像力

ここでいう地理的想像力とは英語圏の地理学における geographical imaginary と geographical imagination の概念を重ね合わせたものである。前者は、他者あるいは主体の集合的表象とむすびついた空間的な秩序形成（spatial ordering）、および境界形成をさす。より具体的には、大陸、国、州、郡といった異なるスケールによる階層序列的な分割、「南北問題」というときの南‐北、都‐鄙、内‐外というような区分け（しばしば暗黙の価値判断をともなう）などである。この意味での地理的想像力は表象を超えた物質的、感覚的（sensuous）過程にまつわるものである[52]。後者の geographical imagination とは歴史地理学者プリンスによって提起された概念で、人間の場所や自然、景観に対する共鳴や理解を意味し、創造的芸術へとかりたてる想像力をさす[53]。ハーヴェイが社会学的想像力（ミルズ）とむすびつけて再検討をくわえて以降、個人の認識力、判断力、能動性に関する概念として用いられるようになった[54]。地理的想像力によって個人は自らの経歴における場所と空間の役割を認識し、周囲の空間とそれらを関連づけ、個人間、組織間の交換がいかにそれらを分離する空間の影響を受けているかを理解し、他所で起こった出来事が自分に関係あるのかどうかを判断し、空間を創意に満ちたやり方で形成・使用し、他者によって作られた空間形態の意味を評価することができるのである[55]。さらに、geographical imagination は地理学が政治経済学、社会理論、人類学やカルチュラル・スタディーズ、フェミニスト批評と相互に影響しあうなかで、地理学そのものが内包する権力性や党派性を問い直し[56]、ラディカルな開放性を有する「第三空間」を創出するための歴史的想像力や空間的想像力の概念化へと展開されている[57]。

こうした思潮に刺激を受けて刊行された荒山正彦・大城直樹編『空間から場所へ――地理学的想像力の探求』（古今書院、一九九八年）は、具体的な空間・風景・場所形成の過程と地理的な思考や想像力の理論をむすびつけた画期的な研究成果であった。ここにおいて「地理学的想像力」には二つの意味が込められている。ひとつは「近現代におけるわれわれの社会が空間・風景・場所をつくりだし、また空間・風景・場所がわれわれの社会形成の契機となってきたこと」、もうひとつは「社会の経験的事象に対して行われる、調査や研究、記述といった地理学や地理学者の具体的な実践そのもの」である。[58] 空間・風景・場所が社会によって創出され、社会を構築する過程には秩序／境界形成がともなうとすれば、第一の意味は geographical imaginary に近いといえる。また学問知の相対化と批判という観点からすれば、第二の意味は geographical imagination と部分的に重なりあっている。

本書で geographical imaginary と geographical imagination をあわせて地理的想像力と表現するのは、geographical imagination が基本的には個人の認識力、判断力、能動性に関する概念でありながらも、その効果はしばしば他者または主体の集合表象に深くかかわる秩序／境界形成、そして物質的、感覚的過程（つまり geographical imaginary）として示されるからである。また地理学的想像力としないのは、この想像力がかならずしも専門知に依拠しないことを明確にするためである。

こうした地理的想像力を「郷土」という切り口から考究した論集『郷土――表象と実践』（「郷土」研究会編、嵯峨野書院、二〇〇三年）には民謡に関する論考が含まれている。イングランドにおける民謡を取り上げた濶山健一は、失われゆくものとしての民謡を通して認識される郷土ははじめから幻想であるのみならず、農民も農業も不在の田園風景が典型的な故郷の風景と感じられるようになった事態は、田園性が都鄙関係の変化において増幅され、二重に幻想化されたことによってもたらされたと論じた。[59] ここには田園を社会的・物理的現実から乖離させ、遠ざける効果をもつ作用＝幻想としての地理的想像力の介在がみとめられる。他者化と境界形成が同時に起こっているのである。

一方で、同書所収の地理歴史唱歌についての論考（加藤政洋）は、明治三〇年代の長野県で地元の地理・歴史的題材を織り込んだ唱歌が次々と作られ郷土教育の教材として使われていた事例を取り上げ、児童たちが「歌唱することを通じて、慣れ親しんだ日常の生活世界を『郷土』なるものとして理解し、『郷土』にまつわる知識を獲得していった」プロセスに着目した(60)。加藤は、暗誦するほど親しまれた地理歴史唱歌は国民養成に直結する町村民養成のイデオロギーが埋め込まれた「身体的な実践(61)」であったとする。また、この実践を通じて直観的に感受されていた日常風景は、具体的な空間要素を表《タブロー》として意識に刷り込む地理歴史唱歌が継続的に学習・歌唱されることを通じて、「特定の行政単位に合致する『郷土』」として実定化したとも指摘している(62)。地理歴史唱歌として表象される為政者や知識人の地理的想像力が実践を通して生徒たちに転移し、新たな政治体制、行政枠組に合致する身体と主体／臣民、空間が編成されていったのである。身体は空間の物質的要素であるとともに時空間における実践の拠点であり、表現行為とともにある。本書はうたにまつわる近代の研究に地理的想像力を導入することによって、加藤の示唆する知－表象－実践－身体－空間の連関を空間誌として描出することをひとつの目標とする。

「歴史的現在」としての近代

資本主義的近代化が急激に進むと同時に文化についての認識が大きく変容した一九二〇～三〇年代の日本の状況を考察したハルトゥーニアンは、当時の日本人が近代を「一定の時間と空間に特殊化された場所」すなわち「歴史的現在の上演舞台」としたことをみてとった(63)。

過去に属するものたち、そしてまだ生きながらえている前近代の文化が時間の外部から帰還して歴史的現在をかき乱す……過去と現在は同時に生産され……あちらとこちらにおける近代が同時に生起していることを意味している(64)〔。〕

ここでいう「歴史的現在」とは「過去からの異質な時間で満ち溢れ、時間それ自体のヴァーチャルな厚みを生み出すもの」であり、「歴史の忘却された堆積のなかから呼び起こされたさまざまな契機」によって満たされている。[65] 厚みをもった時間は、国家や資本が突きつけてくる、単一の方向に向かう「薄い時間」と相克関係にあった。ハルトゥーニアンにおいて、時間は垂直性（厚み）や水平性（拡がり）といった空間概念と一体化している。

こうした時空間認識は、「総合性としての空間」[66]を探究するルフェーブルに通じている。

> 歴史的なものとその帰結、「通時的なもの」、場所の語源、つまり個々の地点や場所を変化させることによって生ずること、これらすべてが空間のなかに書きこまれるようになる。過去はその痕跡を残し、時間はそれ自身の筋書きをもつ。だがこの空間は、今日も、かつても、つねに現在の空間である。この空間は、現実的な全体としてあたえられ、その現実性のなかで連想や結合をきちんと備えている。[67]（傍点は引用者による）

空間はつねに生成過程にあるとするルフェーブルは、その様態を「過去と現在との間をたえずゆきつもどりつする」[68]と表現する。「現在の空間」はハルトゥーニアンの「歴史的現在」と合致し、「ゆきつもどりつする」運動のなかで残される痕跡と時間の筋書きは「厚み」を形成する。このような理解にもとづく空間は生きられた空間であり、生きられることによって新たに空間が生み出される。客観的には代わりばえのしない景色であっても、生きる主体にとっては時々刻々と生成され、位置取りが更新（ときに刷新）されていく。

空間は生きる主体がみずからはたらきかけ、そしてはたらきかけられる過程のなかで創り出される。ルフェーブルによれば、主体が知覚を通じて得られる具体的空間認識（空間的実践）と、都市計画や政策などが依拠する抽象的空間認識（空間の表象）のほかに、「生きられた表象の空間」あるいは「社会空間」と呼ばれる第三項が弁証法的に相互作用して空間は生産される。

こうした考え方はソジャの「空間編成（organization of space）」の概念に継承された。ソジャは、人文社会科学の認識論的な基盤において、空間は人間生活の「容器」として、あたかも社会に所与のかたちで外在すると想定されるか、上部構造ないし「外的反映物――つまり社会的動員や社会意識の鏡(69)」としてほとんど等閑視されてきたと批判する。そしてギデンズの構造化理論にそうした認識論的閉塞を打ち破る手がかりをみる。とりわけ注目したのは、人間の相互行為の舞台装置として空間を用いる実践が、ひるがえってその舞台装置としてのコンテクスト性を規定する、パフォーマティヴな「場《ロカール》」の概念であった(70)。場《ロカール》とは「相互作用の舞台装置の一部として関係する物理的な範域(71)」と定義される。具体的な風景と関連づけて説明すれば、次のようになる。

> 家のなかの部屋、とある街角、工場の作業場、刑務所、収容施設 asylum、病院、境界の定まった近隣／町／都市／地方、国民国家によって占められる領域的に線引きされた範囲、実に地球上のすべての居住域までもが、このような舞台装置となり得る。それぞれの場は多種多様なスケールで入れ子状になっており、このような場の重層的階梯は、社会的構築物としても、世界-内-存在の不可欠な要素としても認識されうる。
>
> 場《ロカール》における相互行為の集中は……社会的存在がもつもうひとつのコンテクストの種別性へと関連づけられる。それは、社会生活の結節性として、つまり、特定可能な地理的中心地や結節点を取り囲むように諸活動が社会-空間的に蝟集し集積するというかたちで、もっとも手際よく描き出されよう。結節性や中心化は、翻って周辺性という社会的条件を前提とする。
>
> ……
>
> 場の空間性と時間性はコンテクスト的に絡み合っており、最初から最後まで権力関係と不可分に結合しているのである(72)。

空間は所与の「容器」などではなく、時空間が絡み合って構成される特定の状況（舞台装置、コンテクスト）であり、人間の行為は、表象を通じて認識される状況や他の人間の行為との交渉を通じて状況を（再）編成する。ルフェーブルの三項弁証法のうち「生きられた表象の空間」は、こうした交渉が行為とコンテクストをたえず反照しあっているような次元をさすといえる。

こうした空間の生産論はカッツの「対抗的地勢図（counter-topography）」において、より政治性を先鋭化させる。(73) 対抗的地勢図とは、異質な場所が特定の政治経済的、社会的プロセスとの関連において地理的スケールの違いをも超えて関連づけられることを理論化する方法であり、諸所（localities）およびそれらに関する知は、アクター（行為者）間のせめぎ合い、構造、そして過程を同時に示すことが企図される。

それでは、事象の配置、錯綜する相互関係を読み解く起点はどこに据えたらよいだろうか。ルフェーブルが提起するのは身体である。身体はその動きに応じて、左・右・上・下を作り出す。これは抽象的で幾何学的な空間の観念、つまり自然現象や人間の営為が展開される「箱」になぞらえられるような空間の観念とはあいいれない。具体的・物質的な空間の知覚、空間への反応こそが、社会空間を読み解く重要な手がかりとなる。(74) というのも、まずは「空間における身体の展開と身体による空間の占拠との間には直接の関係がある(75)」からである。さらにルフェーブルは次のように述べる。

（社会）空間の総体は身体から生じてくる。空間は身体を変容させて身体を忘却するほどになり、また空間はみずからを身体から切り離して身体を殺害するほどになるのであるが、たとえそうであっても空間は身体から生じてくるのである。遠く離れた秩序の生成を解き明かしてくれるのは、われわれにとってもっとも身近な秩序である身体の秩序だけである。身体それ自身を空間において考察すると、諸感覚の連続した成層が、つまり差異の領域において諸種の差異として考察された嗅覚から視覚にいたるまでの諸感覚の連続した成層が、社会空間の成層と成層相互の関連をあらかじめさし示している。受動的身体（感覚）と能動的身体（労働）は、空間において一体となる。(76)

身体にはさまざまな感覚が層をなして連続しており、それは感知される空間の構成と連動ないし節合されている。そのような身体が一部を占め、運動を展開するのが空間であり、その意味で両者は融合しているのである。

子守り唄研究の事例

本書が意図する空間誌は以上のような空間論的探求の系譜上に位置づけられる。それでは、「歴史的現在」に降り立ち、「生きられた表象の空間」の次元、パフォーマティヴな「場《ロカール》」に目を凝らすより具体的な研究にはどのようなものがあるだろうか。

うたに関する先行研究としては、民俗学者・赤坂憲雄による『子守り唄の誕生』がある。(77) 赤坂の降り立つ「歴史的現在」とはどこか。まずは「複数の異文化が出合い、交わる、ささやかな現場《フィールド》」としての「守り子唄」である。

子守りの姿は中世の絵画にすでにみえ、近世の文献史料には子守り唄の歌詞が書き留められている。それらは赤子を寝させ、遊ばせるためのうたが中心だったが、幕末から明治にかけて「守り子」、すなわち奉公あるいは賃労働として子守りに従事する少女たちが口ずさむ「守り子唄」が発生した。守り子唄は高度な技巧を用いることなく即興の歌詞をのせやすい近世民謡の形式（七七七五調）、自己慰安のためのモノローグ的な調子、身辺雑記的な表現を特徴とする。赤松啓介によれば、幕末から明治にかけて守り子が登場したのは、商品経済および資本主義経済の急激な浸透が背景にあった。(78) 中小地主、自営業者、俸給生活者からなる中間層が形成され、明治政府が堕胎を厳しく禁じたこともあって、子守りの需要が激増したのである。こうして守り子唄は資本主義的な労働需要が生じたところに発生した。それは作者の署名のない「群れの文芸」という点で印刷文芸と対照的であり、(79) 近代的個人あるいは自我というものから程遠いという意味では、前（非）近代的といえるかもしれない。が、資本主義の流入以前には存在しなかった主体から生じるうたであるという意味では、まぎれもなく近代の産物であった。新旧ふたつの文化が錯綜する守り子の唄は「過去の文化と現在とのあいだをたえずゆきつもどりつする」地点であり、まさに「過去に属するものたち、そしてまだ生きながらえている前近代の文化が時間の外部から帰還して歴史的現在をかき乱す」（ハルトゥーニアン）時空間として現出したのである。

ここに重ねられるのが、「守り子唄はどこからやって来たのか……その、問いの現場それ自体」としての「熊本の山襞深い隠れ里・五木[80]」である。一般的にいえば、守り子となるような少女たちは第一次世界大戦後の不況により雇用先が減少し、他方では女性の労働の場が拡大したことで、子守りとは異なる職場へと吸収されていった[81]。必然的に守り子唄は衰滅に向かうのだが、昭和に入って採集された子守り唄の八割以上が守り子唄であったというほど「守り子唄を最後まで温存した五木という土地[82]」に赤坂は注目したのである。しかも、熊本に生まれ育った女性史研究者・高群逸枝（一八八四〜一九六四）の幼年期の回想によれば、五木の子守り唄は肥後一円でうたわれていたという。

私は熊本南部の水田地帯に育ったが、十、二十人とうち群れて、肥後の大平野をあかあかと染めている夕焼けのなかで、この歌を声高く合唱する子守たちのなかに私もよくまじっていた。ただし、歌詞は、平地から山地へと入るにしたがって深刻となり、球磨の五木へんで絶頂にたっしていたとおもう[83]。

熊本、平地、山地、球磨、五木、という入れ子状の複数のスケールによって、子守り唄のうたわれるコンテクストや実態が規定されていたことがうかがわれる。熊本の一回り外にはもちろん資本主義経済が流入して間もない日本というコンテクストが存在する。

しばしば他郷の雇用（奉公）先にやられた守り子の存在は、雇う／雇われる、面倒をみる／みられる、他郷に送る／送られるといった、特定の社会関係や相互行為、権力関係の象徴でもあった[84]。歌詞にこだわり、「五木の子守唄の背後に谺《こだま》している、数も知れぬ守り子たちの声に、あらためて耳を傾ける」[85]ことによって、守り子唄の重層的かつ複雑な社会関係、文化間交渉が浮かび上がる。たとえば、親の貧しさや不幸を他郷での守り子という境遇として甘受しなければならなかった現実に対する抵抗と諦めのないまぜになった歌詞は、自己慰安のためのモノローグ、身辺雑記という特徴を守り子唄にもたらした。他所からやって来た守り子たちは、村の娘仲間には加えてもらえず、村の異物として一段低くみられていたという[86]。こうした蔑視と排除に対しては、村社会の秘密やスキャンダルをひそかに暴露することで抵抗していたことをうかがわせる歌詞もある。うたう行為自体が彼女たちにとっては反撃であった[87]。受動的な存在として五木の守り子となった少女たちの身体は、操作性の高い七七七五調と「群れの文芸」特有の匿名性を武器に、社会関係を結ぶ相手にはたらきかけ、制約が多く生きにくいコンテクストを少しでも自己慰安的な方向にもっていこうとするのである。

赤坂がこうした守り子たちの幻影を追ってたどり着いたのが、村外からやって来た「渡り山師」の存在である。守り子の父でもある彼らは専門に特化した知識、技術、経験を有し、山から山へと渡り歩く移動職能民であった。「おどんが（うちの）お父っつぁんな　川流しの船頭　さぞや寒かろ　川風に」には、伐り出した材木を谷川に流して流送する川流しに従事する父を案ずる娘＝守り子の心情がうたわれている。父は大きな危険と隣り合わせの集団作業を指揮するリーダー格の山師（杣頭《せんどう》）なのだ[88]。伝統的に五木村とはかかわりのなかった仕事、人、ことば、民俗が五木の守り子唄に大きく影を落としていた。五木における山師の流入はまた資本主義経済の浸透とともに起こった。近隣の資本による椎茸栽培事業を皮切りに、木炭製造事業、五木銅山の再開、鉱物精錬に用いる火力増強のためのより良質かつ大量の木炭製造と続き、一八九二年ごろには山林開発（製炭と木材伐り出し）がさかんに行われるようになった。それぞれの段階で九州各地、土佐、紀州などから招かれた材木山師、椎茸《ナバ》山師、木炭《スミ》山師が活躍し、五木周辺に居を構える。土佐、紀州などからやって来た山師は、故郷で伝統的に培われた職能民としての身体を資本主義経済の新たな需要に応えて提供したのであった。そして「複数の土地の人と言葉の交配によって生まれて来る、いわば雑種性を宿命として負わされた[89]」守り子唄が誕生したのであった。

　守り子唄はどこからやってきたのかという「問いの現場」としての五木は、閉じた範域ではない。「土地の内／外を自在に往還するまなざし[90]」をもつことによって、「諸活動が社会‐空間的に蝟集し集積」すると同時に「翻って周辺性」を生じさせる「場《ロカール》」として捉えることができる。こうして、今となっては守り子の存在とともにほとんど「時間の水底に没してしまった[91]」父＝山師の姿を呼び出すことが可能になったのであった。

　ここに私は空間誌のひとつのかたちをみる。

　赤坂にとっての守り子唄は、本書でいえばおわらである。〈うたの町〉八尾は、守り子唄の里としての五木にあたる。守り子唄は守り子の消滅とともに消えたが、おわらは現在もさかんにうたわれているではないかと反論されるかもしれない。しかし、現在私たちが耳にするおわらは、採集・採譜され書き留められた守り子唄と同様、おわらの総体の片鱗にすぎない。この片鱗に、おわらはどこから来たのか――歴史的起源や伝播元の詮索ではなく、固有であると同時にありふれた表現文化のひとつとしてどのように生を享けたのか――という問いの現場としての八尾を重ね合わせることによって、これまで見えなかった時空間を捉え、描き出せるのではないだろうか。本書では、〈うたの町〉をめぐる実践、制度、交渉（これらは空間の生産論ないし空間編成の理論における「空間的実践」「空間の表象」「生きられた表象の空間」にほぼ対応する）を分析し、資本主義経済の浸透に限らず、近代の他の側面にも目を向けた空間誌を試みたい。

5　本書の構成

〈うたの町〉の空間誌をどこからはじめるべきか。「うたの町だよ　八尾の町は」の歌詞がつくられた昭和初期の富山か。それより以前、おわらの〈本場〉として八尾町が知られるようになったころか。そのいずれでもなく、明治後期、各地のうたを含む口承伝承調査が政府によって実施され（これはナショナル・エリートの構想としての民謡というテーマと密接な関連がある）、一方で民間における近代的民謡が急速に輪郭を整えだした局面からはじめたい。なぜならおわらを含め、日本の各地で人びとに口ずさまれていたうたが、くらしや信仰、人生の文脈から切り取られ、近代の時空間に本格的に参入しはじめたのはこの局面と考えられるからである。

第1章は日本政府がはじめて編纂した民謡集『俚謡集』の成立過程をたどることにより、〈うたの町〉が明確な像を結ぶ前史において、どのような言語空間の秩序化が目論まれていたかを探る。『俚謡集』が刊行されたのは一九一四年であった。すでに『日本歌謡類聚』『日本民謡全集』『諸国童謡大全』が編まれており、従来の研究では『俚謡集』はこれらに並ぶものとして言及されてきたにすぎない。しかし、『俚謡集』は発刊から九年前にさかのぼる一九〇五年に文部省から通達された童話、伝説、俗謡等の全国調査をもとにしており、それまでの書誌学的な方法、あるいは文学者が各地で歌詞を拾い上げるのとはまったく異なる制度的背景と調査プロセスのもとに編纂された。また、童謡・伝説・俗謡等の調査は標準語の構築、方言の定義と位置づけをめぐる新しい秩序形成の動きとむすびついていた。本章では国から発せられた調査の要請、つまり国民国家形成へと向かわせる政策の一部がどのような回路を伝って各地の生活の場、うたや踊りの場と交渉しはじめたのか、近代におけるその初発の状況を描き、いずれは〈うたの町〉を生じさせることになる言語空間の一端を明らかにする。

これまで民謡を含む地域芸能と近代の関係を扱った研究の多くは、おもに日露戦争期以前か大正末期以降を対象としてきた。日露戦争期以前は旧弊取締と風俗矯正政策によって神楽や盆踊などの習俗・芸能が抑圧された。逆に大正末期から昭和戦前期にかけて、各地の芸能は郷土芸術や民俗芸術などと称され肯定する見方が広まり、アカデミックな立場だけでなく、趣味的な関心からも採集や研究が行われるようになった。近年ではこの時期における「郷土」や「民俗」の概念形成過程の再検討[92]とともに、地域芸能の批判的研究も進展してきている。しかし、日露戦争期から大正期にかけて、地域芸能が抑圧の対象から奨励の対象へと転換した過程はいまだ十分に明らかにされてきたとはいえない。

そこで第2章および第3章ではこの空白期に注目し、地域芸能をめぐる価値体系の転換とそれに付随する空間的問題を考える。第2章が焦点をあてるのは一九一三年に開催された富山県主催一府八県連合共進会（以下、大正二年共進会）である。共進会とは現今の地方博覧会をイメージするとわかりやすいだろう。博覧会は近代を象徴する文化装置であり、事物の空間的配置によって世界にはどのような国や地域があり、どのような民族がくらし、何を生産しているかを示す。人びとは博覧会を巡回することで身体的に、また観覧することで視覚的にその空間を認知し、世界についての認識と想像力を獲得する。地理的想像力はその重要な部分を占めるといってよいだろう。大正二年共進会は博覧会的空間の典型としておわらをどう見せたのか。余興として演じられたおわらの舞台が刺激となって、八尾町民はおわらにみずからの創意による別の踊りを振付けることとなった。のちに地域社会を単位として伝承されるようになる踊りの誕生とその身体性、博覧会的空間によって象徴された近代とがどのような関係をもっていたかを検討する。

第3章では一九二一年にはじめて開催された全国民謡大会を取り上げ、この大会がどのような文脈において実現されたかを明らかにすることによって、民謡の位置づけの変化および演唱空間の拡大過程を跡づける。八尾町のおわらは、全国民謡大会に出演することで東京に進出し、いわば「全国区デビュー」をはたした。ともに出演した各地の民謡はナショナルな次元における改良運動に影響を受けつつ、それぞれの関心と仕方でうたに情熱を傾けていた。彼らを招致した大日本民謡研究会の主宰者・後藤桃水は、宮城から上京し、東京を拠点に各地のうたの認知向上に努めるとともに演奏会場や演奏機会の確保に奔走した。この章では国家の政策とは異なる次元で展開された民謡の普及活動の意義を空間の視点から問うとともに、八尾町のおわらと〈中央〉との関係を民衆レベルで浮かび上がらせる。

第4章は民謡の動向と富山の近代詩運動との関係を通して現出した地方性に光をあてる。大正期に興隆した近代詩運動は文学の領域にとどまらず、地域の文化や〈中央〉と〈地方〉の関係、表象のあり方に影響をおよぼした。富山県では日本海詩人連盟が発足し、その機関誌『日本海詩人』は県下の詩人にとって重要な発表と交流の場となった。近世以来親しまれていたおわらは明治期から歌詞改良が試みられていたが、近代詩運動に接触したことによって新たな方向に向かう。創作民謡に求められた純朴さや平明な表現を重視するようになったのである。『日本海詩人』同人として民謡の創作にはげむと同時におわらの振興にも力を注いだ小谷恵太郎は、こうした転換に関与した人物と考えられる。本章では近代詩運動とおわらの接点としての小谷の役割に注目し、おわらの変化を探る。さらに、おわらの〈本場〉とされる八尾町の表象を考察し、どのような地方性が現出したかを地理的想像力の観点から明らかにする。

第5章は昭和初期において八尾町のおわらに新たに踊りが振付けられた過程を精査し、それが単に踊りの創作というよりも郷土芸術の探求の一環として行われたこと、そして空間のジェンダー的再編成をともなっていたことを明らかにする。〈新踊〉と呼ばれるこの振付は一九二九年日本橋三越本店での富山県特産陳列会の余興出演のために案出され、八尾町のおわらにおける「見せる」身体性への移行を劇的に推し進めた。性別による二種の踊りが創られ、寄席や都会の劇場で行われる興行路線のおわらとの差異化が進んだ。踊りの主体と表象の問題は青年団、農村娯楽、花柳文化、童謡舞踊といった領域におよび、ジェンダーと密接にかかわる空間秩序が形成されていく。

第6章では、一九二九年に発足した越中八尾民謡おわら保存会（以下、おわら保存会）が〈うたの町〉、すなわちおわらの〈本場〉としての八尾町の輪郭を一気に鮮明にしていく様相を描く。現在、地域芸能の主要な担い手組織に数えられる保存会一般の歴史は一九一〇年前後にさかのぼることができるが、その後の趨勢に鑑みれば、昭和初期の結成は比較的早い部類に入る。おわら保存会が主催した歌詞募集事業では「うたの町だよ　八尾の町は　唄で糸とる　オワラ　桑も摘む」などの歌詞が当選し、うたい継がれるようになった。また、それにふさわしい情緒、町の姿、人びとのくらし、おわらへの親しみ方をおわら保存会が中心となって自覚的に追求する流れが生まれたのである。多彩なアプローチによるイメージ創出と空間演出の行為が展開される過程でどのような空間が構想され、実現され、あるいは挫けたのか。空間的実践（ルフェーブル）の観点からこうした問題を考えることによって〈うたの町〉の創出過程をつまびらかにする。

第7章はアジア太平洋戦争下のおわらが主題である。おわらと戦争との関係について今日話題にのぼることはない。しかし、おわらをめぐる近代の経験としてふれないわけにはいかない。なぜなら、総力戦体制に向かう過程、その体制下における経験は、国民生活のあらゆる面において合理化が目指された近代化の重要な局面を構成していたからである。本書における空間誌の試みに引き寄せていえば、それは口承文芸が近代国家建設のための文化的資源として発見され、政策化された「やわらかな統制」によって生じた空間と密接にむすびついており、博覧会的空間によって刺激を受け、みずから歌い、踊るにふさわしい場所を求め、切り拓こうとした空間的実践が生ぜしめた局面でもあった。この章では、慰問歌詞の創作からはじまった〈うたの町〉と戦争とのかかわりがどのように推移したのかを、〈中央〉文壇との関係や翼賛体制の動向と絡めて論じる。それは現代史における重要な一幕であると同時に、近代の空間に欠かすことのできない一角をもなしていることを示す。

繰り返すが、本書は〈うたの町〉という視座から、二〇世紀前半の日本という文脈においてうたをめぐる文化と時空間がどのような展開をみせたのか、どのように生成、再編成されたのかを描出しようとするものである。そのための足がかりとして地理的想像力、歴史的現在、生きられた表象の空間（社会空間）、行為とコンテクストが相互作用を繰り広げる場《ロカール》という四つの概念を用いる。しかし、次章以降の空間誌においては概念的・抽象的というよりも、おそらく歴史社会学的あるいは民族誌的とも形容しうる、空間‐社会‐文化についての具体的・微視的な記述が中心となろう。なぜなら「文化の現場」（渡辺裕）や「問いの現場」（赤坂憲雄）に迫り、それらと共振するにはそのような記述法がふさわしいと思われるからである。七章にわたって展開される微視的な記述の集積の上には、統治と権力、身体、資本主義の深化、地理的想像力とその物質性にかかわる諸過程が立体的に浮かび上がることになろう。

注

（1）稲田浩二編『富山県明治期口承文芸資料集成』同朋舎出版、一九八〇年。松本駒次郎『八尾史談』松六商店、一九二七年。

（2）おわらを語る会編『おわらの記憶』桂書房、二〇一三年、はしがき。

（3）倉嶋厚「『風の盆』の季節」成瀬昌示編『［定本］おわら案内記』言叢社、二〇〇四年。田口龍雄『続風祭』古今書院、一九四一年。平山敏治郎『歳時習俗考』法政大学出版局、一九八四年。荒木良一「明治の新聞に描かれた『おわら』『風の盆』」おわらを語る会編『おわらの記憶』桂書房、二〇一三年。

（4）明治年間におけるおわら風の盆についての限られた歴史資料のうち、呼称を含めた行事の変遷をたどれるのは新聞記事である。荒木良一は初秋の八尾における古来の練り廻り習俗が一九〇一年までは「豊年盆」「豊年祭（り）」として言及され、一九〇二年にはじめて八尾町‐風の盆‐おわらがむすびつけられた記事が登場することを検証した（荒木良一、前掲論考）。風の盆の年中行事としての位置づけや意味についての筆者自身による検討は第2章で述べる。

（5）『高志人』第二巻第二号（一九三七年）、第二巻第三号（一九三七年）、第三巻第一〇号（一九三八年）、第四巻第六号（一九三九年）など。

（6）富川順子「郷土資料案内　八尾地域の文学」、富山市立図書館。（https://www.library.toyama.jp/file/pdf/ken

kyu/tomikawa22.pdf)

（7）こうした連関が現代の八尾町の文脈においてどう現れたのかについては、長尾洋子「酔芙蓉のひそやかな抵抗——『おわら風の盆』にみるポスト観光」『国際交流』第八九号、二〇〇〇年。長尾洋子「侵蝕のリズム——『おわら風の盆』の奏でる思想」『現代思想』第二九巻第一〇号、二〇〇一年。Nagao, Yoko, "The visible and invisible urban void: How they can be captured in the strata and networks of local activities and negotiations", *Proceedings of the 6th International Conference* (Modern Asian Architecture Network mAAN) 2006.

（8）ソジャ、エドワード・W『ポストモダン地理学——批判的社会理論における空間の位相』加藤政洋・西部均・水内俊雄・長尾謙吉・大城直樹訳、青土社、二〇〇三年、一五八頁（Soja, W. Edward, *Postmodern Geographies: The Reassertion of Space in Critical Social Theory*, Verso, 1989）。

（9）武田俊輔「『民謡』の再編成」徳丸吉彦・高橋悠治・北中正和・渡辺裕編『事典　世界音楽の本』岩波書店、二〇〇七年、四〇七頁。

（10）笹原亮二「引き剥がされた現実——『郷土舞踊と民謡の会』をめぐる諸相」『共同生活と人間形成』第三・四号、一九九二年。笹原亮二「芸能を巡るもうひとつの『近代』——郷土舞踊と民謡の会の時代」『芸能史研究』第一一九号、一九九二年。川村清志「国民文化としての民謡の誕生」『人間・環境学』第八巻、一九九九年。坪井秀人『感覚の近代——声・身体・表象』名古屋大学出版会、二〇〇六年。渡辺裕『サウンドとメディアの文化資源学——境界線上の音楽』春秋社、二〇一三年。

（11）笹原亮二「民俗芸能大会というもの——演じる人々・観る人々」民俗芸能研究の会／第一民俗芸能学会編『課題としての民俗芸能研究』ひつじ書房、一九九三年。

（12）細川周平「日本の芸能一〇〇年　一〇七　民謡」『ミュージックマガジン』一九九〇年一〇月号。細川周平「日本の芸能一〇〇年　一〇八　新民謡」『ミュージックマガジン』一九九〇年一一月号。武田俊輔「民謡の歴史社会学」『ソシオロゴス』第二五号、二〇〇一年。

（13）橋本裕之「これは『民俗芸能』ではない」小松和彦編『これは「民俗学」ではない——新時代民俗学の可能性』福武

書店、一九八九年。

(14) 矢野敬一「歌とメディア・イベント——昭和戦前期における『口承』と地域アイデンティティ」『口承文藝研究』第二三号、二〇〇〇年。橋本裕之『舞台の上の文化——まつり・民俗芸能・博物館』追手門学院大学出版会、二〇一四年。

(15) ナショナリズム、統治、メディア、地域振興などを複合的に分析した研究として川村清志「民謡を出現させた権力とメディア——『能登麦屋節』を中心として」赤坂憲雄編『現代民族誌の地平2 権力』朝倉書店、二〇〇四年。川村清志「近代における民謡の成立——富山県五箇山地方『こきりこ』を中心に」『国立歴史民俗博物館研究報告第一六五集』二〇一一年。

(16) 民謡の原義、明治期における「民謡」概念および用語法の推移については品田悦一『万葉集の発明——国民国家と文化装置としての古典』新曜社、二〇〇一年による。

(17) 品田悦一、前掲書、一八七～一八八頁。

(18) ヘルダーのフォルクスリートの理念については、吉田寛『民謡の発見と〈ドイツ〉の変貌——十八世紀』青弓社、二〇一三年による。

(19) 吉田寛、前掲書、二三五頁。

(20) 吉田寛、前掲書、二四一頁。

(21) 品田悦一、前掲書、一九〇～一九一頁。

(22) 上田敏「楽話」『帝国文学』第一〇巻第一号、一九〇四年、四九頁。

(23) 志田義秀「日本民謡概論」『帝国文学』第一二巻第一三五号、一九〇六年。

(24) 品田悦一、前掲書、二〇三頁。

(25) 品田悦一、前掲書、三三三頁。

(26) 書名、編者名にみられる「童謡」は古代中国の史書に起源をもつ語で、元来、政治的意図などのために「人事を諷刺する寓意的、比喩的な性格をもつ歌謡」をさした（浅野健二「解説」町田嘉章・浅野健二編『わらべうた——日本の伝承歌謡』岩波書店、一九六二年、二七一頁）。その語義の背景には、無垢な幼童が発するうた、無知な民衆が口ずさむうたに重大な事件の予兆や神意が示現するという信仰があった（土橋寛『古代歌謡の世界』塙書房、一九六六年、二七二、二七五頁）。したがって、古代中国における童謡は社会的に影響力をもたせることが期待された巷間のうたということになる。日本においても『日本書紀』『続日本紀』『三代実録』などにこの意味での「童謡（わざうた）」の用例がみられるが、中国と比べて露骨さが薄く、すでにある民間の歌謡が流用されて童謡と称される傾向にあった。一方で、遊戯唄、子守唄等の子どものうたという意味で童謡が集成されたのは『童謡集』（行智編、一八二〇年ころ）で、少なくとも近世においてはわらべうたの意で童謡の語を用いた例が確認される。明治期に入っても、わざうたとわらべうたが実態としてのみならず認識上も交錯していたことは、一九〇〇年代に刊行された『日本民謡全集』や『諸国童謡大全』における両者の混交具合から察せられる（浅野健二、前掲、二七九頁。周東美材『童謡の近代――メディアの変容と子ども文化』岩波書店、二〇一五年、三〇頁）。『諸国童謡大全』が後に『日本民謡大全』（春陽堂、一九二六年）と題して改訂版が刊行されたことに示されるように、実質的には巷間にうたわれたという意味での民謡といってよい。

(27) Hughes, David, W., *Traditional Folk Song in Modern Japan*, Global Oriental, 2008, p. 104.

(28) 追分節と江差の歴史についてはおもにHughes, *op. cit.*, 東洋音楽学会編『日本の民謡と民俗芸能』音楽之友社、一九六七年。江差追分会『江差追分――北海道無形民俗文化財』江差追分会、一九八二年。

(29) Hughes, *op. cit.*, p. 111.

(30) 音楽学者チャールズ・シーガーは、楽譜（記譜法）にはprescriptive（規範的）なものとdescriptive（記述的）なものという分類が可能であるとした（Seeger, Charles, *Studies in Musicology 1935-1975*, University of California Press, 1977）。前者は西洋近代において確立された記譜法であり、演奏は楽譜を忠実に再現すること（楽譜と演奏が合致する）が目指される。後者は演奏を記録したものであって、演奏に先立つ規範ではかならずしもない。

(31) Hughes, *op. cit.*, p. 112.

(32) Hughes, *op. cit.*, pp. 113-116.

(33) 渡辺裕、前掲書。

(34) 渡辺裕、前掲書、二二三頁。

(35) 渡辺裕、前掲書、二二五～二二六頁。
(36) Chakrabarty, Dipesh, “Afterword: revisiting the tradition/modernity binary”, Vlastos, Stephen, ed., *Mirror of Modernity: Invented Traditions of Modern Japan,* University of California Press, 1998, p. 288. 引用は筆者訳。
(37) 渡辺裕、前掲書、二二六頁。
(38) Hobsbawm, Eric and Terence Ranger eds., *The Invented Tradition,* Cambridge University Press, 1983（ホブズボウム、エリック、テレンス・レンジャー編『創られた伝統』前川啓治・梶原景昭ほか訳、紀伊國屋書店、一九九二年）.
(39) Chakrabarty, *op. cit.,* pp. 286–287.
(40) Chakrabarty, *op. cit.,* p. 287
(41) Chakrabarty, *op. cit.,* pp. 288–289.
(42) Chakrabarty, *op. cit.,* p. 293. 引用は筆者訳。
(43) Chakrabarty, *op. cit.,* p. 293.
(44) Hughes, *op. cit.,* p. 5.
(45) Hughes, *op. cit.,* pp. 298–299.
(46) 渡辺裕、前掲書、ii頁。
(47) 渡辺裕、前掲書、九頁。
(48) 渡辺裕、前掲書、一四頁。
(49) 渡辺裕、前掲書、二〇頁。
(50) 渡辺裕、前掲書、二三頁。
(51) 吉見俊哉『カルチュラル・ターン、文化の政治学へ』人文書院、二〇〇三年、一五七頁。
(52) Gregory, Derek, “Geographical imaginary”, “imaginative geographies” in Gregory, D. et al. eds., *The Dictionary of Human Geography,* Wiley-Blackwell, 2009.
(53) Prince, H. C., “The geographical imagination”, *Landscape,* 11, 1962.

（54）ハーヴェイ、ダヴィド『都市と社会的不平等』竹内啓一・松本正美訳、日本ブリタニカ、一九八〇年、二三～三〇頁（Harvey, David, *Social Justice and the City*, Edward Arnold, 1973）。
（55）ハーヴェイ、前掲書、二四～二五頁。
（56）Gregory, Derek, *Geographical Imaginations*, Blackwell, 1994.
（57）ソジャ、エドワード・W『第三空間――ポストモダンの空間論的展開』加藤政洋訳、二〇〇五年（Soja, Edward W., *Thirdspace: Journeys to Los Angeles and Other Real-and-Imagined Places*, Blackwell, 1996）。
（58）荒山正彦・大城直樹編『空間から場所へ――地理学的想像力の探求』古今書院、一九九八年、ii頁。
（59）潟山健一「郷土という幻想――民謡の場所とは」「郷土」研究会編『郷土――表象と実践』嵯峨野書院、二〇〇三年。
（60）加藤政洋「郷土教育と地理歴史唱歌」「郷土」研究会編、前掲書、二六～二七頁。
（61）加藤政洋、前掲論文、四二頁。
（62）加藤政洋、前掲論文、四三頁。
（63）ハルトゥーニアン、ハリー『近代による超克　上』梅森直之訳、岩波書店、二〇〇七年、x頁（Harootunian, Harry, *Overcome by Modernity: History, Culture, and Community in Interwar Japan*, Princeton University Press, 2000）。
（64）ハルトゥーニアン、ハリー『歴史の不穏――近代、文化的実践、日常生活という問題』樹本健訳、こぶし書房、二〇一一年、一七頁（Harootunian, Harry, *History's Disquiet: Modernity, Cultural Practice, and the Question of Everyday Life*, Columbia University Press, 2000）。
（65）ハルトゥーニアン、二〇〇七年、前掲書、x頁。
（66）ルフェーブル、アンリ『空間の生産』斎藤日出治訳、青木書店、二〇〇〇年、八〇頁（Lefebvre, Henri, *La Production de l'espace*, Éditions Anthropos, 1974）。
（67）ルフェーブル、前掲書、八〇頁。
（68）ルフェーブル、前掲書、八〇頁。
（69）ソジャ、二〇〇三年、前掲書、一一二頁。

(70) ソジャ、二〇〇三年、前掲書、一九五頁。

(71) ソジャ、二〇〇三年、前掲書、一九三頁。

(72) ソジャ、二〇〇三年、前掲書、一九五～一九七頁。

(73) Katz, Cindi, "On the grounds of globalization: a topography for feminist political engagement", *Signs: Journal of Women in Culture and Society*, 26(4), 2001.

(74) ルフェーブル、前掲書、八四頁。Elden, Stuart, *Understanding Henri Lefebvre: Theory and the Possible*, Continuum, 2004, p. 189.

(75) ルフェーブル、前掲書、二五九頁。

(76) ルフェーブル、前掲書、五七八頁。

(77) 赤坂憲雄『子守り唄の誕生』講談社、一九九四年（講談社学術文庫、二〇〇六年）。

(78) 赤松啓介「子守『女』唄の発生と消滅」『歴史評論』一九五〇年六月号（赤松啓介『民謡・猥歌の民俗学』明石書店、一九九四年に再録）。

(79) 赤坂憲雄、二〇〇六年、前掲書、三三～三四頁。

(80) 赤坂憲雄、二〇〇六年、前掲書、四一頁。

(81) 赤松啓介、前掲書、一二九頁。

(82) 赤松啓介、前掲書、五五頁。

(83) 高群逸枝『女性の歴史二』理論社、一九六六年（赤坂憲雄、二〇〇六年、前掲書、四七～四八頁に引用）。

(84) 面積の九割以上を山林が占める五木村には、山林を独占的に所有するダンナと呼ばれる少数の特権階級が存在した。ダンナの山を借りて焼き畑農業を行う農民（ナゴ）は、経済面のみならず私的な領域においても相当程度、ダンナに服従する慣行が根づいており、ほとんど隷属していたにも等しかった。ナゴは土地借用の代わりに、ダンナに対して娘を子守り奉公に出すこともめずらしくなく、五木の守り子唄にはこの種の守り子の立場でうたわれた歌詞も散見される。しかし、五木村の祭りへの不参加や祭礼組織の未加入、五木村にはない生業に関するモチーフを赤坂は重視し、よそから流入してきた守り子の存在をうかがわせる歌詞のほうが主流をなしているのであって、「五木の子守歌は、五木村の内なる社会構造の特異性に還元して解釈がなされるべきではない」とする（赤坂憲雄、二〇〇六年、前掲書、一四六頁）。

(85) 赤坂憲雄、二〇〇六年、前掲書、一三八頁。

(86) 赤坂憲雄、二〇〇六年、前掲書、九四頁。

(87) 赤坂憲雄、二〇〇六年、前掲書、一〇六頁。

(88) 赤坂憲雄、二〇〇六年、前掲書、一五六頁。

(89) 赤坂憲雄、二〇〇六年、前掲書、五頁。

(90) 赤坂憲雄、二〇〇六年、前掲書、三〇頁

(91) 赤坂憲雄、二〇〇六年、前掲書、一〇六頁。

(92) まとまった研究成果にはたとえば次のようなものがある。民俗芸能研究の会／第一民俗芸能学会編、前掲書。小松和彦・野本寛一編『講座日本の民俗学8　芸術と娯楽の民俗』雄山閣、一九九九年。橋本裕之『民俗芸能研究という神話』森話社、二〇〇六年。

第1章　文化政策の転換
――『俚謡集』成立過程をたどる

1　明治政府の文化統制

明治年間、日本各地に伝わる慣習や文化は政府による統制を受けた。この統制の背後には近代国家にふさわしい風紀を実現する意図、そして「国家に益なき遊芸」という思想が存在していた(1)。当時、遊芸ないし芸能は細かなジャンルに分割されることなく風俗全体のなかに位置づけられ、その施策は風俗取締というかたちで顕在化した。民間習俗の領域では郷神楽がその対象となった。たとえば一八七四年、東京府下の神社祭礼で行われたものに「醜態」がみられたとして警察庁から教部省に報告がなされ、教部省からの申し入れを受けた東京府が神社に対して通達、神社が社中を取締まる一件があった(2)。警察庁の立場からすれば劇場においてさえ淫らな演技・演出は厳禁しているのに、神楽に醜態があっては神々を慰める目的にそぐわぬばかりか国の恥でもあるというのである。これは当時の政府の姿勢、つまり芸能を風俗全般における一事象とみなし、劇場に対する施策は神楽にも適用されるべきとする考え方をよく表している。とりわけ厳しい取締の対象となったのは「卑猥」や「醜態」であった(3)。

こうした方針は盆踊や類似の習俗にも波及していた。庶民のうたを取り巻く状況を捉える際には盆習俗の取締が有効な切り口となる。とくに注目すべき節目のひとつは廃藩置県（一八七一年）、改暦の詔勅（一八七二年）に続く数年間、すなわち明治新政府による国家の時空間をめぐる大改革の時期である。もうひとつは、対外的にも国内的にも近代国家制度が模索の段階をこえて急速に整いつつあった一八八七年前後である。この時期には、内閣制度が確立され、帝国憲法公布や帝国議会開設が実現し、一連の不平等条約改正の努力が精力的に進められていた(4)。また一八八八年には大日本帝国憲法のもとで機能することを前提としつつ、憲法発布に先駆けて市制・町村制が公布された。

まずは明治初期の取締についてみてみよう。

宇都宮県では旧来盆踊と称して「裸体其他異形之体ニテ舞跳」する風習があったが、甚だ不体裁として一八七二年七月に「盆踊取締ノ儀」が発令された。岐阜県では一八七四年に「老幼男女群集無益ノ事」「悪習」として盆踊が禁じられた。盆踊がさかんな新潟県では、維新以前は各町村内に桟敷を仮設し櫓を設け笛太鼓で囃し、音頭取のうたに応じて男は女装し、女は男装し、各人思い思いの風変わりで奇態な恰好で男女入り乱れて踊ったという。うたには猥褻な歌詞も多く、なかには雑踏にまぎれ娘の手をとって「公然ノ妻ノ如ク」ふるまう者もいた。維新を迎えると風紀紊乱を理由に禁令が出されるが守られず、一八七四年にいたって厳禁される事態となった(5)。こうした施策によって盆踊が一時的に廃れるところもあれば、警察の眼を盗んで続けているところもある状況が報告されている。禁令が持続的な実効性をもたなかったのは香川県をはじめほぼ全国でみられた(6)。

盆習俗の弾圧は欧米諸国の目を意識したことが背景にあったが、新たに導入された太陽暦と定時法の徹底をねらった具体的施策の意味合いも帯びていたと考えられる。明治新政府は人びとの身体にしみついた時間感覚を近代化しようと躍起になっていた。国家が新たに定めた祝祭日にしたがえば、そもそも盆踊という「弊風」をあらためなければならない。しかし、長い間に根づいた暦の感覚は容易に変えられるものではない。とすれば盆習俗の禁止は、昼は労働、夜は安息という日常的秩序を盆の時期にも適用することによって、ハレの日として身体に刻まれていた時間を剝ぎ取る方策として行われていたといえるのではないだろうか。

おわらの場合、明治初期の様子を直接伝える資料は残されていない。しかし一八六〇年に八尾町に生まれ地元の初等教育にたずさわった松本駒次郎はこう記している。

> まわり盆[7]〔が〕……最も全盛極めた時代は、天保年間より明治初年頃迄で、此当時に於ては町々[8]より数十組づゝ《ママ》の廻り団体が出て……町内を練り廻り、夜に入れば更に近傍村落より数千人の見物人が出で来て、何れの町も人の波をうつて容易に通行出来なかつた……然るに明治七八年の頃に至り、斯《かか》る変装して昼夜町内を騒ぎ廻るは、風俗を壊乱し、安眠を妨害するとて警察よりお差止めになつた、たまたま之を許い《ママ》てもいろいろの条件がついて、万一其条件を犯せば三味線を折られたり、又数日間拘留されたりしたから、自然廻らないようになつた。[9]

八尾町でも風俗壊乱と安眠妨害を理由に厳しい弾圧が行われたのである。しかし、伝統的な時間感覚と「変装して昼夜町内を騒ぎ廻る」習慣は容易になくなるものではない。次に再び盆踊取締がかまびすしくなった明治二〇年代に注目してみよう。この習俗がしぶとく生き延びている様子が新聞報道にみてとれる。[10]

> 婦負郡八尾町は僻隅の一都会なるを以て開明の今日に至るも未だ旧暦を守るの風情解けざるよりにて最早盂蘭盆に近きたれば来る二十七日より三十一日まで例により諸方商人輻輳し露店を開き盆売をなすよし[11]〔。〕（強調は引用者による。以下同様。）

> 〔近隣地域のみならず山奥からの来訪者で大いに賑わいをみせる盆市の様子を述べた後〕今年も例年のとおり一昨一日

より若き男女打ち混し三味を弾き歌いつつ市中を徘徊し終夜喧囂安眠も出来ぬほどなりという[12]〔。〕

〔盆市の詳細にわたる実況を二段にわたって述べた後〕四日五日の両日は豊年盆と称し幸に晴天なれば市街人は勿論近郷四方より若男少女の群集し或ハ五十人或ハ二十人計《ばか》り迄各一群れとなり三味太鼓胡弓等様々の打囃しをなし朝ハ九時頃より夜ハ暁天に至るまで喧鬧耳を聾（つぶ）さんばかりに市中を噪（さわ）ぎ廻ると恰も発狂人に異らず是れハ古来の習慣なれども方今開明の世に如斯野蛮醜風の猶存するは嫌ハしきことにして浩る風習は明年より廃止したきものなり[13]〔。〕

婦負郡八尾町半期の取引切合は毎年二百十日を期せしが本年も三十一日すなわち二百十日に切合をなしたるに……その翌日より豊年祭りと称し古来土俗の習慣として毎夜暁に至るまで老幼男女打雑り三弦、太鼓を打囃し俚歌を唱えて狂い廻ることは今年も同様なりし[14]〔。〕

県内周辺地域の民間習俗についても、たとえば婦負郡中名村では男女混合の盆踊が催され「徹夜囂々《ごうごう》騒ぎ立て多少旧弊を脱したる者は来年より何か新趣向を執り男女混淆だけハ廃止せんと呟き居たるよし」[15]、上新川郡新庄町では地蔵尊の祭日に「例により又た男女相集り盂蘭盆踊《ぼんおど》りの如きものを始めんとて或る筋へ届け出てしが新聞（先きに報せし猥褻云々に付踊り全廃のこと）は色々のことも出て、あるから今度は許るされぬと申渡したるよし[16]〔。〕此れ等ハ一小部分に属すと雖猶数歩を進め細大となく天下の輿論を採用あらば新聞の真価始めて顕揚すべし」と報じている。男女が集って踊りに興じること、夜を徹して騒ぎまわることが風紀上認めがたく廃止すべき「旧弊」であるという政府の方針と全面的に同調し、開明的であることを自負する当時のジャーナリズムの姿勢が伝わってくる。

射水郡小杉町でも毎年三日間「若男少女が寄集まり夜間盆踊をなす旧慣」があったが一八九〇年には四、五名の巡査を絶えず巡回させ厳重に取締を命じたため、盆踊の中止解散は六回にも及んだと伝えられた(17)。盆踊をやめられない民衆と、何としてでもやめさせたい当局とのせめぎ合いがみてとれる。

このように、明治二〇年代まで盆踊を含む民間習俗に制度のたががはめられ、警察の力にたのんだ取締が人びとの行動に直接干渉するかたちで行われており、ジャーナリズムや地域社会の開明派に支持されていた。この状態はいつまで続いたのだろうか。

盆踊についての記事が影をひそめた明治三〇年代をはさんで、新聞の論調に大きな変化がみられたのは明治四〇年代に入ってからであった。一九〇八年九月、『富山日報』は「八尾町の盆遊び」と題して、二人の記者による現地取材報告を三日間掲載する。宿の息子によれば、前の年まではさかんにやっていたが……「今年は警察が厳重で一切やらせない」。警察署は「オワラ節は非常に淫靡なもので風俗を紊す事が甚だしいから……本年は断然之を禁止する事を町内の若衆に言渡し……管内町村駐在員の非常召集を為して町の要所要所を警戒せしめ、犯則者を見附けた時は直ちに解散を命じる」というのである。しかし、取材を進めるうちに、それは屋外を練り廻らないということであって、町の若い者たちは互いを訪ねあい、屋内でおわらに興じる実態が明らかになった。記者自身の体験談も記事に盛り込まれている。

暫らくすると人馴れ易いような町の若衆が四五人三味線胡弓を携へて我々の室へ遊びに来た、我々は意外にも趣味ある知己を得て若衆のオワラ節を聴いて居ると、其処へ又十八九の愛くるしい宿の女中と……大学生の娘さん(18)と外に知らぬ婦人が一人二人這入つて来た〔。〕一座は益々賑かになつた〔。〕男ばかりでは面白くないから女達も唄い給へと云ふと初《はじめ》の中《うち》はなかなか遠慮して居つて謡はなかつたが遂に先ず女中先生が歌ひ出した……女中は盛んに美しい声で歌ふ〔。〕今度は貴嬢《あなた》の番ですよと女中は娘さんの袖を曳けば大学生の娘さんも優しい小声で謡はれたのは鶯の初音にも似て一座を恍惚せしめた〔。〕扨《さ》て其れからは歌声弦音益々佳境に入って十一時頃までも騒いで居た[19]」。

一泊二日の取材旅行の二日目、警察署に禁止の理由を直接取材すると、これまで問題にされてきた安眠妨害、風俗壊乱[20]にくわえて「朝から鱈腹酒食して出る」から最近の赤痢流行に鑑みて公衆衛生上有害である点をあげた[21]。赤痢やコレラなどの伝染病とむすびつけて警察が盆踊を取締まる例は明治二〇年代前半にもすでに報道されており、その背景には風俗取締の一環としてかねてから行われていた奢侈（年中行事や村芝居の興行などにおける饗応も含む）への規制があるとみられる。

警察の談話を紹介すると、それを支持するわけでも批判するわけでもなく、連載はあっさりと終了する。警察は明治末になっても明治二〇年代と同じ理由で盆踊取締を継続していたが、じっさいに取材をした二人の記者はおわらに興じる町民を「趣味ある知己」として親しみを込めて描き、警察とは距離をおいている。翌年の東宮行啓に際して企画された他府県新聞記者招待会には八尾町からおわらの名人数名を余興として出演させることに決定したとの報道さえみえる[22]。厳しい弾圧はあったものの、盆習俗やおわらに対するジャーナリズムや社会の見方は大きく変化しつつあったことが推測できる。

次に音曲面に焦点を絞って、明治三〇年代以降のおわら風の盆をめぐる動向を探ってみたい。

2　童話伝説俗謡等の全国調査

『俚謡集』（文部省・文芸委員会編、国定教科書共同販売所、一九一四年）は、近代以降、はじめて政府によって採集された全国の民謡を編纂した本格的な民謡集である[23]。同集は行政機構を通じて体系的・網羅的に集められた、明治三〇年代後半にさかのぼる歌詞を掲載しているという意味で、民謡史上重視されてきた。ところが、童話、伝説、俗謡、俚諺など広範な口承文芸の全国調査をもとに編纂された経緯があるにもかかわらず、『俚謡集』を正面から扱った研究のみならず、その成立過程をふまえた検討は、これまでなされてこなかったように思われる。この調査の成果報告は、当時の全国各地における口承文芸の実態と、それをめぐる状況を知る大きな手がかりを秘めていたはずであった。『俚謡集』の成立過程をつぶさにたどることによって、どのような言語空間の秩序化が進みつつあったかの一端を明らかにしたい。

一九〇五年秋、文部省から各府県の学務課に宛てて、童話、伝説、俗謡、俚諺《りげん》などを調査するよう通達が出された。この調査には正式な名称がないため、ここでは便宜的に「童話伝説俗謡等調査」と呼ぶ。通達文書は次のようなものであった。(24)

発晋二八四号
今般通俗教育取調上必要有之候ニ付、貴県各地方ニ行ハル、童話伝説俗謡等、調査御蒐集ノ上御回答相成度、尤其方法ニ付テハ私立教育会、若クハ適当ト認メラレ候者ニ依嘱相成等、適宜御措置相成度此段及照会候也。
明治三十八年十一月十日
文部省普通学務局長　澤柳政太郎㊞
愛媛県知事　安藤謙介殿
追テ俗謡調査ニ関シテハ、別記注意条項ニ依リ、又童話伝説俚諺ニ於テモ、右条項ニ準ジ、御調査相成度、此段申添候也。(25)

「別記注意事項」は二種類あり、ひとつは採集すべきデータの種類を特定している（次頁の引用を以下では「別記一」とする）。

○蒐集すべき童話伝説等の種類

一、童話

桃太郎、かちかち山、継子物語の類

二、巡回営業者のうたふ伝説

覗きからくり、デルレン祭文、阿房陀羅経の類

三、俚諺

○蒐集すべき俗謡の種類

一、労働に伴なふもの

田植、草取、稲刈、臼搗、臼挽、粉挽、米踏、茶摘、茶ひろひ、茶もみ、養蚕、糸繰、糸引、糸績、機織、餅搗、米搗、麦搗、麦打、油絞、糠摺、木挽、木やり、石搗、地搗、金堀（ママ）、舟唄、大漁歌、酒造、長持歌、其他一般の労働歌

二、盆踊の歌

三、児女の遊戯に関するもの

子守、手鞠、羽子つき、其他一般の遊戯歌

四、地方特有の流行歌

潮来、伊勢音頭、追分、流山、御嶽、さんさ時雨の類

五、其他一般の流行唄

もうひとつは、俗謡調査に限定した注意事項を列挙したものであった（同様に以下「別記二」とする）。

俗謡調査ニ関シテ注意スベキ条項

一、歌謡ハ伝聞記憶ノ儘ニ書キ取リ何等ノ改竄ヲモナスマジキコト
一、歌謡中ノ方言ニハ簡単ナル註釈ヲ施スベキコト
一、歌謡ハ成ルベク発音的ニ書取リ漢字ニハ振仮名ヲ附スベキコト
一、節廻、拍子等謡ヒ方ニ就イテハ記載シ得ベキ限リ之ヲ記スコト
一、楽譜ヲ添フルコトヲ得ルモノハ之ヲ添フベキコト
一、節ノ名アラハ附記スベキコト
一、如何ナル地方ニ行ハルヽカヲ附記スベキコト
一、如何ナル場合ニ謡ハルヽカヲ附記スベキコト
一、如何ナル階級ニ行ハルヽカヲ附記スベキコト
一、流行ノ年代又ハ其来由《ママ》ニ関シ伝説アルモノハ之ヲ附記スベキコト
一、調査者ノ氏名ヲ附記スベキコト[26]

この通達が各府県に出されて後、どのようなプロセスを経て調査、報告がなされたのか、そして最終的に『俚謡集』発刊にいたったのかをみてみよう。

愛媛県では、通達はまず郡市長宛に、さらに町村へと移牒された。直接データ収集にあたったのはおもに小学校訓導であった。収集されたデータは郡レベルでいったん取りまとめられ、県に報告がなされた。文部省の通達から約一年たったころ、郡からの報告が県レベルでまとめられ、一九〇六年一二月には文部省へ報告された[27]。他府県の多くも一、二年のうちに報告したが、東京、大阪、兵庫、栃木、滋賀、岐阜、長野、宮城、秋田、福井、富山、鳥取、和歌山、高知、沖縄の二府一三県からは報告がなされなかった。

相当な分量にのぼった報告の整理を命じられたのは、当時文部省に勤めていた高野辰之である。しかし、国定教科書編纂の本務に多忙をきわめていた高野は、方案を立てたものの整理作業の着手にはいたらなかった(28)。

それから四年以上たった一九一一年五月一七日、文芸委員会と通俗教育調査委員会が同時に発足する。前者は文芸奨励のための、後者は通俗教育上の調査を行うためのいずれも文部省所轄機関である。高野が整理しきれなかった報告の山は、文芸委員会に引き継がれることになった。『俚謡集』緒言で述べられているように、掲載すべきデータの編集校合は文芸委員会の委嘱を受けた長連恒が担当した。

調査は広く口承文芸を対象にしていたが、収集されたデータのすべてが公表されたわけではなかった。公表されたのは、「別記一」の俗謡部門中「労働に伴なふもの」「盆踊の歌」「地方特有の流行歌」に該当するもののうち、さらに独自の方針で絞り込まれた歌詞にすぎなかった。その方針とは「歌詞に特色あるもの」を採用し、「一般的なるものと猥褻なるもの」は省くというものであった。また童謡類は地方ごとの特色が薄く「混淆転訛夥しき」ためにほとんど省略された(29)。

取捨選択を経た歌詞は、府県ごと、さらに郡市ごとに分類され、うたわれた時期がわかるものについては、古いものから順に配列されている。方言はなるべく報告のまま記載し、意味の推測できるものは編者によって歌詞の傍らに書き込まれた。表記については歴史的仮名づかいの使用を原則としつつも、転訛や誤字、当て字のために意味不明な場合、各府県からの報告における表記法が採用された。

各府県からの報告書は関東大震災によって灰燼に帰した(30)。とはいえ、原資料に匹敵するものが皆無というわけではない。管見の限り、各府県および郡市レベルでとりまとめられた回答のうち、原本または写しが残っているのは次の三県である。

愛媛県　明治三九年第三号「教育雑書」（学務雑共二冊）中の一冊（北宇和、喜多、越智、新居の四郡を除く調査報告の写し。愛媛県庁蔵）[31]。

富山県　「伝説・俗謡・童話・俚諺調査答申書」（原本）、「通俗教育取調書」（原本）、「富山県内小守唄・遊戯歌調査」（複写版）（富山県立図書館蔵）。これらは『富山県明治期口承文芸資料集成』（稲田浩二編、同朋舎出版、一九八〇年）に翻刻されている。

福岡県　「福岡県童話」。いったん文部省に報告された資料の一部と推測される[32]。『全国昔話資料集成一一　福岡昔話集』（臼田甚五郎ほか編、岩崎美術社、一九七五年）に翻刻されている。

3　通俗教育と文芸委員会

改良主義と「文芸奨励」——やわらかな統制への転換

一九〇五年の文部省通達の冒頭に述べられているように、「童話伝説俗謡等調査」は通俗教育取調上の必要から行われた。ここでいう通俗教育とは何か。またそれは編纂主体である文芸委員会とどのような関係があるのだろうか。

通俗教育の概念は明治一〇年代からみられた[33]。一八八六年には正式に文部省学務局第三課の所掌事務として位置づけられ、通俗教育行政が開始された。この年には学齢児童を就学させることを親の義務と定める小学校令も公布された。学校教育を通じて国民のあいだに国家の観念を涵養するために、親に対しても教育を施して義務を全うさせ、近代教育制度を確立しようとする施策がはじめてあらわれたのである。小学校就学率を上げるための具体的方策としては、地域ごとに親向けの懇談会や幻灯会、展覧会などがしばしば開催された。教育専門家のあいだでは、さらに進んで親が学ぶこと自体に独自の意味があるとする説も登場した。親が「無識不品行」では子弟を教育することもできない。国家を富強ならしめる責任を負うのは子どもよりもむしろ壮年の父兄である、という主張である。

明治二〇年代には、「人民」を対象とする学校教育以外の教育として通俗教育が論じられるようになり、その範囲には演劇、軍談、講釈、浄瑠璃、新聞、雑誌、角力、玩具とならんで、俚歌も含まれるとの言説がみえる。「面白半分にて見聞する所なれば人の精神に浸潤すること極めて深」いがゆえに、「通俗教育の力頗《すこぶ》るさかんにして……到底学校教育を圧倒」する傾向が生じつつあったのである。[34] その後、通俗教育は成人に対する風俗改良・社会改良的な民間教育、すなわち社会教育と理念的に同一視されていく。

日露戦争後、通俗教育調査委員会が設置されるまで、通俗教育においては学校教育外で直接人びとの生活に教育的な配慮をほどこす努力がなされた。典型的な活動は、地方当局や教育会による教育品展覧会、通俗教育談話会[35]、図書館の開設などである。そのほかにも、たとえば徳島県教育会は独自に矯風調査を行い、「社会に於て矯正すべき事項」として、冠婚葬祭、蓄妾、演劇・寄席などと並んで、盆踊や音曲歌詞も対象とした。群馬県教育会においても教育に害のある絵画、文章、俗謡を厳重に取締まり、風俗、習慣、遊戯を矯正する方針を掲げた[36]。この時期の通俗教育は風俗改良・社会改良に向けた、成人教育ならびにコミュニティ教育をさす概念として理解されており、究極的には徳育にむすびつくという主張が広く受け入れられはじめていたのである[37]。

「童話伝説俗謡等調査」が実施されたのは、まさしくこの時期であった。文部省は通俗教育の具体的対象として、口承文芸を標的としたのである。盆踊などの民間風俗や芸能を厳しく取締まったそれまでの政策から一転して、童話、伝説、俗謡などをみとめ、教育的価値のあるものとして位置づけ直したのである。ここに「やわらかな統制」というべき、政策実施上の新たな手法をみてとることができよう。

それがさらなる展開をみせたのは明治末期の大逆事件後で、文芸委員会と通俗教育調査委員会の両官制が制定されてからである。文芸委員会の役割については、官制の第一条に「文芸委員会ハ文部大臣ノ監督ニ属シ文芸ニ関スル事項ヲ調査審議ス」と述べられているのみであった[38]。ただし、幹事を務めた福原鐐二郎は発足直後にもうすこし踏み込んだ発言をしている。委員会は小説や脚本を審査し、価値あるものについては顕彰し、外国文学の紹介・翻訳を通じて文学芸術を積極的に奨励するというのである。[39]ただし、ここでいう文芸奨励は文芸本位の奨励策を意味しない。わざわざ専門の政府機関を設けて奨励するということは、「国家の文化的完成」という政治的目的の一環なのであった。[40]そこには検閲の機能がつねに伏在していたといえる。

文芸委員会が通俗教育調査委員会と双子の関係にあった背景には、小松原英太郎文相の「敬神崇祖の観念の普及を第一とする復古的な徳育主義」と「国民思想健全化」の意図があった。[41]社会主義運動や言論の弾圧が激しかった当時、小松原文相の意図を見透かした新聞界は、文芸および通俗教育調査委員会両官制が、危険思想の防止と、文学における自然主義の流行による青年男女の風紀頽廃への対策であると警戒感をもって受けとめた。また、このような見方を裏書するかのように、各地方においては徳育主義と思想健全化を意識した通俗教育の施策がさかんになった。[42]文芸委員会は、文芸院としてその構想が発表された当初、文学に関する出版図書検閲権の移譲先になりうると報道されていたほどであるから無理もない。[43]

文学界からの批判としては、夏目漱石によるものが筆頭にあげられよう。委員会発足翌日から『東京朝日新聞』紙上で連載記事を発表し、文芸に携わる者が国家機関の委員の立場で作品の優劣をきめる行為は、文学者としての立脚点を崩し、文芸の堕落をひきおこすと警告したのである。[44]

こうした批判をふまえれば、官制第一条において委員会の役割を明瞭にしなかったのは、故意とも受け取れる。一種の検閲機関と警戒された文芸委員会の前評判を多少なりとも払拭しようとして、わざと文芸委員会の役割を曖昧にしたのではないか。

結局、文芸委員会は目に見える成果を上げることはできなかった。というのも、具体的な活動としては、すでに名声を確立した坪内逍遥の功績に対して賞金が贈られたのみで、同時代的な実効力をもつような顕彰活動はなされずじまいだったからである。[45]翻訳では『ファウスト』『ドン・キホーテ』が委員会メンバーによってなされたにとどまった（完成までこぎつけたのは『ファウスト』のみ）。発案者の小松原でさえ、方針や方法について議論ばかりが行われ、文芸改良の目的は失敗に終わったとのちに述べている。[46]その数少ない成果のひとつ、しかも福原が述べた文芸委員会の活動内容に照らせば余業にすぎなかったのが『俚謡集』だったわけである。

このように、「童話伝説俗謡等調査」には、在来の広範な口承文芸を改良主義の言説に取り込みながら容認しようとする文部省の姿勢の転換がみてとれる。また、政府の検閲は、明治期の大半を通じて行われたあからさまな力による弾圧とは別に、「文芸奨励」という大義名分のもと、曖昧かつソフトな言辞を繰り返しながら行われるようになった。こうして政府は「やわらかな統制」へと舵を切ったのであった。

公認の実例集

文芸委員会にとって余業にすぎなかったとはいえ、『俚謡集』は文学研究の領域では重要な位置を占めた。同書は『日本歌謡類聚』（大和田建樹編、博文館、一八九八年）、『日本民謡全集』（前田林外選訂、本郷書院、一九〇七年）、『諸国童謡大全』（童謡研究会編、春陽堂、一九〇九年、後述するように発禁処分）に続く、全国規模の民謡集であった。なお、しかも、行政制度を活用して行われた調査にもとづくはじめての民謡集という意味でも画期的であった。『諸国童謡大全』における「童謡」とは、一九二六年に『日本民謡大全』と改題出版されたことからもわかるように、労作歌や年中行事でうたわれるうた、子どもに限らず庶民によってうたわれたうたのことである。[47]

しかしながら、この官製民謡集は刊行の翌年に厳しい批判にさらされることになる。「童話伝説俗謡等調査」の整理を命じられながらも、完遂にいたらなかった高野辰之による批判である。[48]

まず「一般的なもの」、すなわち地方を問わず、広く流布している歌詞を省いていることについて疑問が出された。同じ歌詞でも盆踊に用いられている場合もあれば、労作歌、あるいは祝歌として用いられている場合もある。異なる歌詞と組み合わせて儀礼や踊りのための組歌を構成している場合もある。一律に省いてしまっては、ある歌詞の分布範囲も、機能の多様性も反映することはできない。

第二に「男女間の愛情」をうたった歌詞の省略が問題視された。文芸委員会は「枕」や「殿御」の語すら即削除というような「官省の出版物としては極めて安全な間違いの起らぬ仕方」で一律に省いてしまっている。これは俚謡によってこそ表現しえた、人びとの「飾らぬ声」のみならず、うたう者も聞く者も労苦が吹き飛ぶような力をもったうたを排する結果となっていると批判したのである。

高野はさらに、文芸委員会が地方ごとの特色が薄く訛が夥しいとして、子どものうたうわらべうたとしての童謡を省略したことについても批判的であったと考えられる。なぜなら、『俚謡集』の欠陥を補うべく彼自身が編纂に携わった『俚謡集拾遺』には童謡も新たに収録しているからである。そのほか、府県からの報告がなかったとして『俚謡集』では未掲載だった二府一三県についてもみずから収集した歌詞をくわえて全府県を網羅した。

『俚謡集』における童謡の省略の意義については、次節で検討する。ここでは文芸委員会の検閲機能という観点から、「男女間の愛情」をうたった歌詞の省略について考えてみたい。

「童話伝説俗謡等調査」の報告書が未整理のままであった一九〇九年、泉鏡花による格調高い序文をかかげ、約三万にものぼるわらべうたや労作歌などを収録した『諸国童謡大全』が出版された。ところが、社会主義運動の盛り上がりを受けて政府が言論弾圧に躍起になるなか、風俗壊乱を理由に発禁となる。明治政府に対して思想的な挑戦をしかけたわけではないにもかかわらず、発禁処分の対象となったのはなぜか。掲載歌詞にうたわれた貧困の現実やエロティシズムが「生産の場から社会を荷う人びとの、トータルな社会批判と道徳否定につながる可能性」を政府が鋭く感知したからだと小寺謙吉は推測する(49)。また山路興造は『諸国童謡大全』の発禁処分が『俚謡集』の編集方針に影響を与えた可能性があると述べている(50)。たしかに『俚謡集』は緒言において猥褻なものは省くとしている。だが、この編集方針は発禁を避けるためのものだったのだろうか。

発禁を決めたのは内務省であったとはいえ、「国家の文化的完成」という政治的目的に照らせば、文部省・文芸委員会と立場を同じくする。『俚謡集』における卑猥な歌詞の省略は、文部省・文芸委員会による刊行物として、この目的にそぐわない要素を事前に取り除いたということであり、発禁を恐れての措置とは考えにくい。

一方、高野は個人の資格で『俚謡集拾遺』を刊行し、「肉欲挑発以外何等民俗詩として見るべき価のないもの」は省略するが「多少卑猥な事をうたつて居ても、読む者に失笑させるだけで実感を刺撃《ママ》しない様なもの」は必ずしも削らなかった(51)。また、『俚謡集』の購買者層は、中年以上の学者肌で教員風の者が中心なので、このような方針が社会批判や道徳否定を引き起こすことはないと強調した。危険思想を胚胎しているような「翻訳ものや新作小説に没入する年頃の者」は民謡集なぞには関心がないと述べて、言論統制に対する予防線を張ったのである。

はたして、『俚謡集拾遺』は発禁処分とはならなかった。ということは、ここに掲載された「多少卑猥」な歌詞は政府にとって許容範囲内ということになる。このように考えるならば、『俚謡集拾遺』は『俚謡集』に期待された網羅性を補完したのみならず、政府が許容しうる範囲を押し広げたということができる(52)。しかし、それは統制を受ける言語活動の範囲が広がったという面も必然的にそなえていた。こうして『俚謡集』は『俚謡集拾遺』と対になって、公認の民謡実例集としての地位を得たのである。

4 うたの〈方言〉化

音声主義——国語調査委員会による方言調査との関連

本節では一般的な歌詞および童謡の省略に対する高野辰之の批判に注目することによって『俚謡集』の性格を浮かび上がらせてみたい。

「童話伝説俗謡等調査」依頼文書に添えられた「別記二」に注目してみよう。特筆されるのは、「伝聞記憶ノ儘ニ書キ取リ何等ノ改竄ヲモナスマジキコト」、「成ルベク発音的ニ書取リ漢字ニハ振仮名ヲ附スベキコト」といった注意事項が盛り込まれている。これらは、多様な存在形態をなしていた口承文芸をできるだけありのままに写し取る方策として示されたと考えられる。しかし、今日的な観点からすれば、改竄をくわえないようにとの注意はともかく、「発音的ニ」と念を押す仕方はやや過剰に思える。なぜ、わざわざこのような注意事項が盛り込まれたのだろうか。

「童話伝説俗謡等調査」実施とほぼ時を同じくして、文部省は全国的な方言調査も行っていた。厳密には国語調査委員会（一九〇二年発足）によってなされたもので、国家的事業として大規模かつ画一的に行われた方言調査の嚆矢であった[53]。

国語調査委員会は、統一的な「国語」を整えるために国家的事業として調査活動を行う機関であり、国語に関してどのような事項をどのような方針で調査するべきかを、文部大臣から独立してみずから決議できる権限をもっていた。調査の基本方針は次のように定められた。

一　文字ハ音韻文字（「フォノグラム」）ヲ採用スルコトヽシ仮名・羅馬字等ノ得失ヲ調査スルコト
二　文章ハ言文一致体ヲ採用スルコトヽシ、是ニ関スル調査ヲ為スコト
三　国語ノ音韻組織ヲ調査スルコト
四　方言ヲ調査シテ標準語ヲ選定スルコト[54]

青年文法学派の隆盛期にドイツ留学し、言語とナショナリズムが不可分であるという思想を直接吸収した上田萬年[55]を中心としたこの委員会は、音声主義を旨とする科学的な言語観に立脚し、方言を重要な研究課題として位置づけていたことに特徴がある[56]。同委員会によって展開された一連の方言調査は、第一に国語の確立という教育課題と直結していた点、第二に音韻調査に主眼をおいていた点に特色があった。調査結果は『音韻調査報告書』上下二冊・『音韻分布図』二九枚（一九〇五年）、『口語法調査報告書』上下二冊・『口語法分布図』三七枚（一九〇六年）と

して発表された。これらの成果は基本方針の三と四に直接こたえるものだったといえる。[57]

一方、後の民謡観に大きな影響を与えたとされる志田義秀「日本民謡概論」には次のような記述がある。

聞くが如くば、去秋文部省は、各府県に令して、其地方の民謡を蒐集して提出すべきことを命じ、又文科大学に於いても、現下委員に托して、民謡の蒐集を進めつゝあるといふことである。……国家文教の枢府と帝国最高の学府とに於いて、同時に斯る事業の画定せられたに就ては、実に明治盛代の一美事として、仰いで感謝せざるを得ないのである。[58]

文部省による民謡蒐集・提出の命令とは「童話伝説俗謡等調査」をさすことはいうまでもない。しかし、その調査設計にあたってはとくに委員会が設けられているわけではなかった。志田がここで「現下委員」といっているのは、国語調査委員会の委員と考えられる。ちなみに、同委員会と東京帝国大学文科大学教授の双方を務めた人物は上田萬年（主事と主査委員を兼任）、井上哲次郎、三上参次、高楠順次郎であった。[59] 志田の記述にある文科大学での民謡収集とは、上田が大学内に創設した国語研究室を拠点に行われたものであり、芳賀矢一、岡田正美、新村出、保科孝一らも委員や補助委員としてくわわった。[60] 芳賀矢一は主査委員を務めたこともあり、民謡蒐集事業においては責任ある立場にあったといえる。高野辰之も「童話伝説俗謡等調査」の「報告上の用意に関しては、故芳賀博士が立案されたように記憶している」と述べている。[61]「記憶」を裏付ける資料として、一九〇八年ごろ、高野によって作成された「邦楽調査私案」が東京藝術大学附属図書館に所蔵されている。[62] そこには「童話伝説俗謡等調査」の調査項目が「上田・芳賀両博士によりて蒐集を文部省に依頼したる原案。芳賀氏立案ニ係るもの」との書き込みがある。[63]

「別記二」の第一条項で、聞こえたままを発音的に書き取るよう注意を喚起したのは、国語調査委員会のメンバーに共有されていた音声主義の反映にほかならない。彼らは「童話伝説俗謡等調査」の調査項目や注意事項の設定にきわめて大きな影響を与えうる位置にいたのである。

国語調査委員会と「童話伝説俗謡等調査」の密接な関係を示している人物としてもう一人、澤柳政太郎があげられよう。当時、文部省普通学務局長であった澤柳は委員会発足当初からの委員であり、各府県知事に「童話伝説俗謡等調査」を発令した責任者として通達文書にもその名がみえる。澤柳は上田とともにローマ字論を唱えて、積極的に国字改良の論陣を張った人物である(64)。

文部省による方言調査は、実施方法においても「童話伝説俗謡等調査」に酷似していた。委員会からの調査報告依頼はまず各府県に発信され、実際のデータ収集は教育会や学校教員に委嘱されたのである。集められたデータは府県を経て調査会に集約された(65)。どちらの調査も学校教育制度、地方行政制度が十全に機能してはじめて可能となる手法で実施されたのだった。

このように、「童話伝説俗謡等調査」は、国語調査委員会が行った方言調査と同様、音声主義にもとづいて〈国語〉ないし〈標準語〉を画定していこうとする運動のなかで設計・実施されたことがわかる(66)。

うたの序列化

上田は〈標準語〉の基礎を「教育ある東京人の話すことば」「東京中流社会の言語」におき、「全国内到る処、凡ての場所に通じて大抵の人々に理解せられる効力を有するもの」「一国内に模範として用ゐらるゝ言語」として彫琢しようとしていた(67)。〈標準語〉を基準として、社会階層や地域による差異がみとめられる発話は〈方言〉に位置づけられることになる。

とすれば、「別記二」中、第七項目「如何ナル地方ニ行ハル、カヲ附記スベキコト」や第九項目「如何ナル階級ニ行ハル、カヲ附記スベキコト」は、採集された「俗謡」の、いわば〈方言〉性を判断する指標の記載を求めていると解釈できる。ここでいう〈方言〉性とは、模範とされるべき「国楽」を基準にして測られる、差異の度合である。第二項目において求められている歌詞への注釈は、採集した歌詞を地域と階級によって規定された表現と捉え、〈標準語〉に翻訳する作業にあたるといえよう。

教育行政の最前線に位置する小学校訓導が採集と注釈を任されたのは、彼らが地元の言葉と「教育ある東京人の話すことば」の両方を解し、運用する能力をもっていたからである。彼らによって集められたデータは、文芸委員会が『俚謡集』を編む過程で〈方言〉性にしたがって選別と整序がなされていった。文芸委員会の委員一六名中には、国語調査委員会の委員であった上田萬年、芳賀矢一、徳富猪一郎（蘇峰）も含まれていた[68]。編纂の段階でも上田、芳賀の影響が及んだことになる。

『俚謡集』において「一般的なもの」が一律に省かれたのは、地域の固有性すなわち〈方言〉性がそれらにはみとめられないと判断されたからであろう。しかし、同じ歌詞といえども、うたの形式、意味、社会的意義は状況によって大きく左右される[69]。調査の段階では「別記二」第八項目で、どのような場合にうたわれるかを記録するよう指示がなされた。そのとおりに調査が行われていたとするなら、状況による歌詞の意味の違いを『俚謡集』に反映させることも可能だったわけである。ところが、編集の段階では字句のレベルでの歌詞の異同にのみ注意が払われ、うたわれる文脈や節との組み合わせは度外視された。これは不均質な言語空間を、歌詞の字面という均質な平面にならす操作とはいえまいか。「一般的なもの」を省き、各府県・郡市に特有の歌詞が列挙された『俚謡集』は、その調査設計や編纂にかかわった学者や官僚が国家を単位とした均質的な言語空間を想定していることを逆説的に示しているのである。童謡が省かれた理由のひとつとして一般的な歌詞が多いことがあげられているのも、同様の発想と考えられる。

童謡についてはもうひとつ、掲載にいたらなかった理由があった。「混淆転訛夥し」というものである。『俚謡集』は童謡以外の歌詞についてはもとの発音をなるべく保存し、「原意」を推測できるものについては歌詞の傍らに記す方針をとった。おそらく童謡のほとんどは「原意」を推測できなかったのであろう。「原意」という言い回しは、むろん文芸委員会本位でいうところの「原意」であり、〈標準語〉で表現されるべき意味をさす。こうして『俚謡集』では、各地域のうたの転写と〈標準語〉訳が可能な部分だけがすくいとられたのであった。

以上をふまえると、志田義秀が国語改良の展望のもとに民謡と〈方言〉を同一視していたことは示唆的である。

民謡は、各地方の方言を以て作られた方言詩であるから、民謡の蒐集は、即ち方言の蒐集であって、民謡の言語学的研究は即ち方言の言語学的研究である。(70)

志田にとって差異や多様性に満ちた各地の言語や口承文芸を蒐集・研究することは、ナショナルな単一性の構築に直結していたのであった。(71)『俚謡集』も、この構想圏にすっぽりと覆われている。

結果として、「童話伝説俗謡等調査」によって集められた口承文芸のデータから文部省が抽出し公表しえたのはごく一部にすぎなかった。すでに述べたように、童話、伝説、俚諺は放置され、「別記一」に定めた「蒐集すべき俗謡の種類」のなかでも、『俚謡集』に掲載されたのは五項目のうち三項目（「労働に伴なふもの」「盆踊の歌」「地方特有の流行歌」）の一部にすぎない。(72)それらは〈標準語〉によって翻訳可能、あるいは階級的・地域的な差異が測定できる範囲にある〈方言〉としての歌詞群である。また、こうした歌詞群が府県・郡市といった明治二〇年代以降、新たに整備された行政制度による区分にしたがって提示されたことは、本来行政単位では区切ることができないはずのうたを行政区域の集合として示された〈日本〉のもとに位置づけたにも等しい。『俚謡集』は、各地のうたを〈方言〉として表象したのであった。それは、自覚的に国家建設を担った官僚と学者が想定していた、国民国家を単位とする均質的な言語空間という地理的想像力のかたちでもあった。

5 言語空間の再編成

本章は九年にもおよぶ編纂過程が『俚謡集』にどのような特質と歴史的意義をもたらしたかという点に着目し、明治三〇年代後半から進行した言語空間の編成過程を検討した。

それまでも風俗取締というかたちで、新たな時空間秩序の導入と力を用いた直接的な文化統制が行われていたが、政府の手つきは人びとを強引に制度の枠に押し込めようとするものであった。生活に深く根づいた習俗は容易に廃れるものではなく、政府と人びとのあいだにはうたや踊りをともなう民間習俗をめぐる攻防が繰り広げられていた。その空間は弾圧、恭順、未組織の抵抗といった限られた要素に特徴づけられていた。

しかし、方言調査や「童話伝説俗謡等調査」が実施される明治三〇年代後半には、より複雑かつ間接的なかたちで、さらに言語空間の秩序化という観点からすればより射程の長い「やわらかな統制」へと転換が図られた。「童話伝説俗謡等調査」は、民間の口承文芸を一定の教育的価値をもつものとして捉え直した政策上の転換を示すものと再定義できる。さらに、調査から『俚謡集』発刊までのあいだに社会主義運動や『諸国童謡大全』にみられるような「広汎な民衆の肉声」(73)を牽制する必要にせまられた政府は、文芸委員会に調査報告の整理と『俚謡集』編纂をゆだねることになった。こうした経緯は、民謡を含む口承文芸が「やわらかな統制」のもとにおかれ、公認の民謡実例集として受容される素地をつくったことを示している。

「童話伝説俗謡等調査」と国語調査委員会による方言調査の検討からは、音声主義言語学の信奉者らによって、同一のコンセプトのもとに類似の実施手法で調査が行われたことが明らかになった。国民文学の成立に貢献すべく、文芸委員会による取捨選択を経て『俚謡集』掲載にいたった歌詞群には、地理的・社会的距離によって差異化される〈方言〉と同一視するナショナル・エリートの認識がひそんでいた。それは一見、多様性を表しているようでありながら、尺度となる言語秩序を国家主導で確立するという一元的な方向性をはらんだものであった。『俚謡集』は単なる民謡集というよりも、日露戦争から大逆事件を経て大正初期にいたる言語政策と文教政策の歩みが刻まれた資料なのである。

政府の立場からすれば、それはかならずしも成功に彩られた歩みとはいえない。なぜなら、一五にものぼる府県が「童話伝説俗謡等調査」の報告にいたらず、提出された分についても「俗謡」部門で採集されたデータの一部しか成果発表にむすびつかなかったからである。報告未提出の事態は、地方行政機構を活用しようとした中央政府の目論見に反して、実際には十全に機能させることができなかったことを意味する。また、部分的な成果発表しかなされなかったことから、「俗謡」以外の、雑多で、〈標準語〉に翻訳不可能な口承文芸を手なずける術を当時のエリートたちが持ち合わせていなかったことがうかがわれる。

調査対象者、つまり口承文芸の主体であった無名の人びとにとって『俚謡集』は縁遠いものであった。ただし、人びとと政府のあいだに位置する学校教員や新聞記者、郡市町村レベルの有力者にとっては、国家建設や社会・文化の各方面における改良の方向性を示してくれる重要な参照点となったと考えられる。地域レベルでのうたの改良において、いちはやく照準をあてられたのが音曲面ではなく言語面、すなわち歌詞であったことはその証左である。『俚謡集』を明治年間における文教政策の転換や言語政策と関連づけた本章は、同集の成立したパラダイムおよびそれに呼応した言語空間の編成過程の一端を明らかにした。それはこの先〈うたの町〉が近代の何処に位置づけられるか、という問題にかかわってくるのである。

注

（1）倉田喜弘『日本近代思想大系一八　芸能』岩波書店、一九八八年。
（2）倉田喜弘、前掲書、二四八～二五二頁。

（3）倉田喜弘、前掲書、三八四頁。

（4）倉田喜弘、前掲書、岡田芳朗『明治改暦――「時」の文明開化』大修館書館、一九九四年。小寺融吉『郷土舞踊と盆踊』桃蹊書房、一九三一年など。

（5）谷川健一編『日本庶民生活史料集成　第二一巻　村落共同体』三一書房、一九七九年、九五、二五四、一八五頁。

（6）倉田喜弘、前掲書、三八四～三八六頁。

（7）現在のおわら風の盆につながる行事をさす。

（8）八尾町を構成する十ヶ町。

（9）松本駒次郎『八尾史談』松六商店、一九二七年、三三一～三三二頁。

（10）富山県における新聞発行は一八八四年以降である。

（11）「盆市」『中越新聞』一八八七年八月二四日。

（12）「八尾の賑ひ」『中越新聞』一八八七年九月三日。

（13）「八尾通信（九月六日）」『中越新聞』一八八七年九月八日。

（14）「八尾の節季と豊年祭」『富山日報』一八八九年九月一〇日。

（15）「盆踊」『中越新聞』一八八七年八月二七日。

（16）「上新川郡町《ママ》新庄通信」『中越新聞』一八八七年八月二七日。

（17）「盆踊の中止解散」『富山日報』一八九〇年九月二日。

（18）記者の泊った宿の娘。

（19）「八尾の盆遊び（二）」『富山日報』一九〇八年九月五日。

（20）取材相手の巡査長の談として「男は女に仮装し女は男に扮装し然らざるも淫靡な風俗を為して練り廻り隙を見て社寺の境内等に忍込んで野合する」という認識が示されている。

（21）「八尾の盆遊び（三）」『富山日報』一九〇八年九月六日。

（22）「小原節の余興」『富山日報』一九〇九年九月三日。

(23) 山路興造「『俚謡集』『俚謡集拾遺』解説」三一書房、一九七八年（文部省・文芸委員会編『俚謡集』付属冊子）。
(24) 和田茂樹編『愛媛民謡集』愛媛県史編纂委員会、一九六二年。これによれば通達文書は明治三九年第三号「教育雑書」（学務雑共二冊）に綴じられ、「永久」と朱書されて愛媛県庁に保管されている。
(25) 和田茂樹、前掲書、五〇五〜五〇六頁。
(26) 和田茂樹、前掲書、五〇六〜五〇七頁。
(27) 和田茂樹、前掲書、五一〇頁。
(28) 高野辰之編『日本歌謡集成　巻一二　近世編七　改訂版』東京堂出版、一九八一年、一〜二頁。
(29) 文部省・文芸委員会編『俚謡集』国定教科書協同販売所、一九一四年。
(30) 高野辰之、前掲書、五頁。
(31) 和田茂樹、前掲書。
(32) 稲田浩二編『富山県明治期口承文芸資料集成』同朋舎出版、一九八〇年、四七六頁。
(33) 通俗教育の概念の変遷と活動の展開については、松田武雄『近代日本社会教育の成立』九州大学出版会、二〇〇四年による。
(34) 杉浦重剛「加藤弘之君の徳育論」『読売新聞』一八八八年五月一五日（松田武雄、前掲書、六六頁に引用）。
(35) 通俗演説会、通俗講演会、通俗講話会とも呼ばれた。
(36) 倉内史郎『日本教育史基本文献・史料叢書一八　明治末期社会教育観の研究　野間教育研究所紀要二〇輯』大空社、一九九二年、八七〜八八頁。
(37) 松田武雄、前掲書、六七〜七一、一六二頁。
(38) 倉内史郎、前掲書、二七頁。
(39) 「新設されたる両委員会の目的と事業」『読売新聞』一九一一年五月一九日、文芸委員会幹事福原鐐二郎談（倉内史郎、前掲書、一三八〜一三九頁に採録）。
(40) 岡崎義恵『明治文化史　第七巻　文芸編』洋々社、一九五三年、二八頁。

(41) 倉内史郎、前掲書、二五頁、五五頁。
(42) 倉内史郎、前掲書、五五頁、一一七~一三三頁。
(43) 「森鷗外氏と文芸院(文壇の一問題)」『報知新聞』一九〇八年一二月一四日(『鷗外全集 第三八巻』月報三八、岩波書店、一九七五年六月、一八~一九頁)。
(44) 「文芸委員は何をするか」は夏目金之助『漱石全集 第一六巻』岩波書店、一九九五年所収。同名記事は一九一一年五月一八、一九、二〇日の『東京朝日新聞』「文芸欄」に上中下に分けて掲載された。『大阪朝日新聞』には同一九、二〇、二一日に掲載された。夏目漱石による文芸委員会批判については、ルービン、ジェイ『風俗壊乱――明治国家と文芸の検閲』今井泰子・大木俊夫・木股知史・河野賢司・鈴木美津子訳、世織書房、二〇一一年(Rubin, Jay, *Injurious to Public Morals: Writers and the Meiji State*, University of Washington Press, 1984)が詳細に検討している。
(45) 柴田宵曲『明治の話題』筑摩書房、二〇〇六年、三八~四〇頁。
(46) 倉内史郎、前掲書、六五~六七頁。
(47) こうした「童謡」の用語法には中国古典における童謡観、すなわち政治的な風刺や社会的事件の予言、神意などを含んだ内容をもつ、庶民のあいだに流布したうた、という観念が尾を引いていると考えられる。明治期においても流行唄の意で「童謡」の語が使用された例がある(周東美材『童謡の近代――メディアの変容と子ども文化』岩波書店、二〇一五年、二九~三一頁)。近世には子どものうたう「わらべうた」の意味ももつようになった。
(48) 高野辰之、前掲書。
(49) 小寺謙吉『発禁詩集』西澤書店、一九七七年、四四頁。
(50) 山路興造、前掲解説、二頁。
(51) 高野斑山・大竹紫葉編『俚謡集拾遺』三一書房、一九七八年、五~六頁。
(52) たとえば『諸国童謡大全』の改訂版である『日本民謡大全』(春陽堂、一九二六年)以降の民謡集に文部省的な観点からは卑猥とされてもおかしくない表現がみられる(坪井秀人『感覚の近代――声・身体・表象』名古屋大学出版会、二〇〇六年、二七九頁)のは、このような流れが背景にあったと考えられるのではないか。

(53) 長志珠絵『近代日本と国語ナショナリズム』吉川弘文館、一九九八年、一五七頁、一七二頁。
(54) 文化庁『国語施策百年史』ぎょうせい、二〇〇六年、一一六頁。
(55) 上田萬年のドイツ留学の意義については、イ・ヨンスク『「国語」という思想――近代日本の言語認識』岩波書店、一九九六年。
(56) 文化庁、前掲書、一〇六頁。長志珠絵、前掲書、一七一頁。
(57) 文化庁、前掲書、一三五頁。
(58) 志田義秀「日本民謡概論」『帝国文学』第一二巻第一三五号、一九〇六年、九頁。
(59) 文化庁、前掲書、一一四～一一五頁。
(60) 文化庁、前掲書、一三三頁。
(61) 高野辰之、前掲書、一頁。
(62) 権藤敦子『高野辰之と唱歌の時代――日本の音楽文化と教育の接点をもとめて』東京堂出版、二〇一五年、一三九頁。
(63) 権藤敦子、前掲書、一三九頁。
(64) 文化庁、前掲書、一一五頁。
(65) 長志珠絵、前掲書、一五七頁、一七二頁。
(66) 一九〇七年東京音楽学校に設置された邦楽調査係による邦楽の歌詞調査も方言調査に準じた方法がとられていた。これは高野辰之を介して上田萬年らによる方言調査、「童話伝説俗謡等調査」の手法が援用されたためである（権藤敦子、前掲書、一四〇～一四一頁）。
(67) イ・ヨンスク、前掲書、一三八頁。
(68) そのほかの委員は、森林太郎（鷗外）、藤代禎輔、上田敏、姉崎正治（嘲風）、佐々政一（醒雪）、幸田成行（露伴）、巖谷季雄（小波）、伊原敏郎（青々園）、大町芳衛（桂月）、塚原靖（渋柿園）、饗庭与三郎（篁村）、足立荒人、島村滝太郎（抱月）であった。委員長は岡田良平文部次官、幹事は福原鐐二郎専門学務局長が務めた（倉内史郎、前掲書、二八頁）。

(69) オング、ウォルター・J『声の文化と文字の文化』桜井直文・林正寛・糟谷啓介訳、藤原書店、一九九一年(Ong, Walter J., *Orality and Literacy: The Technologizing of the World*, Methuen, 1982)。

(70) 志田義秀、前掲論文、六頁。

(71) 坪井秀人、前掲書、二六二〜二六三頁。

(72) 音曲面については「別記二」に第四条項、第五条項が設けられたにもかかわらず、『俚謡集』には反映されていない点に注意すべきである。これは、音楽学の素養や採譜の技術をもつ人材が少なかったことが原因のひとつであろう。また、調査設計が国語・国文学研究者中心に担われたことも、音曲面が切り捨てられる結果につながったと考えられる。「童話伝説俗謡等調査」はデータ収集法において大きな制約をかかえていたのである。

(73) 小寺謙吉、前掲書、四四頁。

第2章　〈豊年踊〉の誕生

――共進会のおわらと八尾町のおわら

1　おわらの古層――不定形の練り廻り習俗と二百十日

現在のおわらは唄、伴奏（三味線、胡弓、太鼓）、はやし、踊りから構成されている。八尾町に伝承されている曲節は一九二一年ころ、おわらの名手として知られた江尻豊治の大きな影響のもとに確立されたものである。高音のうたい出しと息継ぎの方法（上句と下句のあいだの一回のみ）を特徴とする。また、現在は独唱が主流であるが、大正期半ば以前は合唱が主流であった。[1] 踊りには〈豊年踊〉と〈新踊〉があり、どちらも大正期以降につくられたものである。

起源については諸説ある。第一に参照すべきは「八尾町小原節の由来」であろう。これは前章で検討した「童話伝説俗謡等調査」に際して作成された「伝説・俗謡・童話・俚諺調査答申書」（婦負郡役所、一九〇六年）[2] の一部であり、文部省に未提出であったため関東大震災で他の報告書とともに燃えてしまうことなく現在まで残された、いわくつきの書類である。

おわらに関する最初の公的な記録であるこの答申書によれば、町の創建にかかわる重要文書が町外に持ち出されてしまったため、有志が一計を案じた。首尾よく取り戻すことができた「宝物」たる文書をたずさえて帰る道すがら、彼らはうたい舞いつつ八尾町に入り、三日三晩老若男女入りまじり、うたい興じて街路を回った。以来、年に一度終夜うたい廻る風習がはじまった。当初行われていたのはおわらではなかったが、手足の拍子に合うものが選ばれ、だんだんとおわらに変化したという。大正末期に編まれた『八尾史談』は特定の個人がおわらのもととなる節を作ったとしている。だが、その背景にはやはり文書の奪還に由来する練り廻り習俗があったとしている(3)。

この習俗が全盛をきわめたのは天保年間から明治初頭であった。当時は何十組もの団体が街路に繰り出し、町を練り廻った。

> 大抵の組は男女混清、女子の方は数人一同に声を揃へて歌をうたひ、男子の方は三味線、太鼓、胡弓、手拍子などを以て其歌に和し、実にも愉快さうな風体であつた、尤も如何なる家庭の婦女子と雖ども、盆三日間だけは廻ることを許い《ママ》てあつた。うたふ謡の類は勿論八尾名物おわら節で、中にはおきんさぶし、松坂ぶじ《ママ》、糸引きぶしなども雑り、又単独にて浄瑠璃や常磐津などを語つて行く者もあつた。身勢《みなり》は男女とも一般に編笠を被り、男子は主に黒色の布衣を着てゐた……それが後に法被、短襦袢、股引、紺足袋といふ風に変化した、女子は山繭縮緬などの美麗《はで》な浴衣を着、其上に上田縞など絹織の袖なしや半纏をまとひ、足は白足袋手には赤絵の扇子をひらつかせて行つた、……兎に角孟蘭盆には七八才の児女子より、五六十の爺看まで種々の姿に変装して、廻りに出たのである(4)。

ここでは性別、地位、年齢に関係なく、町の者がこぞってうたと演奏に興じる姿が鮮やかに描写されている。種類は祝唄から糸引節のような労働歌までと幅広い。さらに浄瑠璃や常磐津などの語り物も聞かれたということは、種々の芸能ジャンルが混在していたことを示している。

明治時代の大半は盆踊を「旧弊」として弾圧した政府の方針のため、このような練り廻り習俗も勢いを減じたが、すっかり廃れてしまったわけではない。富山県出身の翁久允《おきなきゅういん》(5)は風の盆見物に行った思い出を次のように回想している。

私の中学生時代で、だから日露戦争時代だったが、八尾の聞名寺のオッサン(6)で、同級生だつた友達が是非来いと言ふので、二百十日の風の盆を見に行つた。……離れ座敷かなんかで二三の腕白友達が、しこたま御馳走を鱈腹つめ込んで、宵の口から、町に出た。

昔はなかなか盛んなものであつたが、近頃はだんだんさびれたとその友達が憤慨するやうに言つてきかした。編笠を冠つて、被衣に股引のものもあれば、赤や白の襷をかけているもの、首から紐で三味線をひつかけ、器用な手つきで撥を弾いたり、太鼓を打鳴らしたり、胡弓をひいたりしてる男達に交つて、女達も異様な風態で、編笠や手拭の姉さん冠りやらをして、手拍子とりながら好い声で『おわらおわらとどこでもはやる、わけてこの町はなほはやる』なんと《ママ》唄ふと『その声きことて今まで辛棒した』など囃やし、剽軽な男どもは家の雁木下の娘子などに《ママ》からかつたり、爺さんや婆さん達までいろんな変装で浮かれ歩いた光景が、今でもまざまざと目に来るのである。

家々の庭などには樹が繁つてゐて、秋の夜の星の瞬きがちらつく空へ地上の乱舞、狂音が山彦打つて吸ひ込まれて行つた情趣が今斯うやつて目をつぶして思ひに浸ると、町全体が一つの舞踊場であつた(7)。

当時、練り廻りの習俗は全国各地に見いだすことができた。昭和初期においても、たとえば大分県西国東郡草地村の盆踊では踊子は思い思いの恰好をし、ここでも異性装、仮装を凝らした者が混じっていた。旧暦の盆には新盆の家を門付して廻り、校庭や神社の境内に櫓を立て、その周りを無数の大群衆が踊りまわるが、このときの歌と踊りは、盆の時分に限らず、祭礼や宴会、寄合など人の集まるときには自然に行われたものだという[8]。このような異装による、多分に即興的なうたや踊り（体の動き）に彩られた集団的行動を特徴づけるのは「群れる」身体性であろう[9]。

おわらが練り廻り習俗、つまりエネルギーを不定形な表現によって放出する人びとの群れという状態から現在の形へと変化する最初のメルクマールとなったのは、〈豊年踊〉の誕生である。その意義を考察するために、ここで練り廻り習俗の性格についてもう少し踏み込んでみよう。

八尾町の練り廻り習俗が引き継がれたと考えられる風の盆の開催日は二百十日にあたる。そのため、報道や観光宣伝などでは風の盆が豊作祈願の祭りと紹介されることも多い。しかし「八尾町小原節の由来」および『八尾史談』によれば、町の創建にかかわる文書の奪還に由来するのであって農業との関連は見いだせない。

これらの資料からは二百十日に行う必然性も不明である。『八尾史談』によれば、文書を取り戻したのは一七〇二年の花見の時分であった。それからまもなく、春の例祭（三月一六日）を中日とする三日間、町内を面白く練り廻れとの触れが出された。そして七月の盂蘭盆に行われていた川崎踊に代えて町内を練り廻ることにしたのだという。この場合、文書取り戻しの故事を毎年祝い再現し続けることが重要なのであって、日程にはとくにこだわりが見いだせない。しかもこの記述では春の祭日から盂蘭盆への開催日の移行は述べられているが、二百十日への言及はない。

練り廻り習俗と二百十日との関係について参考になるのは明治年間の新聞報道である。

婦負郡八尾町半期の取引切合は毎年二百十日を期せしが本年も去月三十一日即ち二百十日に切合をなしたるに金融は可なりにて掛集方は人分余の帳入となりたる由、その翌日より豊年祭りと称し古来土俗の習慣として毎夜暁に至るまで老幼男女打雑り三絃、太鼓を打囃し俚歌を唱へて狂ひ廻ることは今年も同様なり[10]〔。〕

「取引切合」とは掛け売買の決算をさす。つまり、八尾町にとっての二百十日とは年に二回の決算期、すなわち節季のひとつを意味していた。練り廻り習俗は節季明けの行事として定着していたらしいのである。明治三〇年代半ばには商工会結成を機に四回節季に改正されたこともあるが、周辺村落が従来どおりでなければ精算に応じなかったため結局もとに戻ってしまったという(11)。二百十日を節季とする習慣は大正後期になっても続いたとみられる。一九二二年、富山県によって行われた「地方の風俗習慣調査」の報告には「八月三十日は八尾町に於ては上半期仕切となす」とある(12)。

八尾町は越中における物産集散の一拠点としておもに蚕種、生糸、和紙などの取引で繁栄した。明治以降もこうした繁栄は続く。蚕種、生糸については技術開発、製造、教育にも熱心であり、最盛期の明治半ばには「蚕都」として知られるほどの勢いであった。和紙の製造は八尾町以南岐阜県境にいたる広大な山地に点在する村々が担っており、八尾町には紙問屋、仲買人、買付人が生まれて莫大な利益を得た(13)。八尾商人にとって年二回の節季は経済活動の成果を実感する節目だったのである。

とすれば、先に引用した『富山日報』の記事見出しにある「豊年祭」は、蚕種、生糸、和紙などが豊富に製造・取引されて富がもたらされることを祝い、祈願する行事と解釈できる。このようにおわら風の盆は八尾町の旺盛な経済活動を背景とする祝祭的かつ不定形の練り廻り習俗を出発点としていたのである。

2　〈豊年踊〉

八尾町に伝わる踊りには大きくわけて〈豊年踊〉と〈新踊〉の二種類がある。おわらの歌詞は数多くあるが〈豊年踊〉はどの歌詞がうたわれても同じ所作を反復するようにできている。初心者にとって難しいのは歌詞の上句（七七）と下句（七五）を聞き分けて、上句には「宙返り」、下句には「稲刈り」の所作をきめられた箇所に挿入しなければならないことである。

一方の〈新踊〉は比較的複雑で所作の数も多く、舞台映えがする。〈新踊〉には〈女踊〉と〈男踊〉の二種類があり、どちらも原則としては一連の所作を反復するようにできているが、「八尾四季」(小杉放庵作詞)に合わせて〈女踊〉が演じられる際には、うたわれる季節に合わせた所作が挿入される。

富山県では学校でおわらの踊りを習う機会があるが、教えられるのは〈豊年踊〉が主流である。八尾町の人びとにとって〈豊年踊〉はおわらの伝承において最初に身につけるべきものとなっている。八尾町を構成する各町単位の町流しや舞台演技で踊られるのは、小学生や中学生まではもっぱら〈豊年踊〉である。〈新踊〉の担当はおもに青年期に限られるため、人生のなかで最も長い期間踊るのは〈豊年踊〉ということになる。

豊年踊といえば、一般には豊作を祈願もしくは感謝する踊りをさす。おわら講習会でも「稲を刈って、束ねて、投げる仕草をイメージして」などと指導する。あたかも農作業を直接、振付に採り入れたように聞こえ、八尾町が農村だった時代にさかのぼるころからの踊りと早合点しかねない。

しかし、八尾町の場合、二百十日は節季に関連づけられ、農事暦よりも商習慣のサイクルに位置づけられていたと考えられる。じつのところ、〈豊年踊〉の歴史は案外新しく、大正時代に作られたものである(こうした事情をふまえ、一般的な意味での豊年踊とは区別して〈豊年踊〉と表記している)。八尾町の開町は一六三六年であるから、町としての歴史を歩みはじめてから三〇〇年近くを経た後のこととなる。それでも〈豊年踊〉が〈旧踊〉と別称されるのは、昭和初期に創作された〈新踊〉よりは古いからである。次に〈豊年踊〉の誕生についてみていこう。

3　富山県主催一府八県連合共進会

近代におけるおわらの展開にとって、一九一三年に開催された富山県主催一府八県連合共進会(以下、大正二年共進会）はとりわけ重要なインパクトを与えたと考えられる。なぜなら、これを遠因としておわらの伝承に舞踊の要素が付けくわえられたと推測されるからである。

大正二年共進会の会場には演芸館が設けられ、「富山踊」が演じられた。「富山踊」は富山湾を背景に桜をかざした踊子が舞う「射水の響」、富山名物の反魂丹の効能と浦島伝説を洒落た「浦の初島」、そして「小原節踊」の三部から構成されていた。[14]「小原節踊」とはいうまでもなくおわらのことである。

作詞に大槻如電、[15]振付には若柳流家元若柳吉蔵[16]があたり、舞台をつとめたのは富山市中の芸妓であった。「射水の響」と「浦の初島」については節付に常磐津林中、鳴物に六合新三郎が招聘された。[17]当時、おわらは練り廻り習俗の一種として存在していたが、イベントの余興などで演じられる場合には個々の機会に応じて踊りがつけられていた。大正二年共進会用に若柳吉蔵が委嘱されたのはそうした慣習にしたがったものである。

「小原節踊」には八尾町から五名あまりが出演し、唄方をつとめたと伝えられている。[18]ただし、事前の稽古には協力したものの、本番に出演したかどうかは疑わしいとする見方もある。[19]いずれにせよ、本場意識の高い八尾町の人びとは、一般の観客とは違った視線で余興を観る機会を得ることとなった。

ところで、八尾町で〈豊年踊〉が振付けられた経緯を述べた資料はきわめて限られている。『日本民謡大観』には、おわらの定型の踊りについて次のように記載されている。

> 大正二年に富山市に博覧会が開催された時、余興に出演するため……附けたのであるが、その後幾度かの訂正が行われた後大正五六年に至って全く完成したという〔。〕[20]

しかし、引用部分の前後の文脈および記述の曖昧さ（たとえば大正二年に開催されたのが共進会ではなく「博覧会」とされている点、他の資料では八尾町民が大正二年共進会の余興で踊りを披露した記録は見当たらない点など）から、著者の町田佳聲（嘉章）は現地での聞き書きをもとに、確たる裏付けを行わないままこの項を執筆したと考えられる。

『日本民謡大観』を部分的に裏付け、それ以上の信憑性をもつ資料は『八尾史談』である。大正期に八尾町の教育者・松本駒次郎(21)によって編纂されたもので、より詳細な証言が盛り込まれている。

> 若柳吉蔵の振付はおわら節の本意に戻《もと》りたる廉《かど》ありとて、当町おわら節会員伊藤、三尾、綿、松本等の諸氏相謀り、手踊及び三味線の師匠江尻せき子と共にいろいろ研究の結果、該踊りを改作したのである。踊りは上句の方は深川踊りを参考とし、下句の方はかつぽれ踊りの豊年だ万作《ママ》だなどを採用したらしい(22)。

日本舞踊界で活躍していた若柳吉蔵の振付に対して八尾町の芸達者は飽き足りない思いを抱いた。そこで額を集めて自分たちの納得のいく踊りを作ったというのである。

一般的には好評を得た「小原節踊」にもかかわらず、八尾町でこのような反応が起きたのはなぜだろうか。「深川踊」や「かっぽれ」が採り入れられたことの意味は何だったのか。大正二年共進会に参加したことは八尾町にとってどのような経験だったのだろうか。これらを理解するためには大正二年共進会がいかなる社会的文脈のもとに開催されたかを明らかにしなければならない。

4　転換装置としての共進会——裏日本からの脱却を目指して

共進会とはフランスの農産物競争会に範をとった催しである。その主旨は産物・製品を一堂に集めて審査を行い、「相共ニ殖産改良ヲ競ヒ、国民ヲシテ知ラス識ラス増進ノ域ニ至ラシムル」ところにあった(23)。この「博覧会＝勧業策」という認識は博覧会の歴史の底流に存在し続けた。しかし大正期に入ると新聞社や百貨店、電鉄会社などが中心となって開催するイベントに「博覧会」の名を冠するものが増えてくる。博覧会は人びとに世界や未来に関する体系的かつ具体的なイメージを与え、とりわけ商品の購入によってイメージを実現する欲望をかきたてる作用を視覚の快楽として提供した。こうした展示の効用に国家だけでなく資本が注目したのである。大正二年共進会も富山県と鉄道、港湾、新聞各社が緊密に連携して開催されたものである。それは展示の効用において大正以降の博覧会的空間の典型なのであった。

博覧会関係の資料としては博覧会誌、記念誌、陳列品目録（図録）、会場案内、写真帳、入場券、パンフレット、ポスター、絵葉書、その他の記念品類などが考えられよう。大正二年共進会の場合、『富山県主催連合共進会事務報告』『富山県協賛会事務報告』『富山県主催連合共進会記念帖』である。ここでは大正二年共進会を地域芸能の改造の動機と文脈をあたえたイベントと捉え、その実態と意義をこれらの資料から解読する。

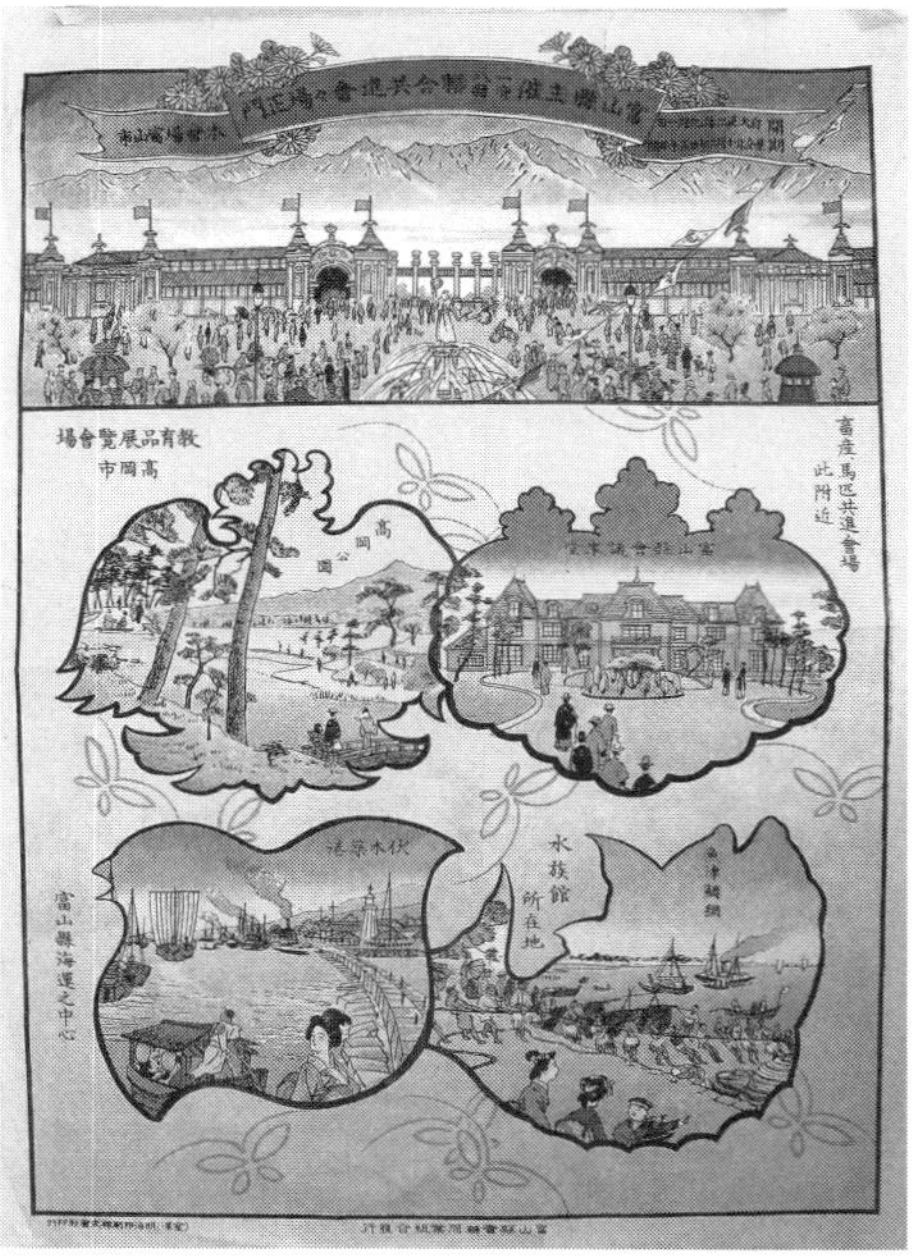

図2－1　広告絵（富山県売薬協同組合発行）
出所：富山県公文書館蔵。

大正二年共進会は北陸本線の全線開通および伏木港築港工事完了を記念し、沿線地域の産業を広く紹介する目的で開催された。経費のうち、主催県である富山は約二六万八〇〇〇円を負担した。これは同年の富山県の歳出額の一割強に相当する。県の総力をあげての開催だったことがうかがわれる。

会期は九月一日から一〇月二〇日、来場者数は七二万六四〇六人、所期の目標の約二倍に達する盛況であった。一九〇〇年に富山県

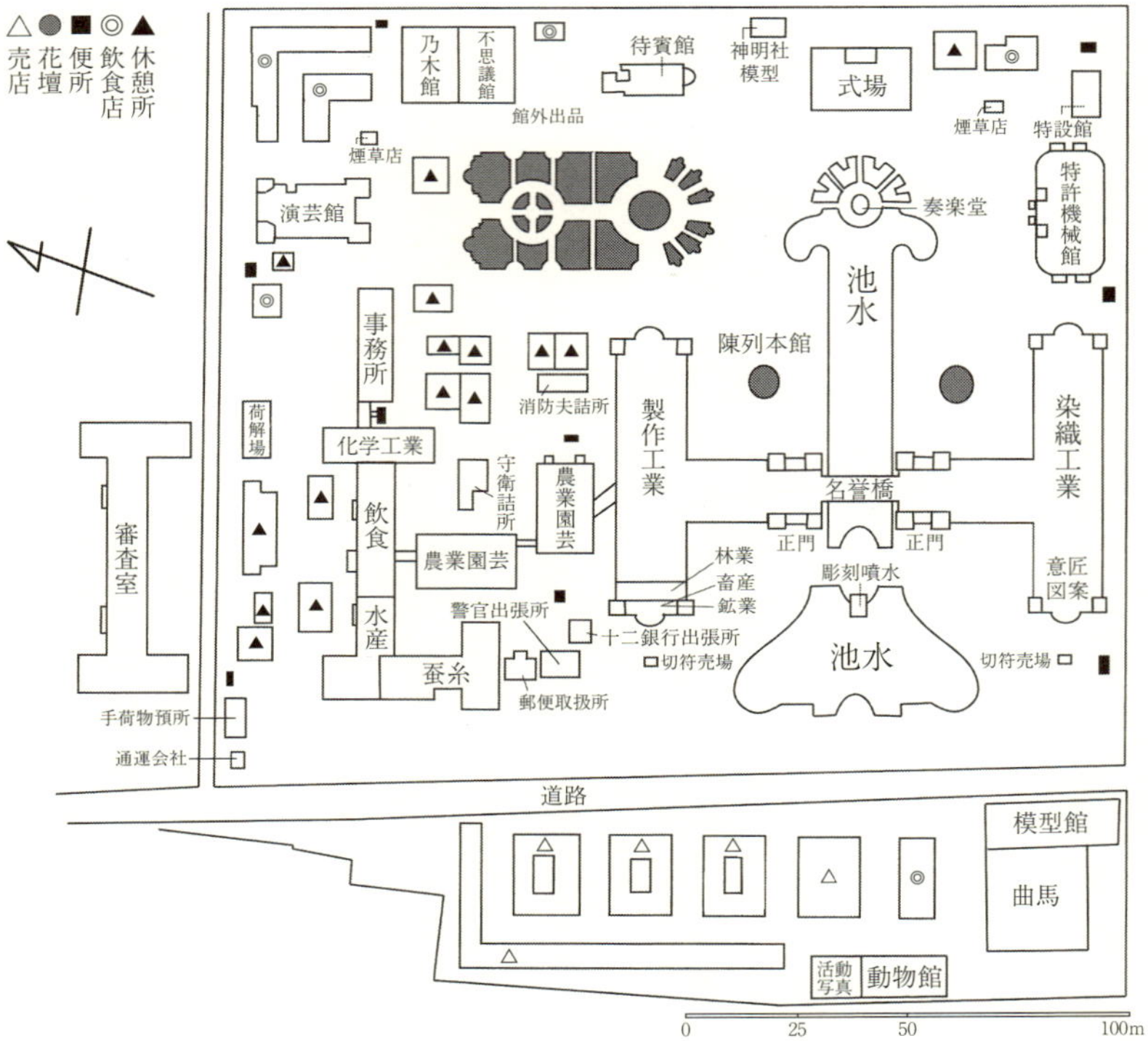

図2-2　第一会場および売店・興行場等見取図

出所：連合共進会富山県協賛会『富山県主催一府八縣連合共進会案内』連合共進会富山県協賛会，1913年，
富山県主催連合共進会『富山県主催連合共進会記念帖』富山県主催連合共進会，1914年より筆者作成。

で開催された関西府県連合共進会の約四六倍にもあたる。これは大正初期の富山県の人口約七八万人に迫る数でもあった。

参加したのは東京、新潟、栃木、群馬、滋賀、岐阜、福井、石川、そして富山をくわえた一府八県であった。特筆されるのは、北陸本線全通によってアクセスが飛躍的に向上した関東の府県が参加した点であった。第一会場（富山市市街に接続する堀川村）、第二会場（魚津町に建設された水族館）、第三会場（富山市内総曲輪の畜産出陳場）、第四会場（同じく総曲輪の参考館）、計二万七四二〇坪が設けられた。附属展覧会として地方自治民政資料展覧会（伏木町）、教育品展覧会（高岡市高岡公園）、新古美術展覧会、衛生参考品展覧会、商品陳列装飾改良会（富山市、高岡市）も開催された。総面積二万七四二〇坪はそれほど広いとはいえないかもしれない。しかし、図2－1にみられるように、教育品展覧会場の高岡公園（中段左）や築港が成った伏木港（下段左）も、主催県の政治的シンボル（富山県会議事堂、中段右）や第二会場がおかれた魚津町（下段右）と同じ資格と重みをもった場所として扱われている。伏木港一帯や教育品展覧会場となった高岡公園も含むとなると、実際には広大な面積で共進会が展開したことになる。

本会場である第一会場には陳列本館、特許機械館、事務所、式場、待賓館、奏楽堂、演芸館などが建設された（図2－2）。陳列本館をはじめ建物の多くは曽禰達三および中條精一郎の設計になる。これらは木造平屋建掘立造・漆喰塗の仮設建造物であった。一方、事務所や化学工業・飲食・水産・蚕糸をテーマとする陳列館等は恒久的な建物で、富山県の技術員が設計を担当した。これらは共進会閉会後、女子師範学校校舎に転用された。南西に位置する彫刻噴水の両脇に配された切符売場から正門に向かう観覧者を出迎えるのは「殖産興業ノ進歩競争ヲ意味セル塑像」すなわち、農商工を表す三頭の馬を御する産業の神の姿である（図2－3）。池水西側の道路を挟んだ区画には動物館、模型館、活動写真、曲馬、各府県が経営する売店がおかれた。

第一会場は富山停車場から南に約二八キロメートルの郊外に位置したため、電気軌道が整備された（図2－4）。富山停車場から第一会場までを本線とし、富山城址西側を通って丸の内で左折、第三会場（畜産出陳場）、第四会場（参考館）のある総曲輪を経由して西町で本線に合流するルートを支線とする。総曲輪には官公庁や学校、新聞社

図2－3　絵葉書「殖産興業ノ進歩競争ヲ意味セル塑像」

出所：筆者蔵。

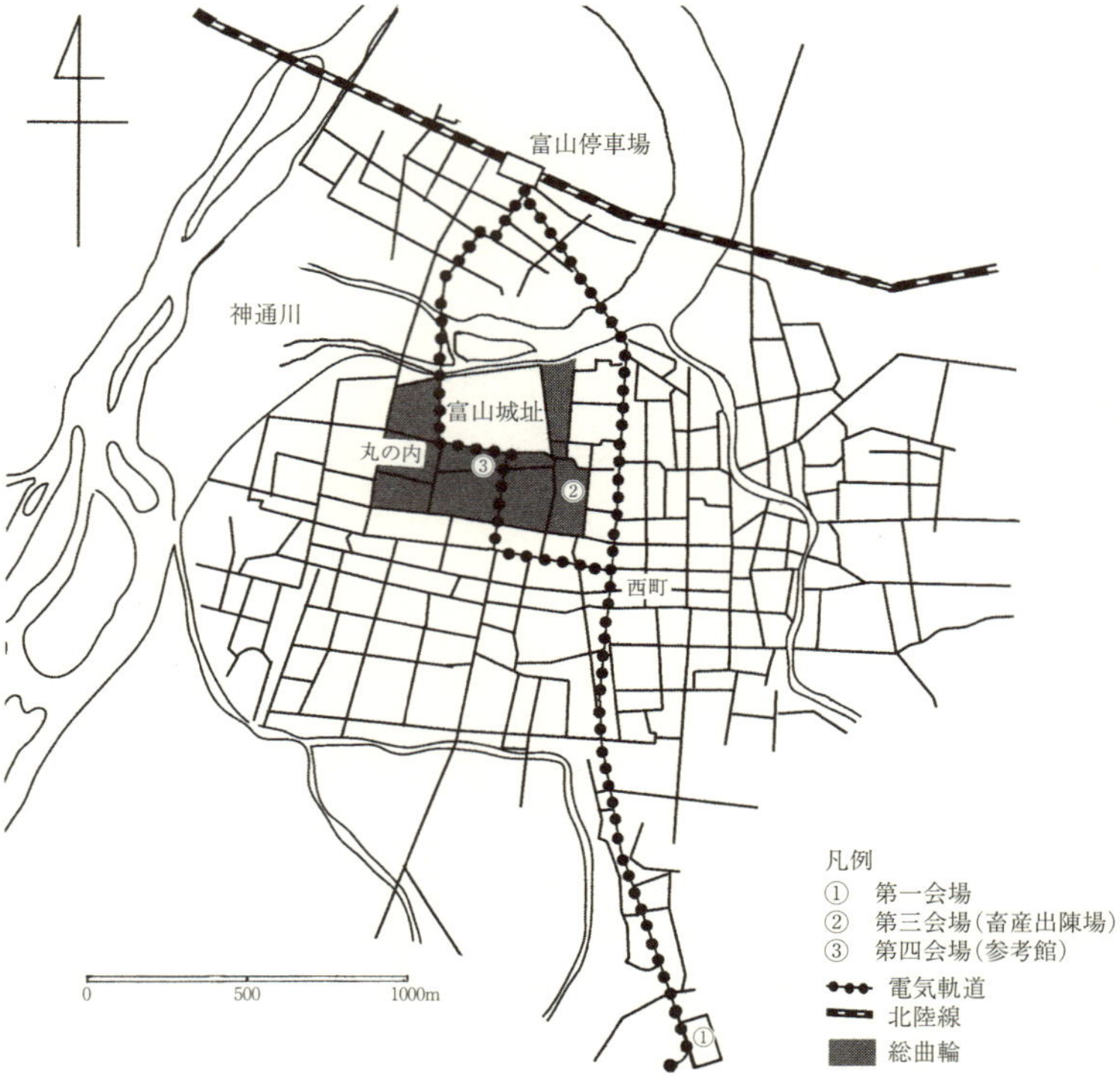

図2－4　市内電気軌道経路

出所：清明堂編輯部『最新富山市全図』清明堂書店，1908年，中田清兵衛『富山市全図』中田書店，1913年より筆者作成。

などの近代施設が集中していたため、共進会目当てに電気軌道を利用した人びとは近代的な都市の風景を周遊しながら会場に赴くこととなった。

富山と第二会場（魚津）は新設された富直線（北陸本線富山－直江津間）によって結ばれた。一方、富山停車場から金沢方面に向かえば、教育品展覧会が開催されている高岡にいたる。そこから中越鉄道に乗り換えれば、二駅で記念行事に華やぐ伏木に到着する（図2－5）。来場者は会場の総面積が示すよりもはるかに大きなスケールで結ばれた各会場を周遊できる仕組みになっていたのである。

これは一八九五年、平安遷都千百年紀念祭にあわせて開催された第四回内国勧業博覧会の際に構想

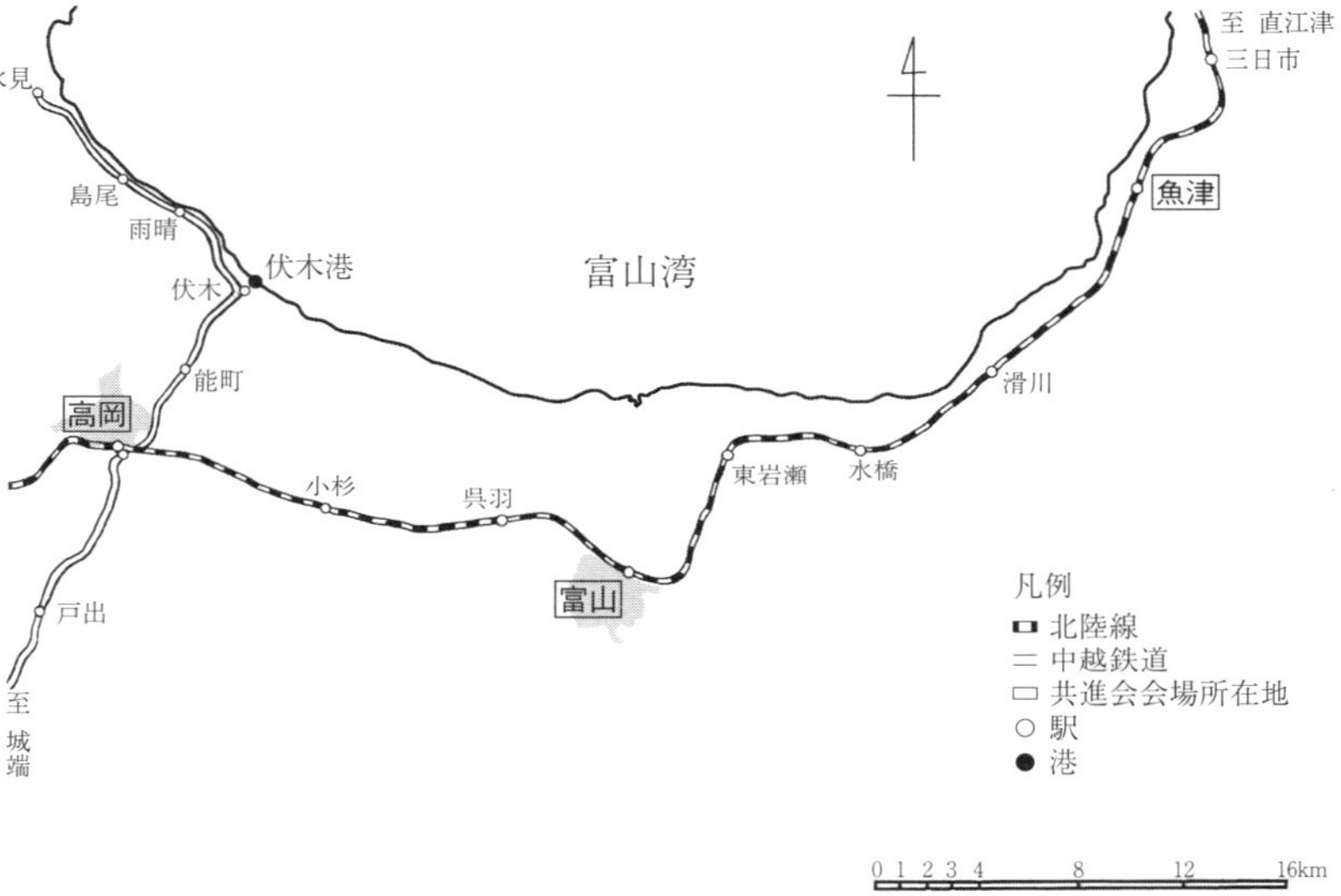

図2－5　共進会および関連行事の会場配置と鉄道

出所：連合共進会富山県協賛会『富山県主催一府八縣連合共進会案内』連合共進会富山県協賛会，1913年，『日本交通分県地図　其十三　富山県』大阪毎日新聞社，1924年より筆者作成。

された「連合府県」計画[24]に範をとっている。「連合府県」計画とは、愛知県から広島県にかけての二府八県で古器物・美術品等の展示や平安遷都を紀念する諸行事、景勝地の遊覧や観光施設の整備などを推進するものである。紀念祭のための割引切符が鉄道・汽船会社によって大量に発売されたことで実現した。大正二年共進会でも鉄道院をはじめ、東武鉄道、近江鉄道、東京湾汽船など二二にのぼる鉄道、電気鉄道、汽船会社の協力を得て、乗車乗船運賃の割引が行われた[25]。

「連合府県」計画に照らして大正二年共進会の会場配置と交通網の設計を割引切符というソフト面も含めてみると、土地イメージや移動体験などを商品化する資本主義的な観光のメカニズムが作動する過程が浮かび上がってくる。会場間周遊を通じて得られる移動体験の娯楽性はこのメカニズムのもとに体験されたのである。とすれば、大正二年共進会は日本の博覧会史上、消費文化が娯楽的に演出される傾向が顕著となった東京勧業博覧会（一九〇七年）、東京大正博覧会（一九一四年）などの系譜に連なるものと考えられる。

裏日本と呼ばれ、後進性を意識せざるをえなかった富山県にとって、先進地域における動向との一致は重要な意味をもっていた。大正二年共進会は、近代化へ向けて飛躍するための大きな足がかりとして期待されたのであった。

近代化は工業化にのみ現れるわけではない。都市化の進展もその重要な側面である。たとえば現在でも市内を走る路面電車は、大正二年共進会を機に運行したのがはじまりである。先述のように富山駅から、現在は県立いずみ高等学校となっている第一会場を結ぶ軌道を本線とし、さらに富山駅から富山城址西側を通って丸の内で左折、総曲輪を経由して西町で本線に合流するルートを支線とした。全国的にみればまだめずらしい路面電車に乗って会場を周遊するだけでも、さぞかし都会的な、心踊る体験だったことであろう。とりわけ、総曲輪あたりに集中した官公庁、学校、新聞社などの間をぬって走った支線の車窓からは、近代的な都市の姿を眺めることができた。大正二年共進会によって近代化の進む富山県の姿を示し、人びとの心をつかむことによって、さらなる推進力としたい主催者（富山県）の思惑が透けてみえるようである。

5 臨海地域の開発と「富山踊」における海のイメージ

大正二年共進会の会場配置（富山、高岡、魚津、伏木）は、臨海地域を中心に工業立県へと変貌を遂げようとする富山県の意思をも強く反映していた。とりわけ、築港をはたした伏木は臨海地域の近代化を象徴的に示していた。共進会の性格を理解するためには、伏木築港の意義をおさえておく必要がある。

小矢部川の河口にあって天然の良港を形づくっていた伏木湊は、一七世紀以降、高岡と砺波平野に出入する物資運搬の要衝、北前船による物資の積出の拠点として発展した。近代に入ってからは、一八七五年、三菱蒸汽船会社（以下、三菱会社）の商船誘致を契機として、富山県の近代化を牽引していく。同社は翌年日本海航路（大阪－下関－

敦賀－伏木－新潟－函館）の定期航路を開いた。函館から横浜にはすでに定期航路が開かれていたため、伏木は以前よりも廉価に関東と結ばれることになった。当時伏木港の積荷の大部分は富山県産の米であったから、東京への大量輸送が可能となったことで、伏木とその後背地域には大きな利益がもたらされることとなった(26)。

西洋型の大型汽船が定期的に寄港するためには、近代的な港湾整備が不可欠である。伏木における三菱会社誘致運動の中心にいた藤井能三に対して、岩崎弥太郎は三つの条件を出した。そのひとつが灯台建設である。これを受けて一八七七年に五等灯台が設置され、電信局、測候所、郵便局、暴風警報信号標などが次々に建てられた。一八七九年には三菱会社の支店も開設され、地元資本の汽船会社の設立があいついだ。こうして近世的な廻船問屋の商法・商慣習からの脱皮が用意されたのである。

この機運にのって、伏木港を国内のみならず、国際貿易の拠点とする構想が発表されはじめた。越中出身の東京日日新聞記者海内果《うみうちはたす》は論説「越中伏木港ノ形勢」において、越中・能登・加賀における物産集散の要衝として伏木がいかに高い価値をもつかを説いた(27)。一八八〇年、東京商法会議所は将来有望な米穀輸出港として石巻、下関と並んで伏木をあげている。

ところが、一八八五年に三菱会社と共同運輸が過当競争の末に合併して日本郵船会社が発足すると、太平洋側に比して日本海側の港は疎んじられるようになる。伏木港はこれ以後長く一地方港の地位に甘んじざるをえなくなった。一八八九年には特別輸出港に指定されるが、ほとんどその機能をはたすことができないでいた。一八九一年、シベリア鉄道がウラジオストクで起工されるやいなや、藤井能三をはじめとする地元財界人および各紙が伏木築港論を展開したのは、対岸貿易の基地として大きなポテンシャルがありながら実績があげられず、港湾整備も停滞していたもどかしさが一気に爆発したものと解釈できる。これらの主張は当時の日本の帝国主義的拡張と軌を一にするものであり、対岸貿易基地構想は伏木港を近代港湾として整備する主張の一環をなしていた。

一八九五年、伏木港は特別貿易港に指定される。しかし、日清戦争で朝鮮半島との貿易が途絶し、船舶が徴発されたのみならず、戦後不況によっても打撃をうけた。一八九九年には念願の開港場となり、翌年、上流の庄川の改修事業にあわせて築港工事も行われることが決定した。しかし今度は日露戦争のために日本海での貿易は困難となり、戦後もはかばかしい実績が得られなかったため、開港場指定取り消しのおそれすら出てきたのである。伏木築港は、特別輸出港指定以来ほとんどはたせずにいた国際貿易の拠点としての機能を可能にするための悲願であった。伏木築港工事の目玉となったのは長さ七〇間（約一二七メートル）、幅三間（約五四メートル）の鉄製桟橋二基の建設である。これによって土砂の浚渫と桟橋の建設によって三〇〇〇トン級の汽船が接岸可能となり、日本海側の港のうち最も優れた繫船施設が整うこととなったのは、一九一二年のことであった。さらに工事が進行していた一九〇八年には富山県初の化学工場である北陸人造肥料会社が創設され、重化学工業地帯が形成される先駆けとなった[28]。

このように、伏木築港は明治初期から富山県の近代化構想とその実質的な展開においてきわめて重要な位置を占めていたのである。

臨海地域の重点的な開発をアピールすることは大正二年共進会の目的のひとつであった。したがって、余興として演じられた「富山踊」が海のイメージで統一されていたことは偶然ではない。

舞台における海のイメージは、富山湾をさす歌枕「有磯海」と類似の役割を担っていたと考えることができる。歌枕は広義の文学伝統のなかでひきつがれ、名所文芸というかたちで積み重ねられてきた風景や情感を喚起する機能をもっていた[29]。この定型化した場所イメージの喚起機能は舞台演出にも応用された。現に「射水の響」では「有磯の海原をあらはした背景」が用いられたと報道されている[30]。当時は、ジャーナリズムの言説において地域の特性を紹介する際、歌枕が健在だったのにくわえて、劇場空間において海のイメージが二面性をもっていたことがうかがえる。ひとつは越中＝富山という名所文芸の風景に観客をひきこむ歌枕としての側面であり、もうひとつは工業化・近代化・開化の現場に観客を誘うスペクタクルとしての側面である。

歌枕としての側面をよく表しているのが、連合共進会富山県協賛会が発行した二枚組の演芸絵葉書の一枚である

図２－６「富山踊り絵はがき　桜組」（連合共進会富山県協賛会発行，東京青雲堂製）
出所：筆者蔵。

（図２－６）。背景は青を基調とした「波に千鳥」の古典的な意匠である。「反魂」(31)の文字がエンボス加工されているのは浦島太郎の玉手箱、「浦の初島」の写真（右）と「小原節踊」の写真（左）が収められた枠はそれぞれ乙姫の団扇、亀甲といった海に関連したモチーフである。「小原節踊」はこうした意匠によって呈示されることによって海のイメージを担うことになった。

　小原節踊は越中固有の俗曲、腰蓑を付け、海士の姿に粉《ママ》した美人揃ひ、それに背景の海には蜃気楼をあらはしたり、電気仕掛けによつて海中一面に蛍烏賊の発光状態を見せるなど、一般見物の大喝采を博してゐる(32)。

　芸妓たちは腰蓑を付け、遠くに山の稜線を望む海を背景に演じている。山の稜線は立山連峰であろうか。蜃気楼はいわずと知れた富山湾名物である。クライマックスの「蛍烏賊の発光状態」は、文明の象徴ともいえる電気の光を用いて再現された(33)。海のイメージが新奇な舞台照明の技術で増幅されることによって、「小原節踊」ひいては「富山踊」は、近代化の現場に観客を誘うスペクタクル効果を発揮したのである。

6 〈特産品〉としての地域芸能

日本において電気を使った照明が開始されたのは明治半ばのことであった。歌舞伎では一八八七年、千歳座（後の明治座）で劇場内にアーク灯を設置したのがはじめで、その二年後に竣工した歌舞伎座でも電気が使用された。劇場真中にあるシャンデリアが夕方の送電をうけて点灯すると、それだけで客が喜んだという。しかし、舞台芸術の一環として照明効果が追求される動きは起こらなかった。大正初期にあっては、東京ですら帝国劇場を除いて劇場設備も未発達で、舞台照明の専門家も存在しなかったのである。(34)

一方、日本の博覧会における電気照明の利用といえば、第五回内国勧業博覧会（一九〇三年）での電気を用いた調光装置のもとでダンスを見せるアトラクション「不思議館」や、夏目漱石が『虞美人草』に描いた東京勧業博覧会（一九〇七年）での夜間イルミネーションが有名である。

> 殷賑な昼の共進会を見たものは又静寂の中に光輝燦たる夜の共進会をも見るべきである。……白亜美しき建築物にイルミネーションの麗しさは言はずもがな、会場夜間の最大美観は其の池畔に佇立して黒き水面に反映する電飾の断続を眺むるにある。(35)

大正二年共進会の描写もまさしく東京勧業博覧会を彷彿とさせる。

それでは「富山踊」の舞台照明は人びとの目にどのように映ったのだろうか。

『北陸タイムス』によれば、午後一時に開演した「射水の響」は次のようなありさまであった。「場内の採光が全く無茶……脚燈《ふーとらいと》だけを点したつて却つて邪魔になるだけだ……白粉の塗り足らぬ浅黒い女の顔面で硬い日光と橙色のフートライトとが衝突してゐる」[36]。この醜さを解決する暗室装置もないとは活動小屋にも劣る、と手厳しい。他方「小原節踊」は「抜背後の書割にも電燈の仕掛で蛍烏賊が光つたり蜃気楼の現はれるのは面白い」と称賛している[37]。電気仕掛けの蛍烏賊は見せ場にふさわしい華麗な舞台演出であり、大喝采を博したのもうなずける。

ちなみに「小原節踊」のクライマックスは後日、富直線沿線の滑川の花街で演じられた「蛍烏賊踊」に命脈を保つこととなる。「蛍烏賊踊」は海を背景に芸妓が袴と三角形の被りもので蛍烏賊の扮装をして踊る芸である。地方・立方あわせて一〇人を要するうえに電気照明による演出をくわえた大掛かりなもので、たいへん高価な遊びであった[38]。

網目きらきらほたる烏賊、イリユミネ欺く賑ひに
とつ国びとも　つどい来て
「光るよ光るよ、このからだ。
実におもしろき、この光。
海原遠く、キラキラキラ」

イルミネーションと見紛う蛍烏賊の発光がもたらす賑わいに、異国の人びとも引き寄せられて賞賛する光景である。共進会を満たした光は一〇年以上を経て、滑川の〈特産品《スペシャリテ》〉（ベンヤミン）に宿っていたのである。

しかも光の効果はこれだけではなかった。電気の光は一八五一年のロンドン万博の水晶宮を満たした光のように、影を失った均質な陳列空間を出現させる[39]。そこでは物の使用価値は後退し、幻像《ファンタスマゴリ》に転化してしまう[40]。電気の光のもとで、物は陳列空間が意図する部門の〈特産品《スペシャリテ》〉と化すのである。博覧会的空間にあっては余興もまた例外で

はなかった。共進会主催者の意図を反映した「富山踊」は県内外からの見物客、あるいは共進会開催を強力に推進していた政府に対して、魅力をアピールする〈特産品《スペシャリテ》〉であった。「富山踊」の本質は〈特産品《スペシャリテ》〉であることによる広告効果であり、また富山県アイデンティティの証明だったのである。ジャーナリズムにおいても広告効果を意識したうえでの論評がみられた。

　演芸館の芸妓の手踊中、小原節だけは富山特有の名物として保存したい〔。〕これは、毎年一回時季を定めて、京都の都踊のやうに催す事を定め、遠来の客を招致するひとつの助けとなすも妙だ。[41]

出演者の選定においても広告効果は期待された。「小原節踊」については『八尾史談』に注目すべき記述がみられる。「うたひ手には当町より吉永、綿、大山、岩島、本田等出張し」たというのである[42]。つまり、東京から招聘された専門家には望むべくもない「本県独特」の節を聞かせるために、このころすでにおわらの本場として知られていた八尾町から名人が出演したのである。

　さらに、競争を通じての殖産改良を意図する共進会の文脈において、〈特産品《スペシャリテ》〉の配列は近代の空間秩序を表してもいた。博覧会的空間は展示によって未開から文明への段階、劣位と優位の秩序を可視化する。そのプロセスは帝国主義的なまなざしを具現していると同時に、観光のまなざしをも内包していた[43]。「富山踊」はもともと県下の名所産物を紹介する目的で新作されたから、明らかに観光の要素が認められる。一方、舞台作品の出来は富山県が文明化のどの段階にあるのか、周縁性（地方性）のどこに位置づけられるのかを判断する材料とされた。『富山日報』が「他県人の見たる府県連合共進会」と題して他府県における共進会関連記事を複数回にわたって掲載しているのは、帝国主義的なまなざしが地元のジャーナリズムおよび読者層に内面化されていたことの現れである。

　これらの記事のなかには、市中のくどいほどの電飾を「濃厚な富山趣味」と報じる『福井新聞』もあれば、「小原節踊」の電気仕掛の演出には一言もふれず、むしろ鄙びた味わいを評価する『東京朝日新聞』もあった。後者では碩学大槻如電が「富山踊」のために新作した歌詞「鋳物塗物ふるくより此頃そめし新モスや」を槍玉にあげて揶揄し、「小原節踊」に対してだけは「海女が乙女の衣裳も鄙びて手拍子シャンシャンと野趣満々遺憾なく地方的色彩《ろーかるからー》を発揮して、先の新作にアテられた気分が落ち着く(44)」と一定の評価を与えている。

このように「小原節踊」は福井のような裏日本の府県には先進性を、逆に東京からの見物人には野趣を感じさせる〈特産品《スペシャリテ》〉として受け取られたのである。とりわけジャーナリズムの言説からみてとれるのは、東京を日本の文明化の中心とみなして富山市、次いでその周辺地域（腰蓑、聞きなれない歌謡などに表象される）と段階的に周縁化するまなざしである。共進会が伏木築港記念であったことに象徴されるように、それは富山の海から対岸を望むまなざしへと接続されていた。

7　博覧会的空間への親和と反発

ここで博覧会的空間は「書き手としての国家や資本、興行師たちの様々な演出のプロセスと、演じ手としての入場者たちとの様々なふるまいが複雑に交錯し、織りなされながら上演される多層的なテクスト(45)」であることを想起しよう。先に明らかにした海のイメージは主に「書き手」側によって提示された解釈であった。しかし地域芸能や地域文化の再編成を考えるには、このようなテクストを織りなすアクターとして地域社会の人びとが存在していたことに目を向ける必要がある。彼らが紡ぐ「社会的経験の歴史(46)」はどのようなものであったのだろうか。

八尾町民によっておわらの踊りが考案されたのは、じつは〈豊年踊〉が初めてではない。一九一一年に北陸タイムス社が新聞発刊一〇〇〇号記念に余興として招いたおわら節隊中の一人が「当人独特の手踊を演じた」先例がある(47)。だがこれは練り廻りの最中に、その場限りの振付をしたにすぎないのであって、各人が思い思いの身振りをしていた従来の練り廻り習俗の延長と考えたほうがよいだろう。
それに対して〈豊年踊〉は、おわらに舞踊、すなわち視覚によって捉えられる要素を付加したことを意味する。「富山踊」は富山県固有の美質を形象化した〈特産品《スペシャリテ》〉としてまなざされるべく演出された。それは演じる者と観る者が明確に分離した、近代的な観劇空間において成立したまなざしである。八尾町民がこうした視覚の構成を受けとめて、自前の娯楽として後代にも伝承しうる視覚的な形式を整えたことは画期的であった。おわらに手をくわえた事実は、みずからの生活の場で行われる芸能を客体化、すなわち客観視したうえで操作の対象としたことを示している。〈豊年踊〉振付の行為には、演者ら自身も視覚によって捉えられる〈特産品《スペシャリテ》〉たらんとする自己主張がこめられていたのである。

近代的な観劇空間での演技が地域芸能に影響を与えたという点は、一九八〇年代末以降さかんになった、地域芸能の舞台化をめぐる議論ともかかわっている。その主たる関心は大正末期から現在にいたるまでさかんに行われている民俗芸能大会や自治体の祭り、商業的なイベントなどが、近代における知の再編成（たとえば学知の形成）や政治・経済・社会の動向と連動しながら、どのように成立したのかという点に向けられている。また舞台化の過程で地域芸能の意味づけや芸態、演技者の意識がどのように（再）編成されるかについても追究されてきた。舞台においては、上演目的、上演時間、会場の特徴、観客の反応など舞台公演固有の枠組のなかで演出がほどこされる。そして大会や競演会といった特定の上演機会が制度化ないし慣習化されると、演者自身がそれに見合った芸態や美学を編み出し、ときには芸能そのものが創出されるケースもある。文教政策の一環として、あるいは経済振興の手立てとして頻繁に行われるようになった地域芸能の舞台上演は、地域における芸能行為をも規定してきたのである。(48)

しかしながら、〈豊年踊〉の振付行為は博覧会的空間への親和のみを意味していたわけではない。注目すべきは「若柳吉蔵の振付はおわら節の本意に戻りたる」(49)という受けとめ方である。八尾町のうたい手にしてみれば、自分たちのうたいぶりこそ本場の趣を盛り込みうるはずであった。ところが実際に目の当たりにしたのは、本場の趣とは遠く隔たった舞台だった。なぜなら、芸妓は海士の姿に扮し、演出も蜃気楼や蛍烏賊の発光といった富山湾の風景ばかりを強調していたからである。

こうした違和感はみずから踊りをつける動機となったと考えられる。その中心となったのが本章3節で言及した「おわら節会員伊藤、三尾、綿、松本等」と「手踊及び三味線の師匠江尻せき子」である。

「おわら節会」は一九〇七年ころから熱心に歌詞の新作を試みた俳人グループ、「松本」は鵲庵一四代愛嶽すなわち松本七兵衛をさすと考えられる。(50)松本七兵衛は八尾町のなかでも「旦那町」と呼ばれた西町に在住していた。「綿」の姓をもつのは魚八百屋物を商っていた綿宇三郎のみである。(51)この人物を特定するには、一九二七年発行の『小原唄と踊』に八尾町の三味線の名手として写真が掲載された青年綿正太郎の存在が大きな手がかりとなる。(52)つまり明治後期から大正初期にかけておわらの改良にたずさわり、共進会余興に協力したのは、正太郎の父（または祖父）と考えられるのである。「綿」は西町と並ぶ「旦那町」の東町に店を構えていた。「江尻せき子」は傑出したおわらのうたい手江尻豊治の叔母である。江尻一族は芸能に秀で、父半兵衛は町内きっての浄瑠璃語り、叔父与三吉は三味線の名手、その妻せき子も手踊と三味線をよくした。江尻一族は吉永の姓を名乗ることもあったため、「綿」とともに余興に協力した「吉永」はこの一族の者とみてよい。

このように、振付の中心となった人びとは芸能を職業としているわけではなかった。〈豊年踊〉は俳句や音曲をたしなんだ旦那衆によって作られたのである。

8　手がかりとしての「かっぽれ」

再び『八尾史談』にもどれば、〈豊年踊〉には「深川踊」や「かっぽれ」が採り入れられたという。これらを採り入れることと「おわらの本意」を回復する――つまり、自分たちの納得のいく踊りを考案する――こととはどのような関係があるのだろうか。後述するように、「深川踊」は「かっぽれ」に付随するものとして捉えるとわかりやすい。したがって、本節では「かっぽれ」に注目して〈豊年踊〉に託された意味を解読していきたい。

「かっぽれ」は、幕末から昭和初期にかけて人びとの心を強く捉えた芸能である。時代や演じられる場、演者によって多彩な貌《かお》をみせる「かっぽれ」を一言で定義することは難しい。ここでは「かっぽれ」の核となる性質を、発散する陽気さ、愉快さにみとめ、近世から現代にわたる「かっぽれ」芸のありようをたどった竹内有一の整理(53)にしたがって概略する。

沖の暗いのに白帆が見ゆる　あれは紀伊国蜜柑船

この詞章はもともと和歌山で民謡として伝承されており、江戸などの都市では俗謡（流行唄）として受容された。詞章の起源はさだかではないが、蜜柑が豊かに実り、蜜柑船が富をもたらすことを願い、祝う祝儀唄の一種として伝播したとみられる。「かっぽれ」は、これを本歌取して作られた芸能で、幕末に平坊主（一八四四〜一八七一？）の一座が元歌の旋律、リズム、囃子詞を再構成し、独特の扮装で踊る大道芸として演じたことで刷新された。平坊主の一座は「江戸八百八町の暢気《のんき》社会を驚かせてやらう」と、はやりものの「住吉踊」に「豊年踊」「深川踊」「桃太郎」「棒づくし」「かっぽれ」などの手踊りや道化芝居を組み合わせて大道芸に仕立てたのである。「住吉踊」とは人に代わって願掛け修業や水垢離などを行った僧形の門付芸人（願人坊主）が演じた芸のひとつである。大阪の住吉神社で行われる舞をまねたもので、「伊勢音頭」とも呼ばれる。現在、寄席芸などではこの「住吉踊」の演目で「深川踊」「かっぽれ」など一連の演技を披露することが多い。後に「かっぽれ」を大成したとされる梅坊主（豊年齋梅吉、一八五四〜一九二七）が兄の平坊主一座にくわわった文久年間（一八六一〜一八六四）にはすでにかなりの評判をとっていたとみられる。

明治初期には平坊主らの大道芸は歌舞伎に採り入れられ、一八八六年正月の新富座で初演された「初霞空住吉」では、大道芸人に扮した九代目市川團十郎が「住吉踊」「深川」「かっぽれ」「縁取り浄瑠璃」「豊年踊」を披露した。舞台上とはいえ、大道芸の様式を借りて演じられたわけである。今日の同演目上演においてもこれらの俗曲の曲目はほとんど踏襲されており、正月や襲名などを祝う演目として演じられることが多い。

一九〇三年には梅坊主による「元祖カツポレ」ほか、演者や楽器編成を異とする四種の「かっぽれ」が初めてSPレコードに吹き込まれた(54)。「元祖カツポレ」は大道芸の雰囲気を大いに残すものであったが、昭和初期以降のレコードでは御座敷風が主流となった。

さて、八尾町の面々がおわらの〈豊年踊〉を考案したのは一九一三年以降であるから、すでにレコード録音は開始されていた。レコードに吹き込まれた「かっぽれ」について、竹内有一は次のように指摘する。

① 大道芸ではしばしば締めくくりに演じられた「豊年踊」は、「かっぽれ」に続いて演じられるのが定番となり、両者を合わせて『かっぽれ』と呼ぶことが多くなった（レコードの演目で『かっぽれ』となっている場合、「豊年踊」も含まれているケースがほとんどである。以下、「豊年踊」を含むものを『かっぽれ』と表記する）。ここでいう「豊年踊」とは後述するように「豊年じゃ　満作じゃ」ではじまる詞章につけられた踊りをさす。

② レコードが次々に出されたのは、『かっぽれ』が振りや踊りを自分で演じて楽しむ芸能であったことを背景としている。

①についてもう少し詳しくみてみよう。『かっぽれ』の歌詞は次のようになる(55)。

沖の暗いのに白帆が見ゆる　あれは紀伊国蜜柑船
豊年じゃ　満作じゃ　明日は旦那の稲刈りに
小束にからげて　チョイト投げた　投げた枕に科《とが》はない

尾花に穂が咲いた　この妙かいな(56)

『八尾史談』に「下句のほうはかつぽれ踊りの豊年だ万作《ママ》だなどを採用したらしい」とあるのは、「豊年じゃ　満作じゃ」の一節を採り入れたことを意味する。下句がうたわれるときに挿入される「稲刈り」の所作は、鎌で稲を刈って小束にからげて投げるという歌詞に由来すると考えられる。

注意しなければならないのは、この稲刈りが農民ではなく「旦那」の動作という点である。「旦那」の稲刈りといえば、すぐさま「吉原田圃」が想起される。一六一七年以来日本橋にあった遊郭吉原は、明暦の大火（一六五七年）を機に浅草に移転した。それまで「浅草田圃」と呼ばれたその付近一帯は新吉原のお目見えにともなって「吉原田圃」とも称されるようになったのである。必然的に「豊年じゃ　満作じゃ」の部分は、性的なニュアンスを帯びてくる。投げたのは「小束」のはずが、「投げた枕に科《とが》はない　尾花に穂が咲いた」となる所以である。したがって、おわらの「稲刈り」の所作は『かっぽれ』の一部としての「豊年踊」の歌詞の当て振りと解釈するのが妥当である。

ここまでの検討をふまえれば、「おわらの本意」としての「豊年万作」とは、豪遊伝説で知られる紀文の羽振りのよさを意味し、同時に性的なニュアンスをともなったユーモア（『かっぽれ』の身上である陽気さ、愉快さ）の表現といえる。それらは、農作業の直接的模倣というよりも、富や笑いといったものを農作業になぞらえて象徴的に表現しているのである。

『全国花街めぐり』で八尾町の御座敷の様子を紹介した松川二郎は、この所作からただちに『かっぽれ』の歌詞を想起している。と同時に〈豊年踊〉の基調をなす一連の動作〈拍手、前進、後退、跳躍〉と『かっぽれ』の当て振りとの組み合わせを「全く相異る二つの舞踊を接合したもの、如くに見える」と論評した(57)。全国に名だたる遊びの専門家からすれば、ぎこちなさの残るでき栄えだったとみえる。

次に②の指摘について考えてみよう。

興味深いことに、『かっぽれ』においては当て振りであるはずの所作が、おわらにおいては任意の歌詞にあわせてよいことになっている。つまり、歌詞の意味から乖離した反復動作と化すのである。踊り手は字余りなどの変則的な歌詞や即興に対してもきまった動作を繰り返せばよい。このように、「豊年踊」は日本舞踊の素養や御座敷遊びの経験がなくてもこなせる、単純なものであった。しかも、こうした反復動作はさまざまなうたや語り物、身振りが混じっていた練り廻り習俗にも組み込み可能な形式であった。

すでに路上、舞台、寄席、宴席などさまざまな場面において流行した芸能であったところにレコードが普及して『かっぽれ』の裾野はますます広がっていたと考えられる。このような事情を背景に、おわらに踊りをつけようとした八尾町の面々は誰もが気軽に参加できるよう『かっぽれ』を導入したのではないだろうか。ここに〈豊年踊〉に託されたもうひとつの「おわらの本意」、すなわち誰もが参加できるという大衆性を見いだすことができよう。

上句に採り入れられた「深川踊」の所作は、「住吉踊」や『かっぽれ』と組み合わせて踊られた「深川踊」に由来するとみてよいだろう。中内蝶二によれば、「深川節」は宴会芸としては、たいてい『かっぽれ』の後に演じられるものだという[58]。それだけに、『かっぽれ』同様、大衆性をそなえた踊りの曲目だったと考えられる。

大正初期における『かっぽれ』の人気については、大正二年共進会の第二会場として水族館が建設された魚津で興味ぶかい観察がなされている。

魚津を取材した北陸タイムス記者が、夕方、町長らと夕食をともにしていると、隣の座敷では魚津駅長の一団が「カッポレカッポレの大浮かれ」で宴会を楽しむ様子が聞こえてきた[59]。職業柄、発車時刻近くになると、今しがたまでの騒ぎが嘘のように、たちまち駅に舞い戻るというオチのついた記事なのだが、それだけ実直な駅員たちの間にも『かっぽれ』は御座敷の騒ぎ唄として定着していたのである。

さらに、共進会に花を添えようと奇抜な仁輪加《にわか》[60]が繰り出され、路上においても『かっぽれ』にちなんだ芸が行われた。といっても、演じるのは大道芸人ではない。この日のために一〇日間以上にわたる稽古を積み、何百円もの大金を投じた魚河岸の「兄ィ連中」である。

魚津踊りに着るやうな違ひ筋の法被を着、冠つた編笠の上には鯛を戴いて居る……顔は笠の外からさへ分る程に厚化粧して……やがて「祝水族館」「魚商組連」の大行燈を押し立てて繰り出したのが丁度〔夜の〕八時半頃であつた……物見高の見物人はだんだんに加はつて後に先は山のやうに群がつて歩く……水族館の前は早や明地《あきち》のない位人だかり……活惚《かつぽ》れ踊りに魚河岸に因んだ歌をつけて踊るのであるが勇肌《いさみはだ》のこなし上手に踊る、これを見ようと……見物人は大波のやうに押し寄せる。(61)

男の厚化粧、編笠のてっぺんに鯛のつくりものを取り付けるなど、装いからして奇抜である。「勇肌」には海で鍛えられた男たちならではの迫力があったに違いない。問題の「活惚れ踊り」については、「魚河岸に因んだ歌をつけて踊る」とある。紀伊国屋文左衛門の蜜柑船出世譚とむすびついた「沖の暗いのに白帆が見ゆる」ではなく、自分たちのアイデンティティ〈魚河岸〉に直結する歌詞に『かっぽれ』を流用したのである。こうした「兄ィ連中」の『かっぽれ』の採り入れ方は、八尾町の芸達者のそれとそっくりではないか。当時は、馴染みのうたや踊りを流用しながら、時と場合に応じた芸を創り、演じることを楽しみとしていたのだろう。おわらの〈豊年踊〉で『かっぽれ』や「深川踊」が流用されたのは八尾町の芸達者の独創というより、こうした風俗の名残と考えられる。
　そのほかにも大正二年共進会のエピソードとして、富山市郊外の熊野村の青年連が共進会に賑わいを添えようと会場内でおわらをうたいながら練り廻ったという出来事がある。

編笠を被りたる荒くれ男が十数名群れを成して太鼓、三味、胡弓尺八の鳴物入りにて場内を練り歩く姿……赤

地に祝と記された前垂れを締め異様の手振り足取り面白く踊る(62)〔。〕

魚津の魚河岸の兄ィ連中の姿を彷彿とさせるふるまいではないだろうか。

こうして当時の風俗という視点からあらためて踊りの場や踊る行為を捉えなおしてみると、八尾町以外でもおわらと練り廻りがむすびついていた実態が視野に入ってくる。

御座敷文化や練り廻り習俗が生きていた時代の八尾町において、誰でもどこでも気ままに踊ることができる〈豊年踊〉は「小原節踊」、すなわちプロフェッショナルによって海のイメージがふんだんに盛り込まれた舞台作品に対置されるものであった。舞台作品では観客と演者が分離した近代的な観劇空間で成立する一方向的なまなざしが重視された。対して〈豊年踊〉では御座敷でうたいながら入り乱れる客と芸妓の享楽的な身体性、そして風の盆に群れをなして練り廻る人びとの熱気をおびた身体性が振付の核となっている。〈豊年踊〉振付は、近世から明治期にかけて醸成された八尾町民の嗜好と身体性を基盤とする反発の実践にほかならなかった。

こうした反発には、地域経済における八尾町の位置の低下も影を落としていたと考えられる。蚕種、生糸、和紙の生産地および集散地として地域経済圏の要をなしていた八尾町は、明治二〇年代後半から後退を余儀なくされた。日清戦争による糸価の大幅下落がその発端である。あいついで工場が閉鎖されるなど、町の製糸業は大きな打撃を受けた。明治三〇年代には大規模な製糸工場が長野・群馬などで本格的に操業するようになり、八尾町および近隣村落はこれらの大規模工場に労働力を送り込む立場に転落する。さらに蚕種生産においても他県の台頭や桑のウジ虫発生に見舞われ、明治四〇年ころには養蚕家が次々に廃業へと追い込まれてしまった(63)。

県内の競争相手である福光町との比較においても八尾町は不利であった。一九〇〇年には生糸生産額において八尾町が優位にあった。ところが一九〇二年以降、劣勢に転じる(64)。勢力逆転は交通機関の整備にみられる八尾町の遅れにも表れている。一八九七年、福光町には日本海側初の民営鉄道である中越鉄道が開通し、高岡や伏木と結ばれ

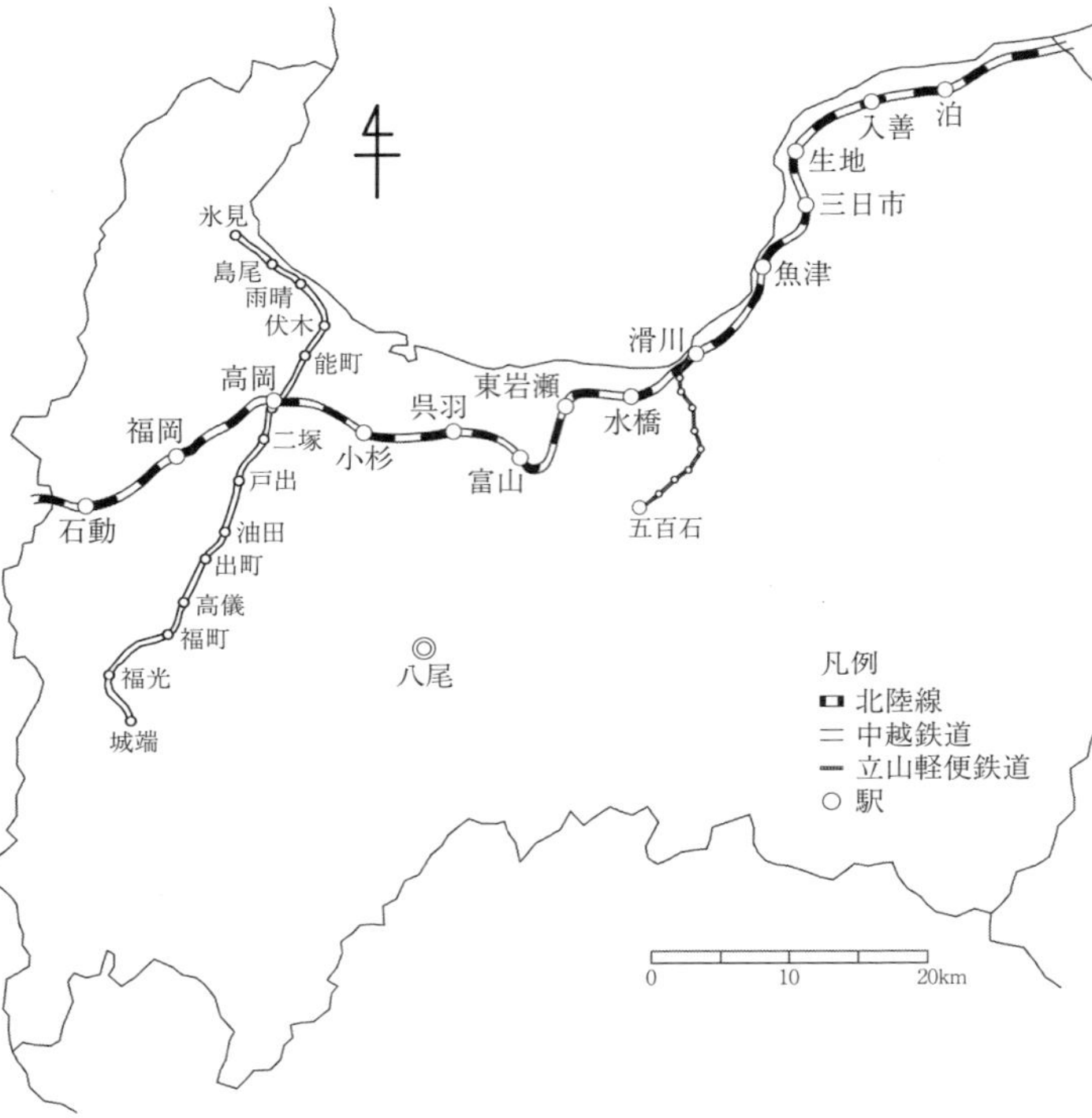

図2－7　1913年における県内鉄道敷設状況

出所：『日本交通分県地図　其十三　富山県』大阪毎日新聞社，1924年，富山地方鉄道『富山地方鉄道五十年史』富山地方鉄道，1983年より筆者作成。

た。その後、県産業の趨勢が製糸業から絹織物業へと移行したという意味では福光町も経済的地位の低下を免れなかったが、鉄道網の一部であったことにより、かろうじて先進性を示し得たのである。それに比して八尾町は完全に取り残される（図2－7）。鉄道（飛越線、現高山本線）が八尾町にはじめて通じたのは昭和を迎えた一九二七年であった。

大正二年共進会において演じられた「小原節踊」に対する八尾町民の違和感には、光あふれる海のイメージに集約された近代性・先進性から自分たちは取り残されるかもしれないという不安や焦燥感、疎外感も混じっていたと考えられる。〈豊年踊〉振付という反発の実践は、薄れつつある自分たちの存在をあらためて確かめる行為に等しかったのである。

9 「群れる」と「見せる」のあいだ――来たるべき時代の居場所を求めて

大正二年共進会はどのような社会的経験をもたらしたのか。それを探る大きな手がかりは〈豊年踊〉にひそんでいた。共進会は地域固有の美質を展示する装置としての面をもっている。「小原節踊」への参加を通じてそのはたらきを察知した八尾町の人びとは、みずからも踊りという視覚的な要素をおわらにくわえたのであった。他方、共進会は臨海地域の重点的な開発と東京との緊密な繋がりを強調するものでもあった。「富山踊」の演出や中央の専門家の関与もその一環である。八尾町の人びとはこれに反発して、海のイメージとは異なった、素人にも開かれた踊りをおわらに付けくわえたのだった。〈豊年踊〉振付の行為には、親和と反発が共存していたのである。

このふたつは矛盾するようにみえるが、どちらも再帰的なまなざしによって生まれたものである。従来、練り廻り習俗として定着していたおわらは「小原節踊」と比較されたとき、はじめて視覚性の欠けた芸能として捉え返された。また、プロフェッショナルによる舞台の占有は、芸能を演じる主体についての意識を研ぎ澄まし、八尾町の有志を自分たちの踊り、そして素人にも開かれた踊りの振付に向かわせた。海のイメージに染めあげられた「小原節踊」によって、八尾町民自身が「おわらの本意」を問いただす機会を得たのである。それは富山県の臨海地域とは異なったローカル・アイデンティティの自覚でもあった。

視覚的要素がくわわったとはいえ、おわらは「群れる」身体性を完全に拭い去ったわけではなかった。とりわけ重要な作用をおよぼしたのが『かっぽれ』の借用である。〈豊年踊〉のくりひろげられる空間は、饗応する者とされる者が入り乱れる御座敷の空間、あるいは路上における不定形な練り廻りの空間に接続される可能性を内包することとなったのである。

大正二年共進会から一五年を経た一九二八年の秋、昭和天皇御大典の際も「群れる」身体性はおわらとともにあった。八尾町の郷土史家・成瀬昌示は、幼い日に目にした奉祝の光景を忘れられない。「三種《みくさ》の宝受け継ぎて、天《あま》つ日嗣《ひつぎ》の御位に」と小学生の提灯行列がうたいながら通ったので表に飛び出してみると、群衆は万歳三唱を叫んだなり、おわらの狂乱に突入したのである。

男女共仮装で、誰れが誰れだか、男やら女やら、幼い眼にはさっぱり分からなかった。一団の列というものではなく、塊というか、渦巻というか、バラバラではなく、どことなく統制はとれているのだが……《ママ》カラスの群のような群衆が、おわらを合唱しながら迫ってきたかと思うと、急旋回して、三味線と太鼓の音がけたたましく、踊りが始まる。

男装と女装が二人、向き合ったかと思うと、両手をあげるやら、腰をくねらせるやら、位置をぐるぐる交替するやら……《ママ》向こうでは、三人組、四人組もあって、歌はなく、「ホッホイノホイッ」「キタサ」「ドッコイサ」など掛声はさまざま。離れたり、接近したり、相当激しい立ち廻りが続き、一段高い声で「一服、一服。一服しょまいかね」と指揮者らしいものが叫ぶと、踊りは中止され、再び、もとの塊となって、静かにおわら節が歌われ、同時に酒をラッパ呑みするもの、料理箱係から肴を貰ってホホバル者《ママ》、これもさまざまで、動いてゆくのであった。[65]

この場ではたして、〈豊年踊〉は踊られたのであろうか。仮に踊られたのだとしても、ほとばしる歓喜と熱狂に突き動かされた、即興的で不定形な身体の動きに埋もれてしまったのではないだろうか。この時点では、町民にとって「基本の踊り」というほどには定着していなかったのかもしれない。

一見ささやかにみえる地域芸能の改造は、博覧会的空間という、帝国主義・消費社会・大衆娯楽の次元が三つ巴となって展開する資本主義的機制の渦中で起こった。しかもそれに対する対抗精神と実践をそなえていた。近代化の進展にともなって地域経済における地位低下や孤立に甘んじざるをえなかった八尾町は、博覧会的空間に接近することによって地域文化における地位向上を図る一方、自分たちの感覚にできるだけ合致する芸能の追求によって「群れる」身体性を確保しようとした。それは、素朴に町を練り廻っていた過去の痕跡をとどめながらも、〈豊年踊〉振付という、親和と反発のあいまった両義的なふるまいによって、来るべき時代における居場所を模索する試みであった。こうして〈うたの町〉に生起した多様な習俗や芸能は、日露戦争期から昭和初期にかけて起こった事象とともに新たな布置のもとに関連づけられることになったのである。

空間誌によって把握可能となったこうした動態はまさしく序章で述べた場《ロカール》、すなわち舞台装置としての空間における実践がひるがえってコンテクストの構成に寄与する重層的かつパフォーマティヴな時空間過程を示していたのであった。そして今、おわら風の盆にふれる私たちは〈豊年踊〉を通して無意識のうちに「群れる」身体性と「見せる」身体性のあいだ、言い換えれば「歴史的現在」に降り立つのである。

注

（1）成瀬昌示編『風の盆おわら案内記』言叢社、一九九一年、六〇、六五頁。各人各様にうたっていたにもかかわらず合唱形式が可能だったのは、音頭取の出だしを聞いて周囲の者は即座に歌詞と歌調を察して唱和したためであろう。昭和初期の録音にこのような形式が認められる（ニッポンノホンレコード１７２５４、宵まち・せんまい会議『俚謡越中おわら節　発掘「おわら」ＳＰレコードヴィンテージシリーズ　第一集』二〇〇二年など）。

（2）稲田浩二編『富山県明治期口承文芸資料集成』同朋舎出版、一九八〇年、三四三〜三四四頁に翻刻されている。

（3）松本駒次郎『八尾史談』松六商店、一九二七年。

（4）松本駒次郎、前掲書、三三一〜三三二頁。

（5）翁久允（一八八八〜一九七五）はジャーナリスト、作家、郷土研究家。詳細は第7章参照。

（6）富山の方言で次男以下の息子の意。
（7）翁久允「おわらの町、八尾」『高志人』第三巻第一〇号、一九三八年、二七〜二八頁。
（8）「草地村盆踊」『郷土舞踊と民謡』日本青年館、一九三三年。
（9）「群れる」身体性とその変容については、吉見俊哉『都市のドラマトゥルギー——東京・盛り場の社会史』弘文堂、一九八七年から示唆を得た。
（10）「八尾町の節季と豊年祭」『富山日報』一八八九年九月一〇日。
（11）「八尾町歳晩景況」『富山日報』一九〇六年一月一六日。
（12）富山県学務部学務課編『社会教育に関する調査』富山県学務部学務課、一九二三年。
（13）八尾町史編纂委員会編『八尾町史』八尾町役場、一九六七年。続八尾町史編纂委員会編『続八尾町史』八尾町役場、一九七三年。
（14）富山県主催連合共進会富山県協賛会編『富山県協賛会事務報告』富山県主催連合共進会富山県協賛会、一九一四年、一六九頁。
（15）大槻如電（一八四五〜一九三一）は学者、考証家。祖父は玄沢（磐水）、父は磐渓、弟に文彦がいる。明治初期、部省に出仕して『新撰字書』編集にあたる。一八七五年以降は研究に専念し、和漢洋を問わず該博な知識を駆使して歴史、地理、演劇、歌舞音曲まで幅広く研究・執筆した。活動は脚本や劇評の執筆、舞踊の作詞作曲・振付にもおよぶ。
（16）若柳吉蔵（一八七九〜一九四四）は日本舞踊家。若柳流創始者初代若柳寿童に入門。一九一七年寿童没後、若柳流二世家元を継ぐ。東京大正博覧会、北海道開拓記念五〇周年博覧会、朝鮮博覧会などの余興の振付を担当した。若柳流は一八九三年に花柳流から独立して以降、新興の流派としての地盤固めが課題であり、博覧会は地方進出の有効な足がかりであった。開催地の花柳界と接触し、出稽古や門弟育成の機会となったからである。大正二年共進会開催時には寿童はすでに晩年を迎えており、地方出張は吉蔵ら高弟を派遣していた（郡司正勝・江口博『日本舞踊大系　正派若柳流』邦楽と舞踊出版部、一九六六年）。
（17）富山県主催連合共進会富山県協賛会、前掲書、一六九頁。

(18) 松本駒次郎、前掲書、三四二頁。
(19) 荒木良一「富山共進会のおわら」おわらを語る会編『おわらの記憶』桂書房、二〇一三年、五四～五五頁。
(20) 日本放送協会編『日本民謡大観中部篇(北陸地方)』日本放送協会、一九五五年、二〇六頁。
(21) 松本駒次郎(一八六〇～一九四九)は八尾町出身で同町および周辺の小学校で訓導や校長を歴任した人物。八尾尋常高等小学校在職中に小学生向けの郷土史参考書である『八尾郷土史談』(鶴見立吉編、八尾書院、一九〇〇年)の編纂に協力し、一九二〇年ころにはみずから『八尾史談』の編纂に着手した。ちなみに鶴見立吉は婦負郡第五区校長集会長の役職にあった一九〇六年、「伝説・俗謡・童話・俚諺調査答申書」に「八尾町小原節の由来」を記録した人物である。
(22) 松本駒次郎、前掲書、三四二～三四三頁。
(23) 勧農局・商務局編『明治十二年共進会報告　共進会創設主旨　明治十二年共進会報告』有隣堂、一八八〇年、三頁(藤原正人編『明治前期産業発達史資料第一〇集(五)』明治文献資料刊行会、一九六六年に復刻)。
(24) 笠原一人「歴史　観光・博覧会――第四国内国勧業博覧会と平安遷都千百年紀念祭の都市空間」『10+1』三六、二〇〇四年。
(25) 富山県主催連合共進会編『富山県主催連合共進会事務報告』富山県主催連合共進会、一九一五年、一九一～一九二頁。
(26) 伏木港史編纂委員会編『伏木港史』伏木港海運振興会、一九七三年。
(27) 海内果「越中伏木港ノ形勢」新田二郎・栄夏代編『旧新川県誌稿・海内果関係文書　越中資料集成14』桂書房、一九九九年、五六八～五七一頁。
(28) 運輸省港湾局編『日本港湾修築史』運輸省港湾局、一九五一年、一五七～一五八頁。北陸人造肥料会社の設置場所をめぐっては富山か伏木かで大激論が交されたが、最終的には原料の燐砿石の輸入に便利で陸運と接続していた伏木が適していると判断された(伏木港史編纂委員会、前掲書)。
(29) 佐藤健二「近代日本の風景意識」松原隆一郎・荒山正彦・佐藤健二・若林幹夫・安彦一恵『〈景観〉を再考する』青弓社、二〇〇四年、一三一～一三二頁。
(30) 「会場だより」『富山日報』一九一三年九月五日。

(31) 富山名産の薬「反魂丹」を示唆。

(32) 「演芸館」『富山日報』一九一三年九月五日。

(33) この演出は、上方歌舞伎伝統の照明技術「るり灯」に酷似している。「るり灯」とは半円筒形の覆いのなかにろうそくをともしたものを背景の裏側に藤棚状に仕込み、イルミネーション効果を生み出す仕掛けである(遠山静雄『舞台照明五十年』相模書房、一九六六年)。もとは人形芝居に使われていたものが上方歌舞伎に移入され、主として装飾的な華やかな場面に用いられた。遠山は京都の都踊、大阪の北陽浪花踊の舞台で実見したというから、芸妓による舞台踊にも導入されていたことになる。北陸本線全通以前、富山は関西方面と繋がりが深かったことから、「小原節踊」における蛍烏賊の演出は、電気を「るり灯」に応用した技術と推測できる。

(34) 遠山静雄、前掲書。

(35) 「夜の共進会」『富山日報』一九一三年一〇月一五日。

(36) 「富山踊を観る」『北陸タイムス』一九一三年九月四日。

(37) 「会場だより」『富山日報』一九一三二年九月五日。

(38) 松川二郎『全国花街めぐり』誠文堂、一九二九年、四〇七頁。

(39) 吉見俊哉『博覧会の政治学——まなざしの近代』中央公論社、一九九二年、三九〜四〇頁。

(40) ベンヤミン、ヴァルター『ベンヤミン・コレクション一　近代の意味』浅井健二郎編訳、三宅晶子・久保哲司・内村博信・西村龍一訳、筑摩書房、一九九五年、三三七〜三四一頁。

(41) 「論壇保存す可きもの」『北陸タイムス』一九一三年一〇月一三日。この記事で都踊に言及しているのは興味ぶかい。都踊は一八七二年京都博覧会の余興(附博覧)として催された芸妓による舞踊である。高木博志は都踊を発案者の槇村正直京都府参事の京都近代化政策に即した出し物と捉え、「日本独特の文化でありながら、欧米にも通じる普遍性のあるダンス」と評している(「春を待つ花街の踊り」『京都新聞』二〇〇六年二月一九日)。都踊は好評を博し専用の歌舞練場が設けられたほか、全国各地で模倣されることになった。「富山踊」はいうまでもなく都踊を範型とする余興だったのであり、その広告効果は博覧会的空間という文脈ではすでに織り込みずみであった。

(42) 松本駒次郎、前掲書、三四二頁。

(43) アーリ、ジョン『観光のまなざし』加太宏邦訳、法政大学出版局、一九九五年(Urry, John, *The Tourist Gaze*, Sage, 1990)。

(44) 「他県人の見たる府県連合共進会」『富山日報』一九一三年九月六日。この記事に転載された『福井新聞』の記事によれば、富山市中にはモールや夕顔棚を笠に用い、赤地に白菊をデザインした街灯や電球式の赤提灯が設置された。まっすぐな電車道に等間隔に並べられた街灯が「次第に細く長く」並ぶ様子を同紙記者は美観と称え、夜間の一斉点灯を「見事といへば見事大袈裟なことをやった」と評している。

(45) 吉見俊哉、前掲書、二二二頁。

(46) 吉見俊哉、前掲書、二二一頁。

(47) 松本駒次郎、前掲書、三四二頁。

(48) 近代的な観劇空間が地域芸能にあたえた影響については次の先行研究がある。笹原亮二「引き剝がされた現実――『郷土舞踊と民謡の会』をめぐる諸相」『共同生活と人間形成』三・四号、一九九二年。笹原亮二「芸能を巡るもうひとつの『近代』――郷土舞踊と民謡の会の時代」『芸能史研究』一一九号、一九九二年。笹原亮二「民俗芸能大会というもの――演じる人々 観る人々」民俗芸能研究の会/第一民俗芸能学会編『課題としての民俗芸能研究』ひつじ書房、一九九三年。中原ゆかり「奄美八月踊りの『現在』性――舞台化・伝統 アイデンティティ」『民俗芸能研究』一七号、一九九三年。八木康幸「ふるさとの大鼓――長崎県における郷土芸能の創出と地域文化のゆくえ」『人文地理』第四六巻第六号、一九九四年。橋本裕之「保存と観光のはざまで」山下晋司編『観光人類学』新曜社、一九九六年。八木康幸「祭りと踊りの地域文化――地方博覧会とフォークロリズム」宮田登編『民俗の思想』朝倉書店、一九九八年。

(49) 松本駒次郎、前掲書、三四三頁。

(50) 八尾町では藩政期から俳句がさかんであった。明治初期に蕉風美濃派の流れを受け継ぐ鵠庵一三代素来が東京から八尾近郊に移り住んだのを契機として俳諧熱がいっそう高まって以降、俳句は八尾町で最も愛好された文芸のひとつであった。明治末にはおわらとの関連で次のような記事がみられる。「時代の要求は在来の歌詞及び淫猥なるものを許さないので四五年前から八尾俳壇の連中が主となって盛んに新作を試み大いに面目を新にする様になって来た」(「八尾の廻り盆(下)」『富山日報』一九一一年九月三日)。

(51) 綿の家業については「明治二十四年当時八尾の自営業種」『八尾町史』(八尾町史編纂委員会編、八尾町役場、一九六七年)所収による。八尾町在住者一覧は松本、前掲書、六〇一～六五四頁。

(52) 宮地豊秋編『小原唄と踊』富山県人雑誌社八尾支局、一九二七年。

(53) 竹内有一「かっぽれ百態」細川周平編『民謡からみた世界音楽』ミネルヴァ書房、二〇一二年。

(54) 都家歌六ほか監修『全集・日本吹込み事始 一九〇三年ガイズバーグ・レコーディングス』(東芝EMI TOCF-59061-71)。

(55) 歌詞の反復、囃子詞は省略する。

(56) この後に「豊年じゃ 満作じゃ」と同様の旋律が反復されるが、その部分には「ねんねこせ ねんねこせ ねんねのお守は どこ行った」といった子守り唄などの詞章が流用される。

(57) 松川二郎『全国花街めぐり』誠文堂、一九二九年、四〇三～四〇四頁。

(58) 中内蝶二『娯楽大全』誠文社、一九二七年、五三頁。

(59) 「魚津の半日」『北陸タイムス』一九一三年一〇月八日。「カッポレ、カッポレ」とは、うたい出しの掛け声である。

(60) ここでは、雑多な趣向をこらした仮装行列をさす。

(61) 「魚津の仁輪加行列」『北陸タイムス』一九一三年一〇月一三日。

(62) 「昨日の共進会場」『北陸タイムス』一九一三年一〇月一六日。

(63) 富山県『富山県史 通史編V 近代上』富山県、一九八一年、五五三～五五七、八三五頁。八尾町史編纂委員会、前掲書、四二八～四三五頁。

(64) 富山県、前掲書、五五五～五五七頁。

(65) 成瀬昌示、前掲書、一〇三～一〇四頁。

第3章　演唱空間の開拓
――全国民謡大会開催をめぐって

1　八尾町のおわら、東京へ

おわらが全国的に知られる大きなきっかけとなったのは、一九二一年に東京で開催された全国民謡大会である。「民謡」の語を冠しておおやけに行われたはじめての演奏会であった(1)。後藤桃水が率いる大日本民謡研究会が主催したもので、五月一二日、一三日に神田美土代町の東京キリスト教青年会館（以下、神田の青年会館）で行われた。北海道、福島、島根、福岡、宮城などから集まったうたい手約五〇名は、満場の観客を前に自慢の喉を披露した。ここに八尾からおわらの名人が出演したのである。

全国民謡大会開催の経緯については、主催者の後藤桃水自身による記述がある。彼は一九〇五年に宮城から上京して以来、尺八と追分節の道場を開いて弟子を育てるかたわら、愛好者を募って同好会を組織するなどの普及活動を進めていた。大正半ばには発表会も大入り満員となり、手ごたえを感じたため、いよいよ「全国の代表的な俚唄を集めての大会を開くべきだ」と決心する。

托鉢をしながら水戸の大洗地方を振出しに会津相馬地方、それから直江津、出雲崎を歩いて新潟から佐渡へ渡り、帰りには越中富山から八ッ尾《ママ》附近、信州木曾路から名古屋方面、その間大抵お寺に泊めて貰いながら古い歌や相当な唄い手を探したのでした。ところが唄手があっても東京に出て唄うことは御免だというものも多かつた。ともかく第一回に水戸の磯節（関根）安中、越中おはらの田畑清治初め会津大津絵、玄如節、相馬流れ《ママ》山、木曾節、伊那節、安来節と北海道の追分節などを内容とした大会を大正九年神田青年会館で開くことにしたのです。会の名称は何としたものかと門人共にも謀り、民謡大会がよかろうということに一決しました。……翌年その第二回の開催には佐渡おけさ、東北のさんさ時雨、長持唄、田植唄、遠島甚句〔〕秋田おばこを初め信州馬子唄、越後追分、博多節、隠岐のどつさりなどを出演させることにしました。[2]

記念すべき第一回が「大正九年」（一九二〇年）というのは記憶違いか。当時の新聞広告や報道、各地に残された写真や記録を突き合わせると第一回は一九二一年に開催された。会場は神田の青年会館であった。鹿鳴館やニコライ堂で知られるジョサイア・コンドルが設計し、一八九四年に竣工したこの会館は、日露戦争後に急激に変貌しつつあった東京を代表する集会施設であった。同年の秋に開催された第二回全国民謡大会には、晴れがましい紋付袴姿の出演者が壮麗な玄関に並んで写った集合記念写真が撮影された（図3-1）。民謡、紋付袴、キリスト教、赤レンガ、洋館。今日の感覚からすれば、いかにも不似合いな取り合わせではないだろうか。

大正期の東京といえば、安来節が寄席のみならず劇場で大当たりし、江差追分が神田の青年会館を足がかりに広まった時代である。また全国に目を転じると、盆踊など各地の芸能に対する規制が一転し、改良をくわえながら盛り立てていこうという政策が進められていた。本章では、各地に伝えられてきたうたをそれぞれの土地や社会的文脈から引き離して、より大きな空間のなかで響かせようとした民間の活動に焦点をあて、とりわけホール（講堂、会館、公会堂）でうたわれるようになった意義を考えてみたい。

2　ホールへの視座

もともと私邸や酒席、街路などで演じられてきた芸能が劇場やホールで演じられるようになる歴史的変化は、これまで舞台芸術化の観点から研究されてきた。日本では、明治以降、西洋近代の音楽文化にならって邦楽改良が進められた過程で、長唄を演劇や舞踊から独立した純粋音楽として自立させようとした長唄研精会（一九〇二年発足）が舞台演奏を重視したことに留意すべきであろう。(3) 邦楽でも集中的聴取に堪えうる曲の創作、楽器の改良や開発、演奏技術の洗練は、新しいタイプの演奏会場に適合する方向で進められたのである。大正期には、宮城道雄、吉田清風らを中心とする新日本音楽がこの路線を追求した。

図3－1　第二回全国民謡大会記念写真

出所：伯育男氏旧蔵。

民俗芸能や民族芸能を対象にした研究では、芸能が舞台に上ることによって演者と観客の分離が起こり、〈みる－みられる〉の関係から生じる演出が進むほか、芸能そのものや演者の意識が変化すると指摘されてきた。(4) くわえて、近代日本における民謡では、演唱の内容やスタイルに威厳を付与する「威厳化（dig-nification）」(5) の傾向がみられるのが特徴的である。全国民謡大会出演者の紋付袴姿も、そのひとつの現れである。

本章が想定しているホールとは、営利を目的とした演芸場や劇場とは一線を画し、アマチュアや一般市民に利用の機会が開かれた公的な施設である。公開の場で思想や政策を語り、意見を戦わせる演説会という明治期に登場した実践は、政治にとどまらず他の領域にも波及していった。旧秩序の崩壊により、既成勢力は生き残りを賭け、新興勢力は地歩を固めるために民衆に広くみずからの存在と価値、公益性を訴える必要に迫られたからである。市民、民衆、地域社会の担い手のあいだにも自主的な教育・文化・社会活動の場として公共の集会施設建設の要請が高まっていく。公開、公益を旨とする行為はそれにふさわしいふるまいや表現のコードを生み出し、身体や道具立て、建造物を通じて実現される。生活や労働の場、祭りや宴席、路上や門前でなくホールでうたうことは、舞台芸術化や表現ジャンルとしての自律化、コードの創出過程と重なる面がある。しかし、大正期東京という具体的な時空における出来事として「ホールでうたう」ことに焦点を合わせるなら、固有の空間誌的意義が浮かび上がってくるであろう。

日本におけるホールの歴史は一八七五年三田演説館の建設にはじまる。福澤諭吉が「パブリック・スピーチ」の実践と修練の場として建てたこの施設は面積約五七坪、収容人員四五〇人。(6)自由民権運動の追い風を受けて、公会堂としての性格をそなえることとなった。演説会が頻繁に行われるようになると寺院、料理屋の大広間、劇場などが用いられたが、主催者、参会者は不便、不体裁に悩まされる。そこで福澤諭吉が有志とともに共同出資して建設されたのが明治会堂である（一八八一年）。京橋木挽町に立地し、三〇〇〇人を収容できる「堂々たる西洋風の一大建築」(7)で、交詢社の大会、政談演説会など各種集会に利用された。一八八四年、農商務省への売却を機に厚生館と改称されてからは、貸ホールとして一般に開放されることとなった。(8)当時の新聞記事からは、厚生館が各種集会のほか、幻灯会、奇術、音楽会、舞踏会、演芸会、素人義太夫大会や武術懇親会など、多彩な活動の舞台となったことがうかがわれる。

日清戦争前後、老朽化が顕著となった厚生館に代わって東京の中心的な集会場となったのが神田の青年会館であった。

当時、東京キリスト教青年会は銀座から神田に本拠を移し、新たな展開を図ろうとしていた。一八九〇年に神田中猿楽町で夜学校、人事相談、演説会などの事業に着手し、事業の継続進展のためにみずから所有し長く本拠地と定めうるような土地と施設を求めていたのである。その際に重視されたのが国家や地方自治体の行政から自立した民間の団体としてのスタンス、勤労者への社会教育機会の提供、そして超教派的な平信徒による組織運営であった。東京キリスト教青年会が「直接宗教に用ふるものでは無い、教会堂とは違ふ」会館を建設した背景には、そうした志があったのである。(9)

建設用地の購入を任された湯浅次郎は後にその苦労を次のように述懐している。

当時は青年会がどんなものであるか、キリスト教がどんな宗教であるかさへ知らぬ人が多かったし、外人の名を出すと売ってくれないので、妻の名義で買ったようなわけだ(10)〔。〕

「小川町低地」と呼ばれ、住宅地には不向きであった土地を取得したのも、地価が安くまとまった敷地を確保しやすかったためばかりではない。活動の担い手あるいは受益者となる学生、職人、下層民がその界隈に多く住んでいたことが背景にあった。というのも神田は当時、全国各地から立身出世を夢見て集まった学生（三崎町にある日本大学に入学するという名目で上京した後藤桃水もその一人）と、官営工場や印刷・製本業ではたらく職工を中心とする「庶民のフロンティア」(11)であった。東京キリスト教青年会にとっては青年や職工が蝟集し、交通の要衝である万世橋に近いという意味でまさしく適地であった。

日露戦争後、集会の需要はますます高まり、市区改正事業が急ピッチで進行した。しかし、「東京に於ける会館は、未だ遺憾なき設備を見るに至らず……唯神田美土代町青年会館あり」(12)というありさまであった。図書室、教室、集会室のほか迎賓室と一〇〇〇人を収容できる講堂をもつこの会館は、旧来の劇場や貸席にそぐわない活動にとって、ありがたい存在だったのである。大正に入ると、全国の主要都市では自治体が運営する公会堂建設の動きがでてきた。その代表格はレンガ造りの壮麗な開港記念横浜会館（現横浜市開港記念会館、一九一七年竣工）や中之島公会堂（現大阪市中央公会堂、一九一八年竣工）であろう。一方、日比谷公会堂が建設されたのは一九二九年であった。明治・大正期を通じて、東京はいわば公会堂後進地の立場におかれていたのである。そうしたなかにあって、神田の青年会館は建設当初の志にたがわず、関東大震災によって倒壊するまでさかんに利用された。

管見によれば、日本の民謡研究において、ホールで演じられたことの意義を正面から取り上げたものはない。民俗芸能研究にまで視野を広げるなら、笹原亮二による民俗芸能大会の研究が有益である(13)。一九二五年から明治神宮外苑の日本青年館で行われた「郷土舞踊と民謡の会」の分析からは、社会教育、地域間競争によるナショナリズムの強化、民俗芸能の研究対象化など、文化的・知的イデオロギーにおよぶ側面が浮かび上がってきた。それはホールという施設が、経済的利益のみに還元されない明確な建設理念と多額の建設費用を必要とするためである。「舞台芸術化」といっても、営利本位の演芸場・劇場で展開したのとは別に、ホールを中心に展開した路線がみとめられるのである。

このように、大正期東京におけるホールへの注目は、舞台芸術化の視点以上に、うたをめぐる力学を解き明かすことにつながると考えられる。

3　安来節の興行路線——寄席から劇場へ

ここでは、大正期におけるうたの演唱空間拡大のひとつの類型として、商業的な場で演じることを追求した安来節を取り上げる。これは次節で示すもうひとつの類型、すなわち公共的なホールを足がかりとしたうたの普及とは対照的であった。

明治・大正期の庶民の娯楽は寄席を抜きにしては語れない。講談、落語、浪花節のほか、義太夫、長唄、常磐津、新内、端唄、踊り、尺八、手品など多彩な演目を安価に楽しめる場所として寄席は親しまれていた。東京市中におけるその数は、約一〇〇軒にのぼったという(14)。

土地のにおいのするうたがよく聞かれた場所も寄席である。演じていたのは地方の芸妓であった。明治末以降、不景気や活動写真の登場によって客足が遠のく不安にかられていた寄席は、彼女たちの芸と色気で人びとを惹きつけようとしたのである。一九一七年には、京都の福知山音頭、潮来のあやめ節、新潟のおけさなどが東京の高座にかけられた。安来節がはじめてお目見えしたのもこのころである(15)。

安来節は、数ある地方のうたのなかで最も早くから舞台で演じられるようになったひとつである。大正初期に島根県酒造組合の余興で安来節を披露して人気を博した渡部糸（糸子）は、一座を組んで島根・鳥取を巡業した。この一座は一九一五年には、松江の永徳座で大当たりをとるなど、大都市に先んじて舞台の洗礼を受けていた。松江の書籍楽器商・園山清次郎は、これといった名物のない松江の知名度を上げようと、傑出したうたい手であった渡部糸の歌唱をレコードに吹き込み、東京の寄席に売り込んだ。東京音楽学校の教授陣から「俚謡の白眉」との墨付を与えられた安来節は、庶民のあいだでも人気を博し、渡部糸一行は毎年春になると上京するようになった(16)。

一九二一年には、一〇〇名規模の出雲芸妓が大挙して出京し、万歳館（浅草）、川竹亭（神田）、琴平亭（芝）、恵宝亭（京橋）、白梅亭（神田）のほか、東京市中に複数のチェーンをもつ鈴本亭などに出演して好評を得る(17)。寄席ではもちろん落語や各種見世物芸も演じられたが、安来節はそれらに混じって、どじょうすくいや出雲拳など地方色の濃い芸とセットで演じられた(18)。当時、一席亭あたりの収容定員は平均二四二人、平均観客数はおよそ一〇〇人(19)というから、現在でいえば小劇場のような演者と観客の近さや一体感のなかで、見世物が次々にくりだされたのである。

寄席での安来節人気はやがて劇場へ拡大し、その年の夏には「安来節五座大合同」と銘打って、駒形劇場（東京）、横浜劇場、南座（京都）での巡業が行われた。九〇名にものぼる出雲芸妓による舞台は盛況をきわめた。さらに、浅草の常盤座、御国座、開盛座でも四〇名から八〇名あまりの出雲芸妓の安来節を舞台にかけたところ、これも大当たりをとった[20]。常盤座、御国座、開盛座といえば、大正後半に一興行日あたり、平均一〇〇〇人から二〇〇〇人の観客を集めた市内屈指の大劇場であった。とりわけ常盤座、御国座は一興行日あたりの平均観客動員数で上位を占める常連であった[21]。安来節興行はこうした劇場を連日満杯にできるほどの人気を博したのである。

ただし、安来節興行はいささか下卑た腹芸や、赤い腰巻を見せながら踊るどじょうすくいといった芸にまとわりつく猥雑さもとりまぜて舞台に上げられるものであったことを忘れてはならない。寄席や劇場で数時間もたせるためにも、また音楽だけを集中的に聴取する習慣をもたない観客を相手に利益を上げるためにも、興行の世界ではいくつもの芸でプログラムを組むことは当然視された。安来節の演唱空間の拡大は、ヴォードヴィルの系譜をひく浅草オペラがもっていた演芸の多彩さ[22]、大衆受けするエロティシズム、舞台と観客との親密な交流によって実現されたのである。大当たりといっても、安来節そのものの音楽的内容やうたいぶりではなく、これらの要素が興行的成功を支えていたといってよい。

このように、安来節の場合舞台にはのっても、自律化はほとんど起こらなかった。安来節の名は、出雲芸妓の大量出演と地方色溢れる演芸を一括して示す看板として機能していたのである。

4　追分節の東京進出

追分節は、碓氷峠付近の馬子唄が中山道沿いの追分宿を伝って、さらに北前船とともに本州各地、北海道にまで広まった歴史をもつ。伝播の初期から座敷唄化したこのうたは、明治中期には東京の花柳界でも親しまれていた[23]。

大正時代にはその経営者の九割が越後出身といわれた東京の銭湯で、昼間、湯船の上に蓋をしてこしらえた仮設舞台で追分節をうたう集まりがあちこちで開かれていたことなどから、越後でうたわれていたものが東京でもかなり浸透していたとみられている[24]。

北海道江差勢による追分節の東京進出がはじまったのは、明治末のことである。演奏会場に注目してその経緯をたどってみると、一九一二年六月二八日に神田の青年会館迎賓室で行われたのを嚆矢とする。

主役は江差の追分節大会で優勝し、「最も正調なる」節をうたうとされた平野源三郎であった。平野の出京に際しては、札幌選出の代議士・浅羽靖が関与していたという[25]。青年会館の「装飾美麗殆ど学生宮殿とも称すべき」とうたわれた迎賓室に集ったのは北海道ゆかりの人士を中心に、知識人、新聞記者など約三〇名。数種の追分節のうたい分けと、その特徴の解説からなるプログラムであった[26]。一般向けというよりも事実上は研究会であったといえる。主宰したのは、ドイツで音響学を学び、純正調オルガンを発明したことで知られる田中正平博士であった[27]。ドイツで音響学を学び、帰国後は邦楽の五線譜化をすすめた田中は、日本の音楽を国際的に通用する普遍的な美をたたえた芸術にするという邦楽改良の意図をもっていた。その一環として高度な邦楽理解のために知識人層向けに「美音会」を組織して演奏会を開催するなどの活動を展開しており、迎賓室での追分節演奏会はうたい手の選定、聴衆の質、演奏会の規模と内容からして美音会に比せられるものであったと推測できる。

一方、平野源三郎を送り出した江差では、経済の不振、札幌など北海道内陸部への政治的中心の移動による地位の低下などが、江差アイデンティティへの希求を促した。地域の危機をアイデンティティの確立によってのりこえようとする心性が、「正調」確立への動きとなって顕在化したのである。興味ぶかいのは、地域的なアイデンティティは「『如何なる場所、如何なる人士の前』でうたっても恥ずかしくない型式や知識階級にもアピールするような芸術性」あるいは「普遍性」によって達成できると考えられたことである[28]。全国の民謡のなかでも、最も早い時期にこうした取り組みがなされたことが、江差追分のいちはやい東京進出の背景にあった。

神田の青年会館における演奏会は、江差での「正調」確立と田中正平らの邦楽改良の動きが合致したところに成立したのである。

それは平野源三郎の装いやうたいぶりにも象徴されていた。演奏会の前年に行われた江差での追分節大会では、参加者のほとんどが三味線の伴奏による座敷騒ぎ唄としての追分節を披露したのに対して、平野だけは「紋付袴で威儀を正し、尺八の伴奏で朗々とうたった」のである。[29] そのうたいぶりは、「古朴幽婉」「ギッギッと櫓を漕いで月を砕く孤舟の上の哀音淋しく聴きなされた、目を閉ぢて聞き度い歌だ」と評された。[30]

ヒューズはこの平野の演出（ほとんど追分節の再定義といってもよい）が、江差追分をたしなむ者に真面目な心構えや品位、格調を身につけるよう促し、威厳化という重要な変化を民謡全般にもたらしたとしている。[31] この説を敷衍すれば、ホールでうたうことは「紋付袴で威儀を正」すのと同じ意味をもっていたといえる。

演奏会の好評を受けて、半月後には講堂で公開演奏と講演をともなう追分節研究会も行われた。[32] 地方のうたに「研究」の態度で臨むこと自体、集中的聴取と威厳化を促す打ち出し方といえる。同年一一月には、再び神田の青年会館で演奏会が開かれ、平野のほか越後、九州出身の追分節の名手が舞台に上がり、長唄鶴命会、清元菊太夫らも共演した。[33] 翌年一〇月には、有楽座で開催された美音会で竿曲、清元、追分節、三曲、長唄が演奏されたとの記録が残っている。[34]

こうしてみると、格の高い芸である長唄や清元などとの共演も、威厳化の手法と解釈できる。ちなみに長唄研精会が歌舞伎から離れて、不特定多数の聴衆を相手に長唄の演奏会を開始したのは一九〇二年以降である。この活動によって長唄の自律化、芸術化がすすめられたが、その影響を受けた三代目杵屋栄蔵が中心となって一九一一年に結成されたのが長唄鶴命会であった。[35] 結成半年余りの鶴命会にとって、邦楽改良のために有望視された追分節と共演することは、みずからの発展にとって有益との判断があったのではないか。

いずれにしても、ホールという空間で邦楽界における音楽の自律化が追分節の動向と密接にかかわりあいながら進行していたことが推測できるのである。

5　後藤桃水による「準備工作」――追分節から民謡の普及へ

その後の東京での追分節普及には、宮城県出身の尺八演奏家・後藤桃水が大きな役割をはたすことになった。後藤は平野源三郎の伴奏をつとめた人物である。明治末当時、追分節普及活動はいまだその途上にあった。普及に熱心だった江差が邦楽改良運動の中枢とむすびついたとはいっても、さほど浸透していたわけではない。神田の青年会館で好評を博した平野の演奏会の後、二人は横浜、横須賀方面で演奏会を行ったが、人びとの反応は芳しくなかった。後藤は平野を高く評価していたため、「これだけの名人に一般がついて来ないというのは要するに追分〔節〕というものの概念がないから」だと考えた。とはいえ、後藤が邦楽改良や、その先に田中正平が構想していたような国民音楽の理念を共有していたかどうかは疑わしい。なぜなら、彼には西洋音楽への関心や素養がまったく欠けていたからである。

邦楽改良とは在来邦楽の近代化である。尺八楽でいえば、五線譜や指導者養成、演奏様式などにおいて大々的な革新を行って勢力をのばした都山流や琴古流が主流をなしていた。西洋音楽の作曲技法を巧みにとりこんだ宮城道雄に代表される新日本音楽を盛り立てたのもそうした流派であった。

ところが、後藤はこうした動きからは距離をとっていた。彼が師事した小梨錦水は革新に与しなかった小梨流（普化尺八の流れを汲む）の宗匠であった。人が竹を吹いているのではなく、竹が人を吹かせているかのごとく演奏する師に心酔していた後藤は、演唱においても「唄をはなれて唄を吹いているような」自然の妙味を理想とした。[36]あくまで小梨流尺八家としての美学を基盤とした普及活動を展開しようとしていたと考えられる。そこで「準備工作」[37]、すなわち独自の戦略的な普及運動にとりかかったのである。

ひとつには門弟の育成と愛好家の組織化である。後藤は一九〇五年、二五歳で上京してまもなく尺八を教えはじめていた。平野源三郎の尺八伴奏を手がけたのは、この下積み時代であった。一九一五年にはうたい手の太田北海と組んで「追分節研究会」を設立。翌年には月に一度、荒川・小台の渡にある貸席に集まって追分節を楽しむ同好会を催した。この付近はもともと東北方面からの出稼人や移住者が多かったのにくわえて、一九一五年に王子電気軌道（現都電荒川線）の王子停車場が設けられたことで交通アクセスが向上した場所である。交通網の拡大と緻密化に乗じて愛好家を組織したのは演奏者や聴衆を獲得するための方策であったと考えられる。

さらに、「追分というものの概念」を啓蒙するためには公開演奏会に適した大きな会場を確保することも重要な課題であった。

尺八演奏家として身を立てていた後藤は、東京における琴古流の動向を観察していた。当時、荒木古童、水野呂堂、三浦琴堂といった琴古流の師匠らは「寺を借りておさらいをやる程度」にすぎなかった。より大規模の公開演奏会を目指した後藤は、学校で何か催しものがあるときに追分節を聞かせたいと東京市教育会の幹部に申し入れる。ところが「尺八で吹くのはよろしいが、田舎歌や昔唄などを学校で唄うということは困る」と許可が下りない。やむなく、学術講演会の折などに余興として追分節の尺八演奏を行うほかなかった。(38) 公開演奏会では、当時人気のあった琵琶奏者・永田錦心や豊田旭穣を出演させ、琴古流の師匠とともに聴衆に耳なじみのある本曲と追分節を中心とした尺八演奏を行った。後藤桃水はすでに東京市民の親しんでいる琵琶や琴古流尺八に連なるものとして紹介したのである。

第1章で述べたように、地方のうたは明治期の大半を通じて、文句や踊りが野卑であることを理由に取締の対象となった経緯がある。尺八一本をたずさえた無名の青年が、その良さを伝えるためにどれだけの覚悟をもって忙しく立ち回ったかについては、現代の私たちの想像を超えるものがあろう。たとえば、追分普及活動が佳境を迎えていたはずの一九一八年、後藤は仙台や石巻にも波及した米騒動の発頭人の嫌疑をかけられた。米騒動の擁護とも受けとられる演説をした澤来太郎代議士との面会や郷里での追分演奏会が、米騒動に関する会合ではないかと疑われたのである。[39]結局は無罪放免となったが、政府による社会主義運動の弾圧と民衆のエネルギーとが激しくぶつかりあうこの時代、新しい価値観のもとに集会を催すことは、身の危険さえともなった。

それでは、全国民謡大会にふさわしい会場としては、どのようなものがあっただろうか。

まっさきに思い浮かぶのは寄席や劇場である。安来節は浅草の寄席で成功し、常磐座をはじめとする一〇〇〇～二〇〇〇人規模の劇場をも満員にするほどの大当たりをとった。しかし、後藤は、自分が追求する民謡は興行的な成功を見込めるものではないことを自覚していた。大当たりした安来節のようにバラエティ的な要素や芸妓の魅力をつめこんで観客のうけをねらうやり方とは、まったく異なる舞台を構想していたのである。

興行収入が見込めないどころか、そのつもりもない普及活動というなら、宗教施設や学校の講堂、公会堂などはどうであろうか。じっさい、後藤にはそういった場所に関心をもっていた。

このような状況下、かろうじて演奏の場を提供したのは錦輝館（神田錦町）、和強楽堂（神田錦町）、神田の青年会館といった限られた会場であった。[40]後藤は追分節研究会あるいは大日本民謡研究会と称して神田に拠点（住居も兼ねていたと思われる）を置き、演唱空間の開拓ともいえるような独自の普及活動を展開する（図3-2）。

6　錦輝館

錦輝館は一八九一年、神田区役所、神田警察署が立地し、学校や下宿屋の多い錦町に開場した貸席・集会場である。[41]「決して立派な建物ではなく、粗末な洋館まがいの家づくりで一々下足を預けて入場するという、場内全部が畳敷」で、「二階が料理屋で、下は殺風景な演説場」[42]をそなえたこの施設は、日清戦争後、政治運動や社会運動の主要な舞台となった（図3-3、図3-4）。当時、国会の野次には「ヨオッ、錦輝館」などというものがあったほ

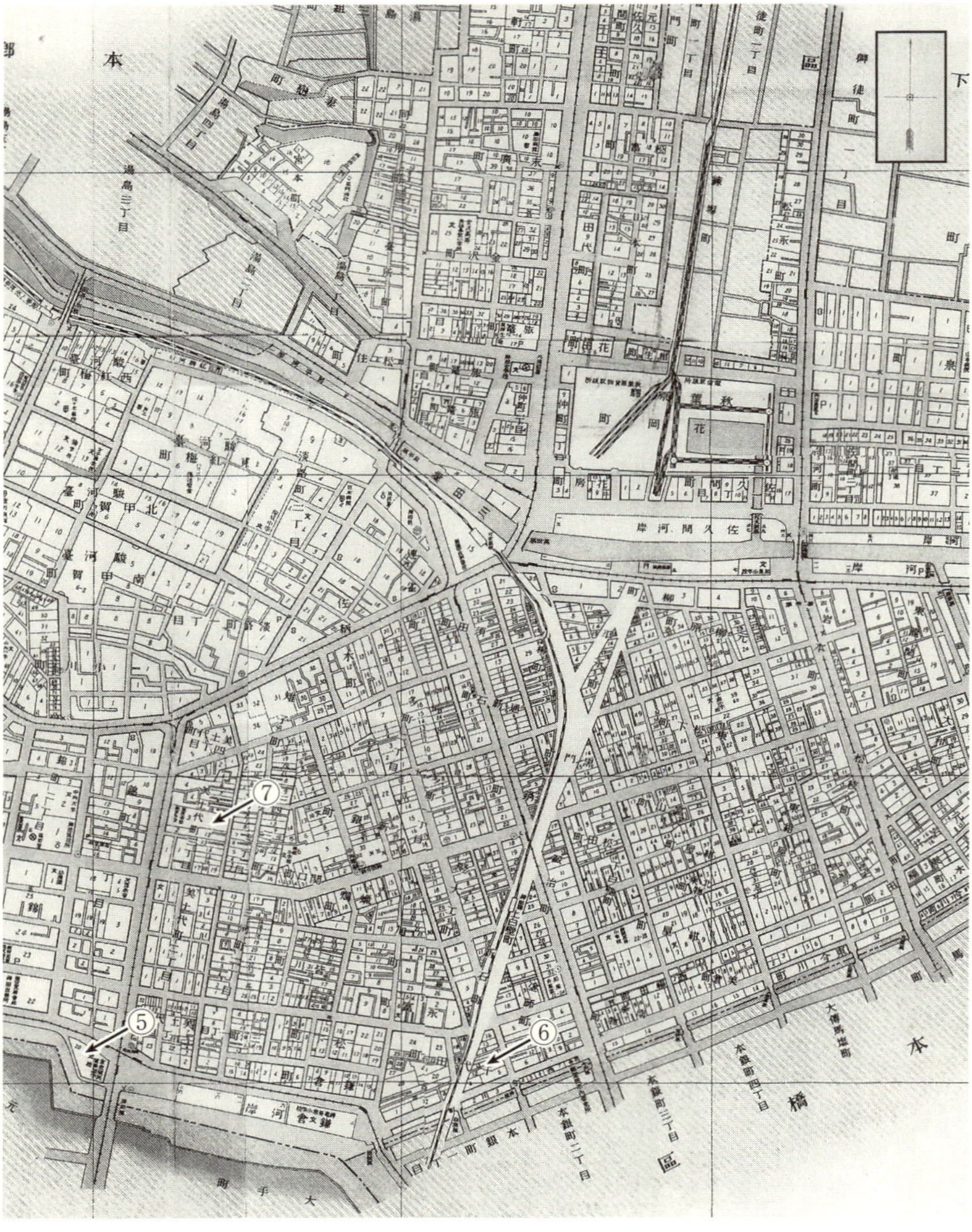

後藤桃水の主要な活動場所

神保町１）追分節演奏会開催。④錦輝館（錦町3-18）追分節演奏会開催。⑤和強楽堂（錦町1-20）
3-3）追分節演奏会，全国民謡大会開催。

の協力により筆者作成。

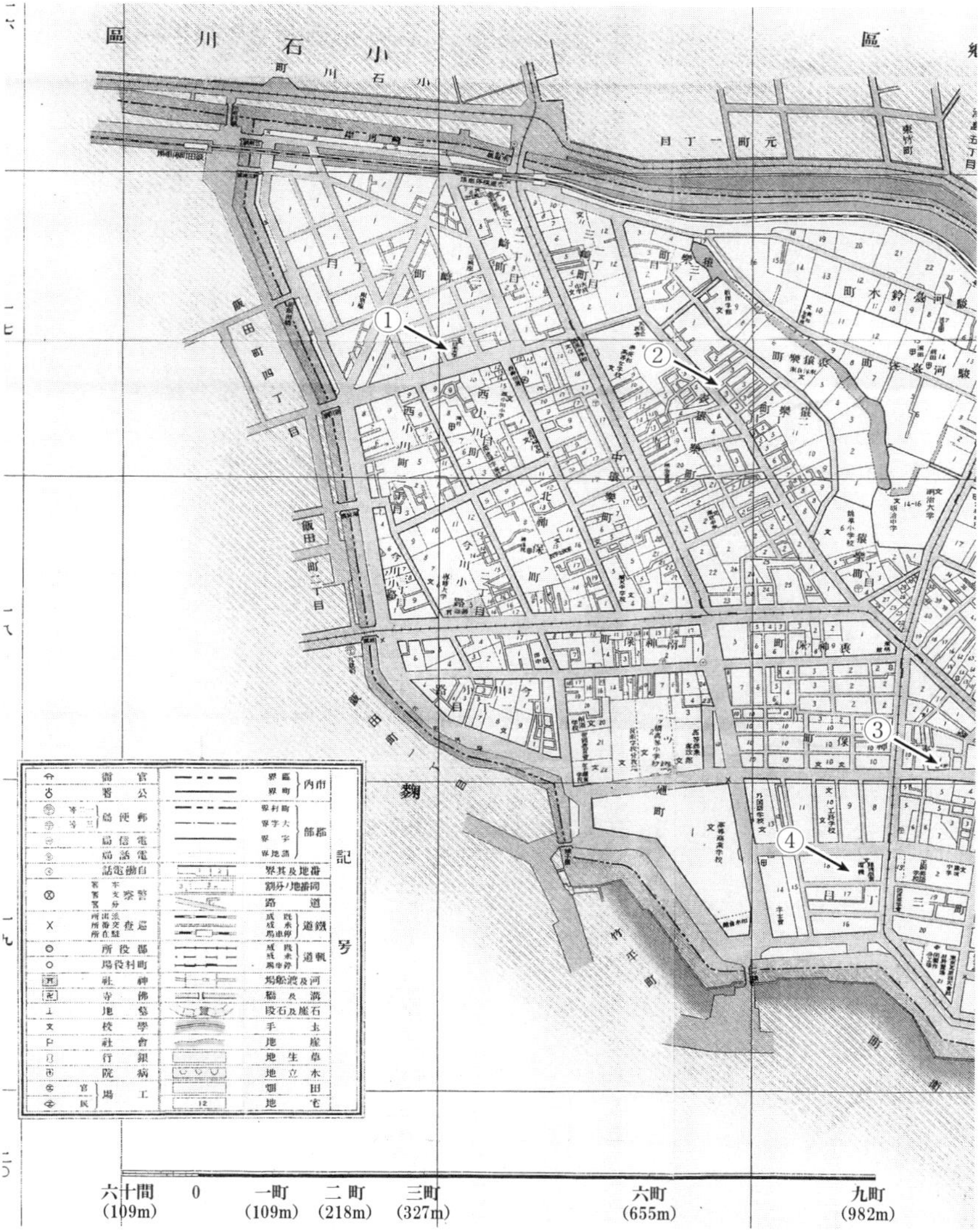

図3-2　旧神田区における

①日本大学（三崎町3-1）後藤桃水が上京当時に在籍。②追分節研究会（猿楽町2-3)。③新声館（表
追分節演奏会開催。⑥大日本民謡研究会（千代田町13)。⑦東京キリスト教青年会館（美土代町

出所：東京逓信局編纂「東京市神田区」1920年印刷発行（第2版。初版は1911年印刷発行）等をもとに畑中朋子氏

図3-4　錦輝館催し物会場

出所：梅村紫声「錦輝館三代」『映画史料』第十七集，1969年，6頁。

図3-3　錦輝館正面

出所：梅村紫声「錦輝館三代」『映画史料』第十七集，1969年，6頁。

どである[43]。錦町警察署の署長には政治警察の熟練者が任命されたことで有名で[44]、社会主義活動家・荒畑寒村はユーモアを交えて次のように回想している。

大演説会はたいてい神田のYMCA会館〔青年会館をさす〕か錦輝館に開かれた関係上、いつも錦町の更科某という警部が臨監し佩剣《はいけん》の柄を握ってスックと立ち、「弁士、中止」ッとか「解散ッ」とか、叱咤するように命令するところはなかなかの名演技[45]〔。〕

その荒畑も一九〇八年に錦輝館を舞台とした赤旗事件の際、大杉栄、堺利彦、山川均ら一五名とともに検挙された。山口孤剣の出獄歓迎会が行われた直後、参会していた社会主義者の一派が赤旗を振り回して警察と衝突したのである。

錦輝館はまた、一八九七年ヴァイタスコープ上映により、東京ではじめて映画興行が行われた場所としても知られている。活動写真の常設館となったのは一九一一年、それ以前は演芸の興行を含むさまざまな催し物に利用された。

後藤桃水の追分節普及はこのような時代の空気のなかで進められた新興の文化運動であった。会場の選択肢が限られていた点では、当時の政治運動と変わらない。ホールでうたうことは、一歩間違えば取締の対象ともなりえたのである。錦輝館は民営の貸席ながら、その立地と進取の気性に富んだ経営方針から、神田の青年会館と同様に政治運動や文化運動の主要な拠点として機能していたのである。

7　和強楽堂

和強楽堂は東京府教育会の通俗教育施設である。

東京府教育会は府下の教育の改良進歩を図ることを目的とした組織で、教員養成、各種講習会、教育上の研究調査、出版といった通俗教育の推進事業を展開した。事務所は転々としたが、一九〇三年から関東大震災まで神田区錦町一丁目二〇番地（元東京府立第一高等女学校校舎内）に落ち着いた。

一八九三年ごろに着手した通俗教育活動は当初目立つものではなかったが、敷地内に和強楽堂が建設された一九〇五年春を境に一気に活発化する。収容人数は約八〇〇人、神田の青年会館や錦輝館に近く、市電によるアクセスが至便であった。主催事業として音楽会、幻燈会、琵琶会、学芸講演会、学術講談会を開催し、貸会場として外部団体の利用にも応じた。裁縫教授法研究会、帝国画報社学術講演会、能楽大会、宗教団体による集会やイベント（救世軍大会や仏教演説会など）、武術講習会、日本士風会演芸会など、通俗教育の趣旨に反しない限り、さまざまな外部団体が和強楽堂を活用した。観客は学生、会社員、その他付近の者が多かったと報告されている。趣味の涵養や徳育も目指しており、東京府教育会機関誌『東京教育雑誌』には「国運発展の大勢に鑑か《ママ》み帝国の中枢たる我が東京府民をして高尚の趣味開豁《かいかつ》の気象を養成し以て我か《ママ》人文進化の指導たらしめんとの目的」に向けて建設されたとある。

一九〇五年といえば折しも日露戦争が終結し、講和条約反対国民大会が開かれ、日比谷焼討事件が起こった年である（さらにいえば、後藤桃水はこの年に上京した）。事件勃発翌日の九月六日、政府は東京府下一帯に戒厳令を施行して集会を禁止し、新聞・雑誌の発行を停止させた。新設まもない和強楽堂もその影響を被らなかったわけではないが、事件の約一ヶ月半後には「最早一般の形勢平穏に復したるを以て爾後引き続き社会改良に関する諸種の演芸会を催す」見通しが報道されている。(49)このとき計画されていたのは、薩摩琵琶、講談、教育関係者による講演であった。

関東大震災の折に火災により灰燼に帰して以降、和強楽堂はほとんど忘却の彼方へと追いやられた。盛時の面影を伝える次の描写は貴重といえよう。

会堂の前面には、通行人繁き神田橋通りの大路に面して、新〔た〕に常設掲示場を設け、煌々たる電燈の光は、筆痕鮮〔やか〕にしるされたる当日のプログラムを照〔ら〕しつゝあり。場に入れば、階欄に張られたる幔幕は、新調の紫色ゆかしく、数百の椅子腰掛《ベンチ》は、整然として階上階下に列る。正面反対の階上には、活動写真機械配置せられ、左方窓下には、実物幻燈器械の装置あり、共に電流送受の方法全くとゝのひ、壇上に張られたる純白の幔幕に対して、巧妙鮮麗の映写をおくるべく準備せらる。まさしくこれ、晩風微雲を払ふて月将にいでんとするの光景、四囲たゞ爽涼清新の気漲るを覚ふ。(50)

ちなみにこのときのプログラムは、活動写真（「以太利兵士の雪滑り演習」、スイス山間の牧畜・乳業記録映画）、二木謙三医学博士による腹式呼吸法についての講話、講談（神田松鯉による赤穂義士談）、再び活動写真（長良川鵜飼漁の光景、劇映画「孝行兵士」）、そして「稀代の名会長」として長く東京府教育会長を務めた岡部長職子爵がドイツから取り寄せたという実物幻燈器械（当時国内には四台しかなかった）の映写であった。映し出されたのは、各種勲章、織物見本、貨幣、時計、人形、花卉草木、殉職した佐久間勉海軍大尉の姿や遺書などであった。

機関誌においては「社会教育の壇場といふも可なり、通俗教育の公館なりといふも亦妨げず……本会の窃に誇とするところなり」[51]と胸を張るものの、実験的な事業に対して批判がないわけではなかった。一九〇七年には『読売新聞』が「和強楽堂に対する批難」の見出しで、当初通俗教育を主眼として建設されたにもかかわらず寄席や劇場と同様、筑前薩摩琵琶などの開催に熱中していると批難する者が多いと伝えている[52]。また一九〇九年には、警視庁の興行物取締強化により月に二回以上の薩摩琵琶演奏会が禁止されることとなった。その理由は次のとおりである。

（一）学校と密接し興行場として不適当なり
（二）常設の慈善興行は許さず
（三）学生を出演せしめ父兄の反感を買ひたり
（四）虚偽の報告を作つて其筋に差出すことあり
（五）貸席なるを以て演芸は為す能はず[53]

教育・社会事業と興行の区別が問題とされたのである。こうした批判に対して東京府教育会はどのような姿勢をとっていたのだろうか。

薩摩琵琶ではないが、浪花節が非常な流行をみた際、東京府教育会は会員を対象に「最も穏健」とされる女雲右衛門一座の試聴会を催した。どのような通俗教育的価値があるか、欠点があれば改良できるかどうかを検討するためである。報告記事では、浪花節も芸術的観点からすれば「頗る浅薄幼稚」だが忠臣義士を謳う点においては「必ずしも捨つべきにあらず」とされ、薩摩琵琶も同様であると評された。また、通俗教育に適しているかどうかを判断するには「芸術的価値には、つとめて寛大なることを要す」るのであり、「芸術的に平凡なる公衆は、これに向かふて多大の嗜好を持つてふ事実は争ふべからず」[54]との見解も示された。第1章で論じたとおり、通俗教育においては権力を国民全体に浸透させる「やわらかさ」が肝要である。愛国、教化という意味で通俗教育の目指す方向と一致し、市民的娯楽、趣味のあり方として模索する余地ありとの見解を示したうえで、記事は読者に通俗教育的観点からの「公平なる批判」を求めている。

このように、和強楽堂は「高尚の趣味」「清雅なる娯楽」(55)のいわば実験場ないし孵卵器として、知識人・学生のあいだの琵琶流行に一役買っていたわけである。

後藤は「準備工作」のため、人気の琵琶奏者であった永田錦心や豊田旭穣らと共演して集客を図ろうとした。その目論見にはホールの効用に対する期待が透けてみえる。学校での演奏は許されなくても、教育施設である和強楽堂で演奏することによって、追分節や尺八が「高尚の趣味」「清雅なる娯楽」となりうることをアピールしようとしたのである。

8　神田の青年会館と全国民謡大会

後藤にとって神田の青年会館はとりわけ得がたい大規模会場であった（図3－5）。田中正平らによって先導された邦楽改良の波に乗ったことで、普及活動に有利な会場を利用することができたのは幸運であった。この建物が当時の東京の風景のなかでどれだけインパクトをもっていたかは次の文章をみても明らかであろう。

九段坂上より東方を望めば、群衆せる千堂万家を凌ぎ、天を摩する二個の建物を見る。左なるは結構窄々白亜燿然たるギリシヤ正教会にして、右なるは構造堅固、意装美麗なる東京青年会館なり。邸内三〇〇坪の余地あり、四時の草樹鬱蒼として本館の美を添ふ。

本館は前後二部に分たれ、前部は三階造りにて、下階に入るには左右の側面よりし、内に運動場、教室、台所、暖室、蒸気炉室あり……装飾美麗殆んど、学生宮殿とも称すべき迎賓室あり、会員の慰楽に供す。……集会室は景色清絶にして、塔と、その傍なる物見台に出れば、満目帝都の風景を襟帯に挟むが如し。猶本館の後方には、一〇〇〇人を容れる講堂あり[56]」。

ひしめく家々のなかにそびえたっているのは、白く輝くような正教会のニコライ堂と緑の庭木が目にもまぶしいレンガ造りの美しい青年会館。そこでは映画上映や洋楽の演奏会、演芸会、政治演説会、学術講演会などがさかんに催された。学校の講堂で開催しようとしても、東京市教育会に断られた苦い経験をもつ後藤にとって、集会の内容についてはリベラルで、一〇〇〇人もの観客を収容できる講堂をもつ青年会館は願ってもない会場なのであった。

図3-5　東京キリスト教青年会館（東京 YMCA）

出所：斉藤実『東京キリスト教青年会百年史』東京キリスト教青年会，1980年。

神田の青年会館では後藤による追分節普及活動の集大成と目される全国追分節大会（一九二一年一月二〇日）が開催された。新聞広告にはうたい手、尺八演奏家の名のほかに後藤による講演「民謡について」が、また記事には後藤と近しかった政治家・澤来太郎による講演が予告されている[57]。同広告で目をひくのは後藤による講演の題に、約四ヶ月後に開催される第一回全国民謡大会を先取りしてか、「民謡」の語が用いられている点である。明治末以来、邦楽改良の文脈で試みられたように、追分節に集中的聴取を求めることはその自律化を促すことに等しかった。さらに政治家や主催団体代表者による講演は、いうまでもなく威厳化の身ぶりであった。寄席演芸の延長で演唱空間の拡大をはかった安来節とは対照的である。

同年五月一二日、一三日にはついに全国民謡大会が開催された（図

図3－6　第一回全国民謡大会
上段２列目，左から５人目のあごひげの人物が後藤桃水。
出所：富山市教育委員会蔵。

3－6）。主催は後藤を中心とした大日本民謡研究会である。広告に記されたプログラムと出演者は次のとおりであった。

追分節　北海道三浦寒月　山下賢太郎　東京太田　北海　尺八後藤桃水
磯節　磯節〔関根〕安中　大洗大澤ます
安来節　安来町櫛出花子　田中謙助
博多節　福岡家庭音楽会々員
相馬節及流れ山　相馬森久四郎外三名
さんさ時雨　仙台藤井うめ
玄如節　会津の佐瀬仙之助外三名
おはら節　越中八尾町吉永〔江尻〕豊治外
木曾節　木曾福島伊東町長外十名[58]

九つの演目が並び、雑多な芸を排してそれぞれの民謡に集中的聴取を求める意図がみてとれる。当時は現代のように各種の民謡をうたいこなす民謡歌手がいたわけではなく、〈本場〉のうたい手たちが共演するスタイルであった。全国民謡大会と銘打ってはいても、すべての地方や道府県を網羅しているわけではなかった。それだけに、じっさいに舞台に上ったのはどの民謡だったのか、出演したのはどのような人びとだったのかに注目することで、大会の性質が浮かび上がってくる。

追分節の「三浦寒月」は、江差追分の前唄を確立したといわれる三浦為七郎である。追分節大会出演（一九一九年）を通じて、後藤とすでに知り合っていたとみられる。追分節、江差追分と後藤の関係、その背後にある邦楽改良運動についてはすでに述べた。

安来節については、興行において華やかな成功をおさめていた出雲芸者を起用することはなかった。江差と同じく、明治期から「正調」確立に着手していた安来において定評のあった渡辺糸に出演を申し込んだのである(59)。そのうたいぶりは浅草でうけたものとはだいぶ異なり、「どちらかと云へば男性的なそしてさびのある声」だったという(60)。台湾巡業と重なったために全国民謡大会には出演できなかったが、それでも、新聞広告には渡部糸を家元とする正調安来節保存会の重鎮田中謙助の名がみえる。

おわら（広告では「おはら節」）については、すでに本場として名が通っていた八尾町の町役場宛に出演依頼があった。その報を伝える地元の新聞記事は、おわらをとりまく状況についても述べているのでみてみよう。

> 小原節と云へば云ふまでもなく嘗て本県主催の一府八県連合共進会（大正二年共進会）の演舞館で上演の結果、江湖よりゴ多分の歓待を受けて爾来今では県下は云ふも更なり蓄音機にまで吹込まれてヤンヤと持て囃さるゝやうになり、流暢にして面白き節廻しは本場の八尾町よりも寧ろ他地方から非常に歓迎され、酒宴の席には無うては叶はぬ噪《さわ》ぎ唄の一つとなつて居た……同町有志側も之〔出演依頼〕を機に大々的に小原節後援会を組織

して……信《ママ》の小原節を紹介し今日まで附近の農民が興行的に各地を振り廻して強か傷つけられた其の名声を挽回せんと目下之が組織を協議中である[61]〔。〕

おわらの最古のレコードは一九一三年に高岡の時計商が企画販売したもので、京都の東洋蓄音器株式会社で吹き込まれた[62]。八尾町有志が後援会まで組織しようとやる気を出したのには、周辺農民による興行によっておわらの名声が傷つけられた背景があるとしている点も興味ぶかい。というのも全国民謡大会が行われたころ、八尾町近郊の古里村や熊野村の青年が県内あるいは関東の劇場で興行を行っていた。県内では石動町末広座で八尾のおわらを騙り、猥褻な芸を無鑑札で演じたかどで差し止めを命じられた例がある。東京の有楽座では熊野村の青年が中心とみられる「小原節今井一行」が三日間興行を打ったこともあった[63]。八尾町役場や有志は全国民謡大会が興行とは一線を画するイベントと判断したのであろう。出場を名誉挽回の機会と受けとめたのである。

八尾町の名物小原節は同橋爪粋町長の指金で愈々出場することになつたに就て爾来八尾俳壇が万事其の世話役となり一粒撰りの小原節名手数名を物色して猛烈なる温習研鑽を重ねた末……之が出場予行として同町料理店恵比寿亭楼上に於て公開する事となり一般来聴者より忌憚なき批判を乞ふて尤も優秀なる唄ひ手、弾き手三名を抜擢し出場経費全部は町負担と云ふ大馬力……上演する小原節は三名の最も得意とするもので文句は左の如くである

白銀の光波立つ海原清く、里は黄金のオワラ稲の波、
十五夜の御月様でもあてにはならぬ、四五日逢はねばオワラ角がたつ、
草深い田舎生れの蛍じやけれど、今宵は都のオワラ蚊帳の中[64]。

町長の肝煎りで稽古や選抜が行われ、世話役は旦那衆を擁する八尾俳壇、出場経費のすべては町が負担し、事前に一般公開のリハーサルを催して来場者からの批判を乞うとは、いかにも入念な準備ぶりである。出演者の手配にあたって、後藤桃水が地域の指導者層にはたらきかけたことがうかがわれる。

木曾節はその普及宣伝活動に熱心であった伊東淳《すなお》町長名義の参加であったことがわかる。伊東町長は木曾踊の振興策として独自の免状制度を設け、木曾節・木曾踊を紹介する冊子の発行、音楽学者・田邉尚雄との親交などを通じた普及活動を行った。若いころから木曾節をよくうたい、一九一一年、木曾福島駅における中央線全線開通の式典で独自に工夫した木曾節・木曾踊を地元芸妓に演じさせ、一九一五年に町長となってからは宣伝活動を展開した。(65) 就任翌年には『信濃日日新聞』で「木曾谷切つての風流才子」「お祭り町長」「木曾踊学校長」などさまざまな異名が紹介されるほどであった。木曾節・木曾踊の解説や木曾にちなんだ文芸などを盛り込んだ『木曾のなかのりさん』（一九一六年初版）の刊行も宣伝普及の一環である。

改訂をくわえながら版を重ねた同書のうち、筆者がこれまでに確認することができたのは第二版（一九一七年刊）と第三版（一九二二年刊）である。第二版では全一二一頁のうち一〇〇頁あまりが文芸にあてられ、歌詞、木曾にちなんだ和歌、俳句、詩、紀行文などが掲載された。町長になる以前の伊東淳が乗鞍岳まで届きそうな澄んだ声で木曾節をうたった姿を捉えた、長谷川天渓による記事も収録されている。これらはすべて、木曾節の高尚さ、野卑に流れない素朴さをアピールするためのものであったと考えられる。

ところが第三版では文芸はことごとく削除されてしまう。新たに掲載されたのは、田中正平と近しい田邉尚雄による序文であった。

　踊るといふことは人間の感情を発表する最も直接且つ痛快な方法であつて、世界中如何なる国民と雖も踊らない国民は無い。……此頃盆踊を以て風教に害あるものとして之を禁止しようとする意見を持つて居られる人が間々あるが、風教を害するのは社会教育の至らない為めであつて、踊りが之を導くものではない。踊つて居る間に悪事は行はれ得ないのである。唯盆踊を奨励するために適当なる手段を研究することは必要なること、言はねばならぬ。……盆踊の三要素たる歌詞と音楽と踊り方と、此の三拍子揃ふて、最も上品な、最も面白い、且つ最も芸術的なるものは「木曾のなかのりさん」を措いて日本国中に他に一つもないと信ずる。我々は此の踊を広く普及せしめて、斯のイタリーのタランテラ、フランスのメヌエツト、ドイツのワルツ、ポーランドのポルカの如く世界に向かつて日本の国民的民衆舞踊を代表するものたらしめんことを希望する次第である。(66)

踊りの普遍性、高尚さ、芸術性を強調し、盆踊なかんずく「木曾のなかのりさん」(伊東町長の推進する木曾節の節および木曾踊の踊り方)を西欧諸国の「国民的民衆舞踊」に並ぶ世界的なものとして発展普及させようと唱えている。盆踊が風教を害するという見方は日露戦争期以前に行われた弾圧の背後にあったもので、この序文が書かれた一九二二年にも存在していたが、社会教育によって解消されると述べている。通俗教育に続いて登場した社会教育という概念が、田邊の論理においては、盆踊を祝祭的・歌垣的要素から切り離し「歌詞と音楽と踊り方」の三要素からなるものとして擁護することを可能にしている。

また、第三版には田邊の手ほどきにより北白川宮、久邇宮はじめ一〇名以上の皇族が「木曾のなかのりさん」を楽しんだという記事が新たに盛り込まれた。皇族が一地方の盆踊を自邸で踊るとは不思議に思われるかもしれない。これは趣味の高尚化・多様化を目指す邦楽改良運動とともに推進された「家庭踊」への導入として上流・中流階級に紹介されたものであった。(67)

田邊尚雄の著した『家庭踊解説』(音楽と蓄音機社、一九二二年)には木曾踊を素材として家庭踊に改作された「春の弥生」が紹介されている。また伊東町長が普及に努めていた「木曾のなかのりさん」の歌詞のうち「極く上品なもの」と、「多少上品に改め」た踊りの手を「家庭踊の番外」として収録している。田邊は理学士の学位をもつ知識人であったばかりでなく、宮内省式部職雅楽部講師も務めていた。師の試みをうけて、みずからの家族や親戚・知人をもまきこんでさらに研究をおしすすめ、皇族に直接手ほどきをするまでになったのは一九二一年、奇しくも全国民謡大会が開催されたまさにその年であった。翌年刊行された第三版が木曾節の東京進出どころか、上流階級進出記念号の観を呈している背景には、このような事情があったのである。

ここで私たちはあらためて博多節の演奏者が「家庭音楽会々員」となっているのに気づかされる。「家庭音楽」とは欧米の音楽事情が広く紹介されるようになった一九一〇年代から知識人や音楽家のあいだで唱えられたもので、家庭団欒にふさわしい音楽を意味する。(68) 家庭音楽の目的は音楽鑑賞や子弟の音楽教育ではなく「一家団欒、和気溢る、の中に優美高尚なる趣味を得しめんが為」(69)とされ、音楽は「家族の情緒的結合の実現手段」(70)と考えられた。その主たる実践者は女性と子どもであり、三越などは早くから「音楽のある上質で理想的な生活様式」(71)を消費者に伝えるべく、店内でのコンサート開催、三越少年音楽隊結成などに動いていた。

「家庭音楽会」というのは福岡に拠点をおく出版社「大日本家庭音楽会」（一九〇八年創業）の通信教育講座の受講者組織である。(72) 創業者・坂本五郎が考案した琴の楽譜を出版・販売していたが、通信教育、楽器販売へと事業を拡大した。一九一九年には琴、尺八、三味線、ヴァイオリンなどの通信教育を全国的に展開している。大日本家庭音楽会は楽譜、講義録、楽器類に独自の工夫をほどこし、特許を多数得ることによって他社との競合に臨んだ。社名、会誌名に用いられた「家庭」の語も「本会に専許されたる登録商標」として他の組織が使用することを牽制した。

尺八はヴァイオリンに次いで人気を誇った科目であり、その講義録には追分節に好意的な内容も含まれていた。いわく「追分節を遺憾なく演奏し得る楽器は……只尺八のみ」。音楽界の檜舞台では新日本音楽の嵐が吹いていたが、アマチュアや家庭音楽向けの指南書には「追分には追分の特種の手法があります……只琴三絃と合奏する様な吹き方では決して追分にはならぬ」と、いかにも後藤桃水を喜ばせそうな文句が並んでいる。(73) 大日本家庭音楽会は中猿楽町に東京支部を置いたため[74]、後藤はここを通じて出演者を手配した可能性もある。

木曾福島の伊東淳町長と福岡の大日本家庭音楽会の関与からみえてくるのは、邦楽改良は中央の知識人だけでなく、地方で指導的な立場にある人びとの手によってもさまざまなかたちで実践されていたという事実である。

彼らの目的はかならずしも邦楽改良そのものや、国民音楽創生といった遠大なものではなかった。伊東町長は町おこしの一環として家庭踊に相乗りし、大日本家庭音楽会は家庭音楽への関心の高まりを事業化した。そう考えれば、後藤の行動とさして変わらないといえるだろう。それぞれの目的をもちながら、彼らは邦楽改良という同じ船に乗り合わせたようなものであった。

ところで、全国民謡大会の入場料は一円と二円の二種に設定された[75]。当時、一〇銭から三〇銭の範囲で入場料をとっていた寄席と比較すると、かなり高額である。一円といえば、娯楽の聖地浅草の映画館でさえ最も高額の部類にはいる。映画も演芸も、三〇銭もあれば楽しめたのである。ちなみに新中間層、とりわけ台頭しつつあったホワイトカラー層を主要なターゲットとしていた宝塚少女歌劇団が、一九二〇年に帝国劇場で公演を行った際の入場料は特等二円五〇銭以下五段階に設定された[76]。全国民謡大会の入場料はこれと同水準であることから、後藤も新中間層の関心に訴えようとしていたと考えられる。

このように、全国民謡大会は追分節普及運動の延長上に位置づけることができる。神田の青年会館は、後藤桃水にとって威厳化の恰好の舞台であると同時に、各地でそれぞれの文脈に応じてうたわれてきたうたが、邦楽界での音楽の自律化と似たプロセスで舞台芸術化しうると見込まれた空間であった。こうした路線はおもにショウビジネス路線を歩んだ安来節とは対照的に、市民性、アマチュア性を民謡に付与することにつながったといえるだろう。

9　民謡の演唱空間を拓く

本章では日本ではじめておおやけに開催された全国民謡大会に生じた奇妙な取り合わせ（紋付袴、キリスト教、赤レンガ、洋館）の謎解きをしながら、大正期の民謡の展開について考察した。

明治末、北海道江差から名人を東京や大阪に送りこんでの追分節普及宣伝活動がはじまるなか、すでに東京で活動していた後藤桃水は、尺八伴奏で協力する機会を得た。こうした動きは、田中正平ら知識人によって進められていた邦楽改良や演奏家によって進められた邦楽の自律化と連動しながら進行した。

ホールは民謡の普及戦略上、有効な拠点として機能した。劇場へと演唱空間を拡大させても雑多な演芸を取り込み観客との親密な交流を失わずにあくまで寄席演芸であり続けた安来節とは異なり、ホールを足がかりとして普及した追分節その他の民謡は、「威厳化」を推し進めながら、新しい時代における居場所を何とか得ることができたのである。八尾町についていえば、全国民謡大会に出演することは富山におけるおわらの〈本場〉としての八尾町の威信を高め、地位を補強した。それはおわらの方向性として、興行路線とは別の道もあることを示すこととともなった。

ホールでうたうことは、純粋な音楽を成立させる抽象的な演唱空間に身を投じることと同義である。ギデンズ流にいえば、うたが位置づけられていた社会的文脈からの引き離し＝「脱埋め込み」(77)が起こったのである。ただし、各ホールは独自の来歴や設立理念を有することから、新たな演唱空間をうたの新たな社会的文脈として受け入れ、それにふさわしいふるまいや社会関係を構築していく「再文脈化」も同時に進行していた。こうしたプロセスを通じて、江差追分の正調確立に向けた動きや邦楽改良運動との接触から全国民謡大会の系譜上に演唱空間の拡大をはたした地方のうたは、本章で取り上げた三つのホールが象徴していた市民性、政治性、アマチュア性、実験性を受け入れ、自律性と威厳／尊厳（dignity）をそなえた芸能へと再構成されていったといえよう。

関東大震災後、全国の青年団の殿堂というべき日本青年館で「郷土舞踊と民謡の会」が開催されるようになり、ホールでの演唱といえばこの催しが代表的なものとなった。また昭和期に入ると、新民謡運動、俚謡放送などがはじまった。これらの動きは一方では資本主義の深化、他方ではナショナリズムの強化を軸に展開した演唱空間の拡大過程といえる。こうした見方を反映し、民謡研究はうたの商品化や観光産業との連携といった資本主義的側面に関する研究、ナショナリズムの展開と関連づけて論じる研究の二つの方向に限定されてきたきらいがある。

そのようななかで、ホールが民謡に付与した市民性やアマチュア性などはみえにくくなってしまったように思われる。大正期東京においてホールを拠点に展開した文化運動に目をこらすことによって、（安来節の例に象徴されるような）資本主義にも（「郷土舞踊と民謡の会」がその伸長に加担したような）国家権力にも回収されることのないうたの位相にふれることが可能になる。本章で強調したように、神田の青年会館、錦輝館、和強楽堂は民衆のバイタリティーの指標となった空間であった。これらのホールは、取るに足りない、あるいは社会にとって有害であるとさえみられていた地方のうたを、価値ある実践として響かせる役割をはたしたのであった。もちろんそこには複雑な知的、政治的力学が作用していた。

第1章でふれた通俗教育は、国家エリートが推進し、地方の指導者層やインテリが同調した邦楽改良運動と通じていた。東京は行政権力や文化の中心地ではあったが、後藤桃水が走りまわった東京、各地のうた上手たちが集った東京は、「民衆娯楽」（権田保之助）の開拓地ないし実験場として経験された。民謡の普及にたずさわった人びとからすれば「やわらかな統制」に乗じて自己実現を図ったことになる。邦楽改良の思想を理解していたとはいえなくとも、力による統制の経験をもつうたい手、うた好きにとっては、邦楽改良運動に与することは自分たちの居場所を得るのに役立つものだったのである。後藤桃水はその末端で自己流に活動していた存在といえる。運動の中枢にあった者たちがほとんどあずかり知らぬところで、うたうことが名誉とされ喜ばれる場を探したり作ったり、そこに参加したりすることによって、民謡の演唱空間が拓かれていったのである。

注

（1）民謡史研究者の藤澤衛彦は「民謡講演演奏の会は、千九百十八年、女子音楽学校に於て行はれたのが最初で……それが刺激となって千九百二十一年に、全国民謡大会が開かれた」と述べている（藤澤衛彦「民謡蒐集保存研究と新民謡の提唱」『民謡詩人』第二巻第六号、一九二八年、二四〜二五頁）。「民謡講演演奏の会」は『日本民謡協会史』（菊池淡狂、日本民謡協会、二〇〇〇年）では一九一九年に開催されたとされる民謡講演ならびに演奏会であると考えられるが、その正式名称については定かではない。また、公開性や規模についても明らかではなく、文学者・研究者の同人向けに比較的小規模に行われた可能性もある（ちなみに開催にあたって中心となったのは馬場胡蝶、野口雨情、霜田史光、藤澤衛彦、藤森秀夫らであった）。したがって、現段階では後藤桃水率いる大日本民謡研究会が主催した全国民謡大会を「民謡」の語を冠しておおやけに行われたはじめての演奏会であると位置づけることにする。

（2）後藤桃水「民謡とともに五十年」『民謡』第一号、一九五二年。記憶違いであろうか、それとも何か意図があってのことだろうか、開催年がずれている。この回顧談ばかりでなく、後藤は一貫して全国民謡大会の初回開催を一九二〇年とした。開催年の詳しい検証については長尾洋子「全国民謡大会と邦楽改良運動」（おわらを語る会『おわらの記憶』桂書房、二〇一三年所収）および本章注（1）を参照。

（3）小宮豊隆編『明治文化史　九　音楽演芸』原書房、一九八〇年、五〇〇〜五〇三頁。

（4）笹原亮二「引き剥がされた現実――『郷土舞踊と民謡の会』をめぐる諸相」『共同生活と人間形成』第三・四号、一九九二年。永渕康之『バリ島』講談社、一九九八年。

（5）Hughes, David, *Traditional Folk Song in Modern Japan*, Global Oriental, 2008, pp. 114-115.

（6）石河幹明『福澤諭吉伝　第2』岩波書店、一九三二年、二三九頁。

（7）石河幹明、前掲書、七八五頁。

（8）斉藤実『東京キリスト教青年会百年史』東京キリスト教青年会、一九八〇年、二七〜二八頁。「厚生館貸与」『読売新聞』一八八四年四月八日。田邊健雄・杉田謙「三田演説館と明治会堂について――我国における公会堂建築の先駆として」『一九八九年度日本建築学会関東支部研究報告集』一九八九年、二六五～二六八頁。厚生館は農務省から民間に払い下げられて一九〇一年に旅館となり、関東大震災の際、焼失した。

(9) 斉藤実、前掲書、九〇～一〇三頁。

(10) 斉藤実、前掲書、九八頁。

(11) 嶋村明彦「庶民のフロンティア――神田区」玉井哲雄編『よみがえる明治の東京――東京十五区写真集』角川書店、一九九二年、八〇頁。神田に学校や書店が集中的に立地するようになった歴史的条件および経緯については、鹿島茂『神田神保町書肆街考――世界遺産的〝本の街〟の誕生から現在まで』(筑摩書房、二〇一七年)に詳しい。

(12) 東京市編『東京案内　上巻』明治文献、一九七四年、二〇七頁(一九一〇年刊の復刻版)。

(13) 笹原亮二、前掲論文。笹原亮二「芸能を巡るもうひとつの『近代』――郷土舞踊と民謡の会の時代」『芸能史研究』第一一九号、一九九二年。

(14) 東京府教育会編『通俗教育都人の趣味』東京府教育会、一九一六年。権田保之助『権田保之助著作集』文和書房、第一九七四年。

(15) 芸能史研究会編『日本芸能史　七　近代・現代』法政大学出版局、一九九〇年、九一頁。

(16) 石田信夫『安来節』中国新聞社、一九八二年、一一九～一二三頁。

(17) 石田信夫、前掲書、一二二頁。

(18) 権田保之助、前掲書、一八八頁。

(19) 『東京市統計年表』大正六～一一年における「寄席興行日数及入場人員」表中「興行一ヶ所一日平均入場人員」欄、夜興行入場者数にもとづく。

(20) 石田信夫、前掲書、一七四～一七五頁。

(21) 『東京市統計年表』大正六～一一年における「劇場興行日数及観客数」にもとづく。

(22) 堀切直人『浅草　大正編』右文書院、二〇〇五年、一一六～一三九頁。

(23) 町田佳聲「民謡の移動と流転の実相（江差追分と越後と佐渡のおけさ）」東洋音楽学会編『日本の民謡と民俗芸能』音楽の友社、一九六七年。
(24) 渡辺裕『サウンドとメディアの文化資源学——境界線上の音楽』春秋社、二〇一三年、一九七頁。
(25) 町田佳聲、前掲論文、一〇五頁。
(26) 「哀れ深い歌の節」『東京朝日新聞』一九一二年六月三〇日。
(27) 渡辺裕、前掲書、一一八頁。
(28) 渡辺裕、前掲書、一八八〜一八九頁。
(29) 竹内勉『うたのふるさと——日本の民謡をたずねて』音楽の友社、一九七一年、一〇頁。ただし、これはあくまで当時における基準においてであって、実際の平野の演唱は、後に成立した正調のテンポより早いもの、今日の耳には座敷唄風に聞こえるものなどもレコードとして残っている（渡辺裕、前掲書）。
(30) 渡辺裕、前掲書、一八五頁。ここに湯朝竹山人の評として紹介されているのと同様の評が「哀れ深い歌の節」『東京朝日新聞』一九一二年六月三〇日にもみられる。
(31) Hughes, *op. cit.*, pp. 114-115.
(32) 「追分節演奏大会」『読売新聞』一九一二年七月一二日。「代議士と車夫」『東京朝日新聞』一九一二年七月一六日。
(33) 町田佳聲、前掲論文、一〇五頁。「追分節演芸会」『東京朝日新聞』一九一二年一一月二日。
(34) 「美音会」『東京朝日新聞』一九一三年一〇月二日。
(35) 町田嘉章編『長唄浄観』邦楽社、一九四九年、二四九頁。
(36) 後藤桃水、前掲記事、一九頁。
(37) 後藤桃水、前掲記事、二〇頁。
(38) 後藤桃水、前掲記事、一九頁。演奏機会を確保するために半ば強いられた「威厳化」は、演奏スタイルやジャンルの発生にまで影響した。町田佳聲は大正期東京の追分節について次のように述べている。「……羽織袴で舞台の中央に突っ立ち、尺八を横に従えて堂々とうたっていた……伴奏の尺八としても、前、後、送りと七、八分を長々と吹けるので、自分の技巧も十分発揮することができ、芸として遊べることがその流行に拍車をかけた。民謡尺八家が普通の琴古流とか都山流といった三曲合奏畑の専門芸から分立して、一家をなすに至ったのは、その頃の〈追分尺八家〉の延長なのである」(町田佳聲、前掲論文、一〇八頁)。

(39) 斉藤荘次郎「後藤桃水伝」後藤桃水『宮城民謡』桃水会本部、一九六六年。
(40) 後藤桃水、前掲記事、二〇頁。
(41) 竹本嘯虎「錦輝館と私」『映画史料』第十七集、一九六九年、二一頁。
(42) 田中純一郎『日本映画発達史』中央公論社、一九五七年、六一頁。
(43) 梅村紫声「錦輝館三代」『映画史料』第十七集、一九六九年、二頁。
(44) 斉藤実、前掲書、一〇七頁。
(45) 荒畑寒村『寒村自伝 上巻』岩波書店、一九七五年、一二七〜一二八頁。
(46) 『東京教育雑誌』第一八六号(一九〇五年六月)、三〇頁。
(47) 東京府教育会編『通俗教育都人の趣味』東京府教育会、一九一六年、五六頁。
(48) 『東京教育雑誌』第一八三号(一九〇五年三月)、三四頁。
(49) 「和強楽堂の演芸」『東京朝日新聞』一九〇五年一〇月二〇日。
(50) 『東京教育』第二五七号(一九一一年九月)、五一頁。
(51) 『東京教育』第二七三号(一九一三年一月)、四頁。
(52) 「和強楽堂に対する批難」『読売新聞』一九〇七年四月八日。
(53) 「和強楽堂の興行禁止」『読売新聞』一九〇九年九月一九日。
(54) 『東京教育』第二七七号(一九一三年五月)、四六〜四七頁。
(55) 『東京教育』第二四九号(一九一一年一月)、三頁。
(56) 斉藤実、前掲書、一〇二頁。
(57) 「全国追分大会」『東京朝日新聞』一九二一年一月一九日広告。「全国追分大会」『東京朝日新聞』一九二一年一月一七日。

(58)「全国民謡大会」『東京朝日新聞』一九二一年五月一一日夕刊広告。

(59)竹内勉『民謡——その発生と変遷』角川書店、一九八一年、二五〇頁。

(60)「演芸界　渡辺お糸を聴く」『読売新聞』一九二三年一月三日。

(61)「全国民謡研究会に八尾の小原も参加」『富山日報』一九二一年四月七日。

(62)一九一〇〜二〇年代についてのおわらのレコード、ラジオについては、荒木良一「おわらを伝えたレコード、ラジオ」おわらを語る会編『おわらの記憶』桂書房、二〇一三年。

(63)荒木良一「興行のおわら」おわらを語る会編『おわらの記憶』桂書房、二〇一三年。荒木良一「興行化した八尾周辺のおわら」(二〇一二年五月九日「おわらを語る会」配布資料)。安来節の流行に刺激を受けて活動を開始した小原萬龍一座についても『おわらの記憶』に収録された同タイトルの荒木論文参照。座員に富山県人は含まれていたが八尾町出身者はいなかった。

(64)「世に出る小原節」『富山日報』一九二一年五月一二日。

(65)中原ゆかり「長野共進会の木曽節——ふたつの木曽節をめぐって」(『愛媛大学法文学部論集　人文学編』第四一号、二〇一六年)は、伊東淳による普及宣伝活動およびその前後の木曾節について詳細に検証している。

(66)伊東淳編『木曾のなかのりさん』加藤清助、一九二三年、一〜五頁。

(67)中原ゆかりによれば、美音倶楽部メンバーの経済学者・和田垣謙三が一九〇七年ごろに飛驒高山で芸者から教わった盆踊に「木曾の御嶽さん」があり、田中正平にうたと踊りの振りを伝えたところ、田中が改良して美音倶楽部で踊るようになったという(中原、前掲論文、三四頁)。また「物好銘々伝(三十)」『東京朝日新聞』一九一〇年二月十一日によれば、田邉尚雄の談として、一九〇八年ごろに木曾に遊んだとき「木曾節の盆踊り」を知るにおよび「余りの面白さに其の仲間に加はつて習ひ覚えたが爾来田中博士と共に其の普及に力を尽した」とある。田中と親しい者が同じような時期にあいついで木曾節(「木曾のなかのりさん」とは異なる節と囃子詞でうたわれる)に魅せられ、田中に紹介したのである。「春の彌生」にアレンジされたのは、伊東町長登場以前、和田垣や田邉が東京に持ち帰った木曾節であった。

(68) 周東美材「鳴り響く家庭空間――一九一〇‐二〇年代日本における家庭音楽の言説」『年報社会学論集』第二一号、二〇〇八年。
(69) 青木露湖「家庭音楽と唱歌」『音楽界』第六巻第一二号（周東美材、前掲論文、九八頁からの引用）。
(70) 周東美材、前掲論文、九八頁。
(71) 周東美材、前掲論文、九九頁。
(72) 上野正章「大正期の日本における通信教育による西洋音楽の普及について」『音楽学』第五六巻第二号、二〇一一年。大日本家庭音楽会ウェブサイト（http://www.dainihon-kateiongaku.co.jp/kasyaan.html）。
(73) 大日本家庭音楽会編『尺八講義録』大日本家庭音楽会、一九二六年。
(74) 出版物の奥付から、一九一六年には中猿楽町に東京支部を置き、一九二六年までに神田須田町に移転していたことがわかる。
(75) 「民謡の全国大会」『読売新聞』一九二一年五月一二日。
(76) 市橋浩二『宝塚歌劇五十年史』宝塚歌劇団、一九六四年、一二九頁。
(77) ギデンズ、アンソニー「ポスト伝統社会に生きること」ウルリッヒ・ベック、アンソニー・ギデンズ、スコット・ラッシュ『再帰的近代化――近現代における政治、伝統、美的原理』松尾精文・小幡正敏・叶堂隆三訳、而立書房、一九九七年（Giddens, Anthony, "Living in a post-traditional society", Ulrich Beck, Anthony Giddens and Scott Lash, *Reflexive Modernization: Politics, Tradition and Aesthetics in the Modern Social Order*, Polity, 1994）。

第4章　歌詞創作と近代詩運動
――新たな郷土の姿

1　富山における近代詩運動の興隆

本章では、一九一〇～三〇年代の富山県における近代詩運動がおわらとどのような関係にあったかを探り、それがいかなる地方性を現出させせたかを考察する。ここでいう地方性とは、地域的個性を意味するだけでなく、〈地方〉に対して想定される〈中央〉との関係を含んだ表象やアイデンティティのあり方をもさす。つまり、どのような地方性が現出したかを問うことは、〈中央〉とのあいだにどのような関係や距離感が存在したかを問うことでもあり、空間編成の具体的様相を明らかにする作業と直結する。

序章、第1章、第3章において、「民謡」の概念とそれにまつわる実践について述べたが、全国民謡大会が開催されるころにはもうひとつ、重要な動きが起こっていた。北原白秋、野口雨情、西條八十、中山晋平、藤井清水といった詩人・作曲家が「民族的伝統的表現への強い志向」を基礎に「庶民たちのために新しい民謡」(1)を次々と創作した新民謡運動である。

新民謡運動の音楽史的研究に先鞭をつけた小島美子は、この運動によって生み出された作品群を三種類に分類した。すなわち、①当時最も先進的な作曲家が西洋から直輸入された作曲法に深い反省をもち、新たな芸術歌曲として創作した作品（たとえば中山晋平「出船の港」）、②農村の人びとや都会の市民がみずから歌う歌として作られた作品、③「各地の観光宣伝的な新民謡」である。昭和期に入ると観光宣伝用に人気を博した作品以外はほどなく姿を消し、新民謡運動において開拓された表現方法、様式、作家、歌手は結局「レコード歌謡」という商業主義的な新ジャンルに投入された。小島はその要因を、新民謡運動に参加した作家たちが明確な理念や見通しを共有することができず、一方で民衆自身はみずからの音楽的要求を十分に組織化できなかったことに見いだしている。そもそもこの運動の社会的基盤となるべき条件が未成熟な段階にとどまっていたというのである。(2)

小島による研究は、新民謡運動を音楽史上に位置づけ、大正期以降の文化産業の急成長と関連づけた点で重要である。しかし、新民謡運動が資本主義の浸透ばかりでなく、国民国家の建設と不可分であったことを考えれば、単にそれを「商業主義に堕した」とする見方は一面的であろう。

新民謡運動は、文学史的には近代詩運動の一環として位置づけることができる。なぜなら、詩人の民謡創作は民衆芸術論が勃興し、口語自由詩が主流となる大正期において、詩の形式、韻律、題材、内容、語彙、作者、享受者、芸術性、社会性についての議論と切り離せなかったからである。(3)詩人による民謡調の作品が現れはじめたのは明治三〇年代にさかのぼる。(4)一九〇五年には野口雨情の民謡集『枯草』が刊行され、創作民謡では後に雨情と双璧をなす北原白秋が「秋の鄙唄」を発表したのは一九一六年であった。運動といえるほどの伸展をみせたのは、神田の女子音楽学校で民謡講演演奏の会が開催された一九一八年（またはその翌年）である。(5)その中心となったのは、馬場胡蝶、野口雨情、霜田史光、藤森秀夫、藤澤衛彦といった文学者、研究者らであった。この時期、雨情、白秋ばかりでなく、三木露風、白鳥省吾、霜田史光、藤森秀夫らの創作民謡が次々と発表され、一九二一年以降は音楽家との協働により一種の流行現象として展開されるにいたった。

近年、新民謡運動には学際的に展開されているナショナリズム研究において新たな光が当てられ、その意義が問い直されつつある。(6) たとえば民謡を「歌謡や観光にかかわる資本主義という『近代』が国土空間に一元的に浸透していく上での最前線」と位置づける武田俊輔は、大正末から昭和初期にかけて人びとの音楽的欲求は着実に組織化されつつあったとみる。(7) 資本主義は、うたの商品化よりも、むしろ、どんな形態であろうとうたを求める人びとの欲望のあり方を前景化し、一定の普遍性をもったナショナルな空間へと地域や人びとを再配置した点において重要であり、新民謡運動はそうした近代化の過程を端的に示していた。

一方、中野敏男は北原白秋の抒情性に着目し、大正デモクラシーの現れとされる童謡運動・新民謡運動から国民総動員体制に即応する国民歌謡にいたる民衆の心情に連続性を見いだした。(8) 新民謡運動の興隆を促し、能動的に各地の人びとが参画していった背景には関東大震災前後の地方自治制度の変化があったとし、(9) 人びとがうたや踊りにみずから積極的に参加して中央の職業音楽家・作家に関与を求めた背景には、新民謡運動が当時の民衆の音楽的要求を十分組織化しえた状況があったからだと論じている。(10)

これらの研究が示唆するのは、新民謡運動を民衆の能動性の観点から捉え直し、観光や音楽産業の発達、地方自治制度の変化など、その周辺に生じていた社会的動向をも視野に入れることによって、近代がいかに推進され、経験されたのかを探るという新たな視点である。本章はこの視点にたって一九一〇～三〇年代の近代詩運動と民謡の関係を明らかにし、どのような〈地方〉的表象や意識が生じたかを考察していく。

とりわけ注目するのは、詩誌『日本海詩人』を中心に北陸地方、おもに富山における詩人たちの活動である。『日本海詩人』は、一九二六年に結成された日本海詩人連盟の機関誌として創刊された。(11)

大正期、地方青年による文芸誌発刊の全国的動向に呼応して富山でも文芸活動が活発化しており、たとえば室生犀星や川路柳虹も寄稿した総合文芸誌『月見草』、千石喜久が編集兼発行人を務めた『水郷』、氷見で多くの青年を集めた同人誌『聖詩風』などが創刊された。(12) 詩人たちの拠点づくりも進められ、学生時代に川路柳虹の曙光詩社に出入りしていた松本福督が一九一八年に結成した大洋詩社をはじめ、富山や氷見、高岡で組織化の萌芽がみられた。(13)

こうした近代詩運動をさらに推進するものとして登場した日本海詩人連盟は創作民謡の発表や研究の場を提供したという意味で、北陸における新民謡運動の担い手としての顔を持ち合わせていたといえる。

あらためて確認しておくと、おわらは富山県下で親しまれた在来の伝承歌謡である。しかし、新民謡運動の影響は少なくなかったと考えられる。おわら発祥の地とされる八尾町では明治後期から歌詞改良の動きがみられ、一九二九年には越中八尾民謡おわら保存会（現富山県民謡越中八尾おわら保存会。以下、おわら保存会）が発足したのを機に、歌詞の新作募集が大々的に行われるようになった。「うたの町だよ　八尾の町は　唄で糸とる　オワラ　桑も摘む」も、第一回おわら歌詞懸賞歌詞募集で入選した一般の市民による作である。現在もおわら保存会発行の歌詞集には、『日本海詩人』のもとに集った詩人たちの作が掲載されているほか、野口雨情、佐藤惣之助、福田正夫、白鳥省吾らによる歌詞も掲載されている。有名無名を問わず、作者が明示された歌詞、つまり新民謡運動の一環としてつくられた歌詞は、全五七〇首中、一一〇首以上にのぼる。(14) 歌詞の面からみれば、おわらにはまぎれもなく新民謡運動をその内に含む近代詩運動の洗礼を受けた跡がみとめられるのである。

大正末における日本海詩人連盟の発足は、富山の近代詩運動の展開にとって画期的であった。

地方詩人よ、立ちあがれ、われわれは優れたるもの、前には飽くまで頭を下げるであらう。けれども今は徒らに不合理な中央集権なものに鼻息をうかがうてゐるべき時ではない。……詩こそ、自由詩こそ現在から未来への民衆に呼びかけるべき可能性を有する唯一の韻文ではないか。この点から見た地方詩誌の出現が何よりも詩壇に必要なのではなからうか。(15)

富山の詩人・大村正次（一八九六～一九七四）が全国の、とりわけ北陸の詩人に向けてこう呼びかけたのは一九二八年のことである。大村は一九一五年、室生犀星らによって創刊された『卓上噴水』に「金像」を発表（鳳太郎名）、旧制中学で教鞭をとるかたわら詩作に励み、この檄文を発表したころは詩誌『日本海詩人』の主宰者にして高岡新報における詩欄の選者でもあった(16)。中央詩壇の形成に大きな役割をはたした詩話会(17)はその機関誌『日本詩人』において、一九二四年から地方詩壇の動向を紹介し、新人発掘にあたって広く全国から投稿を募っていた(18)。しかし、選評はかなり厳しいもので、全国に散らばる詩人たちにとっては不満の種になりかねなかった。

大村は、詩話会が歴史的意義をもったことはみとめつつも、関係者らは一九二六年の解散以降も権威主義に陥り、私情のからんだ人間関係がくすぶっていると批判した。と同時に、中央の詩人を盲目的に支持した「真面目な地方詩人」に対する忸怩たる思いを抱いていた。全国各地で続々と文芸同人誌が刊行された当時の状況において大村が目指したのは「趣味のため……或は中央文壇への階段」としての役割を超え、「地方文化の開発社会運動或は詩の民衆的運動といふ抱負のもとに、すくなくとも地方民衆に相当の反響を与へ」る地方詩誌であった(19)。

『日本海詩人』(石川・福井版)は詩話会が解散した年の暮れに北陸四県の詩人が結成した「日本海詩人連盟」の機関誌として創刊された。創刊メンバーは白鳥省吾の主宰する『地上楽園』に参加していた千石喜久らである。四ヶ月後には中山輝、山岸曙光子、笠置白粉花、藤田健次らによって富山・新潟版も出され、翌年、大村が主宰者兼発行人となったころから北陸の詩壇の形成と発展に大きく寄与することとなった(20)。連盟事務所は、おもに北陸タイムス社、高岡新報社、越中新聞社、金沢新報社といった、富山・石川の主要都市にある新聞社内に設けられた(21)。埴野吉郎、宮崎健三、井上泰(後の井上靖)は『日本海詩人』から巣立った詩人・作家である。

さて『日本海詩人』(富山・新潟版)創刊のわずか半年後(一九二七年九月)、東京では『民謡詩人』が創刊された。創作民謡はもちろんのこと、詩、童謡、評論、随筆、紀行、時評なども掲載して、従来の民謡雑誌とは一線を画すと評価された「民謡中心の総合誌」である(22)。執筆陣は野口雨情をはじめ当時の民謡詩人のほとんどを網羅し(ただし北原白秋を除く)、研究・評論では藤田徳太郎、藤澤衛彦、湯浅竹山人、外山卯三郎らが寄稿した。一九二九年二月に終刊となるが、創作民謡にたずさわる詩人の育成・地位向上と民謡詩の普及、民謡に関する研究・評論活動の推進などに大きく貢献した。

『民謡詩人』の編集兼発行人は藤田健次であった。詩作のほか、北原白秋編『日本民謡作家集』(大日本雄弁会、一九二七年)付録「民謡年項」の作成で知られる人物で、すでに述べたとおり『日本海詩人』(富山・新潟版)創刊にもたずさわった。その影響であろうか、『日本海詩人』と『民謡詩人』の執筆者は部分的に重なっている。藤田自身はいうまでもなく、大村正次、中山輝、山岸曙光子、藤森秀夫、満久秀麿らの名が両方の詩誌にみえる。

このように、北陸における近代詩運動の台頭は、大正末における中央詩壇の分裂と、富山人脈がその重要な一角をなす民謡詩人・評論家の糾合と時を同じくしていたのであった。

2 近代詩運動接触以前のおわらの文芸的側面

改良主義の影響

おわらの歌詞の最も古い記録は、「伝説・俗謡・童話・俚諺調査答申書」(婦負郡役所、一九〇六年)に収められている。これは第1章で検討した「童話伝説俗謡等調査」通達を受けて作成された報告書の一部である。[23] 婦負郡八尾町において採集されたのは次の歌詞である。

奥山の滝に打たれしあの岩の穴　何時《いつ》ほれたともなく(小原)深くなる
一日もなかぬ日はなし　人こそ知らね　奥山そだちの(小原)ほととぎす
雨戸《あまど》押しあけ空うち眺め　あの星あたりが(小原)ぬしのそば
朝草に刈り込められしあの蟋蟀《きりぎりす》　なくなく駒につけられ(小原)行くわいな
来《きた》る春風氷がとける　うれしや気儘に(小原)ひらく梅

上新川郡からは「流行おはら節」として、次の三首が記録された。

来ては　がたがた雨戸にさわる　心まどわすオハラ南かぜ
義理をたてれば　なさけは立たん　りょーほたてればオハラ身たたぬ
十五夜の月のまるさとこいじの文は　江戸も田舎もオハラおなじこと

おわらの基本的な詞型は七七七五からなる二十六音四句である。下句七五の間に「オワラ（小原と表記されることもある）」の語が挿入されるのがおわらの特徴で、内容については、ここに掲げたどの歌詞にも男女の情愛や遊里に関するモチーフが見え隠れしている点に目配りすべきであろう。たとえば、第一首「奥山の滝に打たれし〜」では、上句の「穴」に掛けて、下句で「ほれた」と受けている。これは「掘る」と「惚れる」を掛けて、「深くなる」のは穴ならぬ情、あるいは縁と解すべき文句であろう。第五首「来る春風〜」の末尾「梅」がうら若き女性を示す近世的比喩であることは、端唄「梅は咲いたか」にうたわれたとおりである。「流行おはら節」第一首「来てはがたがた〜」には「きたよでこんよでおもかげたつよで来てみりゃ　かぜだよどーするこんたね」[24]の囃子詞が添えられていることから、恋心をうたったものだと知られる。次の「義理をたてれば〜」は端唄「あちら立てればこちらが立たぬ　両方たてれば身がもたぬ一番よいのが頬かむり」の変形と考えられる。

このように都々逸、端唄・小唄といった近世の情趣をたたえるおわらの歌詞も、一九〇七年ころから改良が試みられはじめた。「時代の要求は在来の歌詞及び淫猥なるものを許さないので四五年前から八尾俳壇の連中が主となつて盛に新作を試み大に面目を新にする様になつて来た」というのである[25]。ここでいう改良とは、坪内逍遥を中心に進められた演劇改良運動、あるいは国家が多大な戦費をついやした日露戦争後に町村財政と生活習俗の改善というかたちで政府が推進した地方改良運動など、明治期にみられた改革の機運をさす。近代国家建設の一環として西欧を模範とした文化の高尚化や富国強兵、殖産興業を旨とした上からの改革ではあったが、地方改良運動などは町村経済の疲弊からくる必要もあり、国民の側も支持した。

たとえば大正二年共進会（第2章）で披露された大槻如電による歌詞などは改良運動の心性をよく映したものといえよう。これは余興として舞台で演じられた「小原節踊」のために新作されたものである。

御代は大正裏日本も汽車がかよへば表《おもて》みち
富直《ふちょく》鉄道開けば直《す》ぐに富むと聞くのがこちやうれし
待てど出て来ずでるときや逢へずほんにしんきな蜃気楼
おいと光らば飛行もするよあしぢやいかれぬほたるいか(26)

大正二年共進会は富山と直江津を結ぶ富直線（現JR北陸本線の一部）の開通を記念して行われたため、はじめの二首はそれを言祝《ことほ》ぐ内容になっている。というのも、この路線の開通によって富山は関西を経由することなく東京と結ばれることになったからである。蜃気楼や蛍烏賊を詠んだ二首は富山湾の名物を数え上げることで、躍進する富山を賞揚していると解釈できる。このように、如電の作には「裏日本」とされた富山県の発展に寄せる期待がよく表れている。

大正期の八尾町では、どのような動きがみられただろうか。

一九二〇年には、町長、助役、地元俳壇からの有志を中心に「おわら節研究会」が組織され、歌詞改良が組織的に推進されるようになった。具体的には「模範的歌詞及び歌調」の発表、「教育、産業、衛生、人情等に関する題を課して新作歌詞を募集」し、よくできたものについては印刷して一般に配布するといった活動を行った(27)。歌詞改良を試みたもうひとつの勢力が「八尾町オワラ研究会」である（「おわら節研究会」との関係は不明）。この団体は

「民衆芸術の復興を期し以つて純朴なる地方色の発揮に努むる」考えであるという。(28) ゆえに「往々淫猥野卑に流れんとする弊禍を根本的に改善美化して、何処までも小原節の声名を失墜せしめぬ決心から、唄文句の如きは八尾俳檀《ママ》に委嘱して創作を試み」、「一般から批判を乞う」機会として公演を行った。そして、遊里でうたわれるような「俗歌」とは趣が異なり、陽気な気分をそがれて寂しいような感じがするかもしれないが、神秘的な余韻が尽きないところに「独特の妙趣」があり、それがこの民謡の生命なので了解してほしいと述べている。

　以上のような町の有志組織レベルで歌詞改良についてどのような認識があったかを伝える文章が『八尾史談』に残されている。

　平民娯楽としての民謡は都会は更なり、如何なる田舎の隅々迄もこれをうたはない所はないが、若し在来の野卑なる歌詞や、又それに伴ふ囃子や踊などを改善したなれば、面白く楽んでゐる中に自然教育の補助、産業の奨励、衛生の宣伝及び忠君愛国の思想をも養成することが出来る。

　民謡は実に平民文学の粋を表はしたものであつて、何れの里何れの山奥に至つても盛んに唱へらるゝものである、若し在来の野卑な文句や思想を改善したなれば、尤も面白い、尤《もっと》も楽しい歌となりて、我邦文学の生粋であると劇賞《ママ》しても憚る所はない、兎に角其姿や、其詞や、其調子が実に平民的であつて、親しみ易くまた愛すべき者である事は争ふべからざる所のものである。

　呉々注意すべきは其思想や其言葉が野卑でないやうにするのが第一の肝要である。(29)

ここでは、都会でも僻地でもうたわれる民謡はその歌詞、囃子、踊り、思想を「改善」すれば、教育を受ける側が楽しみながら近代的知識や忠君愛国の思想を学ぶ助けとなると主張されている。こうした「平民文学の粋」としての民謡のひとつであるおわらを改良するにあたって松本駒次郎が持ち出すのが小倉百人一首である。貴族によって詠まれたものとはいえ、広く親しまれているうたについては庶民もその思想や感情を共有しうるため、「野卑でない」ことばづかいの参考になるというのである。

たとえば、「夜をこめて鳥のそら音をはかるとも　世に逢坂の関はゆるさじ」（清少納言）を本歌として、「雪の立山スキーで越すが　僅か一重の戸は越せぬ」のようなおわら歌詞が対応しうるだろう、と述べている。新風俗であるスキーを題材にとり、「雪深い富山の霊峰立山を颯爽とスキーで越えるほどの男性でも簡単にはお会いするつもりはありません」と、すくなくとも言葉のうえでは貞操を尊ぶ句となっているからであろう。

現代の感覚では荒唐無稽な印象を受けるが、当時の教育家の意識においては、人口に膾炙した和歌は民衆性と文学の卓越性を具現しているため「平民文学」のひとつであるおわらと関連づけられるべきであり、その関連性において「改善」されれば高尚化されるだろうという思考回路がはたらいたものとみえる。(30) このように、町の有力者や知識層はみずからが親しんできた文芸と改良主義をすりあわせることによって、おわらの歌詞改良に取り組んだ。

近代詩運動に接触する以前の歌詞

次に、おわらの歌詞集（表4-1）を検討することによって、近代詩運動に接触する以前の歌詞の性格を考えてみたい。

後述するように、おわらと近代詩運動の接触はおわら保存会の創立にかかわった小谷恵太郎を介してであった。小谷が関与した『おわらぶし』（整理番号7）より前の歌詞集のほとんどは、流行唄の知識を増やしたり、座興唄の上達に役立てたりするための出版物であった。花街の美人を写真入りで紹介する趣向が盛り込まれているのは読者の関心によりよく応えるためである（整理番号2、4）。前節ではおもに八尾町で取り組まれた歌詞改良について述

表4－1　おわら歌詞集

整理番号	タイトル	編者（著者）	発行者	発行年	備　考
1	『当世流行小はらぶし』	田村信憲	田村信憲	1910年	
2	『越中美人と小原節』	田村信憲	五日会	1919年	
3	『おはらぶし』	守川吉兵衛	守川聚星堂	1919年	
4	『流行歌集北国美人』	小原節研究会	守川聚星堂・毛利研精堂	1921年	
5	『小原唄と踊』	宮路豊秋	富山県人雑誌社八尾支局	1927年	
6	『小原節大全』	宮嶋政太郎	北陸出版社	1929年	おわら保存会発足以前に発行
7	『おわらぶし』	冨土原友吉	越中八尾民謡おわら保存会	1929年	おわら保存会発足時に発行

出所：筆者作成。

べたが、富山県全域を視野に入れれば、とくに改良など意識されなかった歌詞も健在だったことがわかる。昭和期に入ってからの歌詞集（整理番号5、6）では改良主義的な見地に立っておわらの正しいあり方を示し、啓蒙しようとする意図が込められるようになるが、じっさいに掲載されているほとんどの歌詞は従来の傾向と変わらない(31)。

歌詞集に掲載された歌詞の多くは都々逸と重複する。これは『当世流行小はらぶし』（整理番号1）が出された一九一〇年にはすでに顕著で、掲載歌詞一〇三首のうち、ほとんどが都々逸の文句であった(32)。さらに興味ぶかいのは、おわらの唱法を示す譜に都々逸の文句が用いられている点である。「竹に雀が品よくとまる　とめてとまらぬ色の道」は『越中美人と小原節』（整理番号2）、『おはらぶし』（整理番号3）など複数の歌詞集の譜に添えられており、都々逸の文句をおわらの曲節にのせてうたうことがいかに一般的であったかを示している。したがって、おわらの歌詞の性格を探るには都々逸の文句がどのようなものかをみておく必要があるだろう。

都々逸は七七七五の二十六音四句からなる歌謡の一種である。天保年間、一世都々逸坊扇歌が上方のよしこの節をもとに誰もがうたいやすい曲調に整え、寄席で演じたのを機に全国的に流行した。俳諧や川柳とならぶ庶民の即興文芸の性質が色濃く、ときに「情歌」と書かれることからも示されるように、花柳界の情緒に根ざした男女の心情・情愛がおもな題材であった。全国に広まる過程で在来のうたの文句が取り入れられるなど柔軟性に富んでいる。演唱においては他の音曲や芝居の台詞を挿入することも行われた（挿入部は「アンコ」と呼ばれる）。短詩であること、比較的簡単な曲調であることが都々逸流行の前提にあったが、それだけに「アンコ」などの付加価値は芸達者ぶりをアピールする恰好の材料であった。

都々逸の流行は単にその曲調が広くうたわれるというだけにとどまらなかった。文句を作り、技巧を披露する楽しみが人びとの心を捉えたのである。幕末までには、趣向を凝らし、さまざまな条件をつけて吟ずる文化が生じた。たとえば、十二支や七福神、百人一首や端唄の歌詞を詠みこんだもの、下二句の前に謡曲などを挿入する「謡曲入り」「何々尽くし」といった趣向、定型二十六音の冒頭に句を付ける「冠附」「字余り」などである。こうした文戯は越中において江戸中期からさかんであった庶民文芸「舞句《まい》」（雑排の一種）などでも行われた。「謡曲入り」はようするに「アンコ」を入れる操作である。こうした「つくる都々逸」に興ずる人口は明治以降ますます増加し、文戯化が顕著となった。(33)

このような都々逸の詞型、情趣、柔軟性、遊戯性は、おわら歌詞集に掲載された文句にも共通する。「字余り」「文句入り」の部ではたとえば次のような文句が掲げられた。

竹になりたや茶の会《え》座敷の柄杓の柄の竹に
愛し殿御に持たれて酌まれて一口　オワラ　のまれたい

ほつと一息うれしやゆめと
質屋「おもはず店へかけ出るお染顔見合わせて

ヤア久松そなたの身には別条ないか
お前も怪我はそんならそなたもお前も
　夢をはっとばかりにめいめいが」
さめてとゞろく　オワラ　胸の内[34]

次々に作られ、変形され、他のジャンルや歌詞と接続する柔軟性をそなえた都々逸やおわらでは、必然的に作者の存在は希薄になる。

政府や知識人が中心となって推し進めた民謡の改良では（彼らの基準に照らして）淫猥な歌詞を排除することに主眼が置かれていた。八尾町で試みられてきた歌詞改良も新聞記事や郷土史などではその点を意識した旨の記述がみられるが、八尾町オワラ研究会や歌詞集の検討から、じっさいには都々逸と共通する性格、すなわち即興性、柔軟性、遊戯性、技巧性、花柳界的風情の刻印を容易に拭い去ることはできなかったことがわかった。制度や諸力のはたらき、実践の連関が織りなす空間を描出するという本書の意図に引き寄せていえば、ここまで述べた動向は〈中央〉から示された単純で皮相的な歌詞改良策が、ローカルな文脈ではさまざまに解釈され、土着の文芸的伝統を引き継いだまま試行錯誤がなされていたことを示している。

次にこれらの歌詞集と一線を画す『おわらぶし』（整理番号7）を取り上げ、近代詩の領域との関連性を考察する。

3　『おわらぶし』――詩の擬態としての「民謡短章」

『おわらぶし』は、一九二九年八月一一日、おわら保存会創立総会にあわせて作成された歌詞集である。[35]一二三頁からなる小冊子で在来の歌詞一〇首と新作歌詞三二首が収められている。以下はその目次である。

一見して気づくのは、テーマないし作品名によって編集がなされている点である。じっさいに内容と照らし合わせてみると、いくつかのパターンが見いだされる。

① 「糸とり娘」「井田の石坂」「早春」といった、二首ないし四首のおわら歌詞群を「古謡」として掲載するパターン。作品名のようにみえる標題は在来の歌詞のモチーフを取り出して示したものであり、元来それらの歌詞に作品名はない。

②「角間の梅」「水鶏」「盆踊り」「夫婦山」「泣名草」のように、特定の作者による歌詞を四首ずつ一ページにまとめて掲載するパターン。標題は各歌詞群のモチーフを取り出して示してある。

③伝統的な詩歌における流儀を踏襲したパターン。

a「八尾四季」。この題は独立したひとつの芸術作品に対してつけられる類のものではなく、ある土地の景色・風物を四季にちなんで詠む伝統的な表現形式を示している。しかし、ここに掲載された「八尾四季」の場合、特別の振付がなされたこと、また作者がおわら保存会主事（実質的には会長にあたる）の川崎順二と懇意の間柄にある画壇の重鎮であることから、固有名詞的に用いられている。その意味で、「八尾四季」は伝統詩歌の表現形式名と作品名という両義性をもつ。

b　題詠の趣をそなえた「温泉の歌」のパターン。温泉にちなむ四首を掲載し、一首ごとに作者を明記している。

④文戯における条件（ないし作詞法）を標題として掲げた「五文字冠」のパターン。一首ごとに作者名を明記している。

全体として、作品名と作者を明記する創作民謡の形式を模倣しようとする意図が感じられる。これまで標題や作者をこのような統一的なかたちで示すことはなかったことを考慮すれば、じつは作品名や題とはいえないような①や④のパターンをうまく紛れ込ませながら、あたかも創作民謡集のような体裁をとっている。

③b「温泉の歌」と④「五文字冠」に「民謡短章」の語が添えられているのも、模倣の意図がにじみでている。「民謡短章」は北原白秋が『薄陽の旅』（アルス、一九二二年）ではじめて用いた「民謡体短章」に由来すると考えられる。「民謡体短章」とは、二十六音四句からなる「章」で構成される作品で、たとえば次のようなものがある。

笹の葉明り

上州富岡某氏別荘

1

よそのお庭の
笹の葉明り、
まだも、ちらちら　身に添はぬ。

2

馴れぬお庭の
笹の葉明り、
何かかげれど、身に染まぬ。

3

旅の日暮は
ひもじいものよ。
笹の葉ずれも、よその笹。

4

寂しがりましよ、
笹の葉明り、

馴れぬほどこそ、身も憂けれ。

二十六音四句の詞型が在来の歌謡に広く浸透していることをふまえて「民謡体短章」としたのであろうが、白秋自身によれば民謡そのものではない。『薄陽の旅』の巻頭に白秋はこう述べている。

冬の薄陽に旅ゆく者の心ぼそさよ。かの野山の木萱のそよぎを身にしめて、おのづと成りしこれらの詩は、いささか民謡の風情を帯びたれども、こは民謡のそれと云ふにもあらず、ただわが心を野山の言葉に移して、ひとり密かに旅のといきを洩らしたるのみ。心はわがひとりの心なり歌俳諧の心なり。

旅人である私が自然と一体となり、自然の言葉を人の言葉に移し、吐息として洩らしたのがこれらの詩作品だというのである。自然の言葉に最も即した人の言葉として「民謡」を措定する思想と、洩らした息の短さを暗示する「短章」の語とを組み合わせた巧みなネーミングである。二十六音四句を近代詩の枠組において定義しなおしたといってもよい。こうした詩人の内面と自然との一体化、そこから醸し出される抒情、懐古的な形式への志向はロマン主義の表れといってよいだろう。

『薄陽の旅』に関連して、白秋による『真珠抄』（金尾文淵堂、一九一四年）、『日本の笛』（アルス、一九二二年）が注目される。『真珠抄』は、口語自由詩の洗礼を受けたうえであらためて七五調を導入し、「短唱」と称する新しい詩の形を示した作品集である（七五調で構成する句、また句で構成される章の数については一定しない）。その後、民謡集と銘打って出された『日本の笛』は巻頭に「民謡私論」を掲げ、「生活感情そのものがその儘純化」され、「内から燃え上る民衆の叫び」が「彼ら自身の言葉を以て謡はれ」るべきものと宣言している(36)。こうした考え方には、一九一六年に「葛飾のある寒村」（現市川市真間）にいたころの経験が影響している。

……毎夜のやうに庭の木戸から這入つて来る頰冠りの若い衆達があつた。そして「唄はできてるかい」である。彼らは歌謡に飢ゑてゐたのである。で、私は「できてるよ」と云つて、一つ二つ書いてやる、それは喜んですぐに歌ひ乍ら出て行く、而して月の夜、蛍の飛ぶ星の夜など、向こうの川べりや田圃道を勝手に彼らの歌ひ慣れた追分や盆踊唄や都々逸などの調子に移しては流して歩る《ママ》くのだつた。[37]

白秋の考えるところ、「現在では在来の即興的民謡よりもつと美しいもつと高いもつと複雑したものを要求せずにはゐられなくなつてゐる」のであり、ここにおいて、新しい民謡は自然の美と一体化し、民衆に馴染みの節回しにのせてうたうことのできる詩として理念化されたのであった。つまり「民謡体短章」は、『真珠抄』の「短唱」から、『日本の笛』で示された民謡観にいたる途上に位置づけられるのである。

以上を考慮すると、『おわらぶし』が四首ごとに標題を掲げて括るという新しい編集法を試みているのは、おわらの歌詞を詩（白秋の「民謡体短章」）として提示しようとする意図があったためと推測できる。[38] 同時に、四首ごとのまとまりはおわら保存会の発足にあたって記念碑的な意味をもった小杉未醒（放庵）作「八尾四季」と並べて違和感のないようにみせる効果も持ち合わせていた。言い換えれば、『おわらぶし』は、北原白秋が追求した詩としての民謡のあり方をおわらの詞型とそれまでになかった編集法でみせようとし、しかも従来型の作詞法を踏襲する「八尾四季」との調和を図っていると考えられるのである。その身ぶりは創作民謡がさかんとなった時代に、都々逸とは一線を画す、詩の清新さをたたえたものとしておわらを推進しようとするための擬態といえないだろうか。

擬態とは生物が周りの環境や事物、ほかの動物と見紛うような形態や模様に似る（似せる）ことをいうが、この場合、おわら歌詞を近代詩の一種としてみせることを意味する。掲載歌詞の多くは都々逸にみられたような男女の交情をほのめかす表現を引きずっている。しかし、標題や作者名、「民謡短章」というジャンル名を付されることによって形式的には民謡体短章と見紛うものとなる。そこまで綿密な計算がなされなかったとしても、詩集を模したこの歌詞集はもはや座興唄の上達を意図した、娯楽のための実用書などではない。「優しい野趣を持つた……清條《ママ》な情緒」「溶くるような甘美な情緒」(39)を目指すおわら保存会の方向性を具現するメディアと捉えられるべきであろう。この方向性には、従来のおわら歌詞集に顕著な遊戯性や花柳的雰囲気とは一線を画し、二十六音四句の定型を軸に据えて「平民詩」たる「純朴な郷土民謡小原」(40)を打ち出していこうとする意志があらわれている。ここには近代詩にふれ、志高いがゆえに表現そのものは純化された簡潔さを尊重する勢力の台頭が見いだせる。ゆくゆくはこれが八尾町では主流となり、〈うたの町〉としての独自性と地位が強化されることになる。その意味で『おわらぶし』は富山全域で伝統的に親しまれていたおわらとは異なる美的価値を基準とし、それに即した実践が展開される空間が切り拓かれつつあったことを物語るのである。

このような歌詞集を編むには、多少なりとも詩の動向に目配りがきき、「民謡短章」といった概念を使えるだけの知識や能力を備えた人材が必要であっただろう。そこで注目すべきは小谷恵太郎という人物である。

4　小谷恵太郎――近代詩運動とおわらの接点

町の文学青年

小谷恵太郎（一九〇二～一九七二）は八尾町の呉服・太物を扱う商家に長男として生まれ、契月、善知鳥と号して俳句、舞句、短歌、詩、民謡、随筆などを多数発表した(41)。一九二一年には『富山日報』「俚謡正調」欄に「瀧のひゞきや松吹く風を、友に起寝の嵯峨の宿」が掲載されている(42)。翌年、民謡集『影燈籠』を上梓した後、地元の文学仲間と小説や随筆、戯曲を持ち寄って『辿り行く』（漂渺社、一九二四年）を出版、文芸誌『篁』を創刊するなど八尾町の青年のあいだで展開した文芸活動のリーダー的な存在であった。

小谷を含め、『辿り行く』に寄稿した青年のほとんどは家業を継ぐことを期待された商家の長男であった。彼ら

「物領の甚六」が集まってできた遊びの会が「甚六会」である。遊びといっても、小料理屋の二階を根城にして俳句、短歌、小唄、端唄、浄瑠璃をたしなみ、俄《にわか》狂言に興じるといったものであった(43)。文芸活動という新しい楽しみと、町衆になじみの遊芸とに打ち込む彼らの姿は、景気が比較的安定した大正後期から昭和初期にかけての八尾町にあって、その明るさを素直に謳歌していたように映る。が、本人たちにとっては屈折した気持ちもあったようだ。「甚六会」の一員で、のちに小谷とともにおわら保存会の創立委員を務めた長谷川保一(剣星)はこう振り返る。

おらあちゃだって都で学問すれば菊池寛や芥川龍之介や高浜虚子にもひけをとらない、都で放題に働けば渋沢栄一ぐらいになれるかもしれないが、〔甚六会は〕仕方のない事だと郷里から放してくれることのない惣領の自分に対する反駁であったかもしれなかった(44)

自分だって郷里を離れて学問や実業に懸命に励めば、郷里にとどまるよりもはるかに大きな可能性が拓けるかもしれない。そうした飛躍の機会が、商家の長男であることによって最初から阻まれていることに対する口惜しさと反発が遊び上手の会が生まれる背景にあったのである。文芸活動に対する熱心さにも、同様の背景があったと考えられる。

私達の生きて行く道は余りに住みにくい……老衰も知らずなほ自分の所在さへも知らないで、徒に生きてゐて、そして虚偽の道、技巧の道に立つて行けば、それで好さそうに思はれてゐる。私達はこうした荒涼の生活を抜け出て、そして住みにくいこの世を何程か寛げ、また見苦しい糊塗をなすよりも、その純真さを発露して、そして芸術味に、ほんとうの人間の路を辿つて行きたい(45)

「荒涼の生活」「住みにくさ」は、小谷ら「物領の甚六」にとっては経済的な困窮というよりも、郷里から離れることはできないことに由来する制約であった。その制約を逃れたり隠蔽したりするより、自分がどこに立っているのかを自覚したうえで「ほんとうの人間の路」を歩みたい。小谷は芸術に対してそのような希望を抱いていた。戯曲も書いた小谷は岡本綺堂と青山青果の脚本を愛読し、月に一度は東京、大阪へ歌舞伎や浄瑠璃鑑賞に出かけたという。(46)

小谷は一九二七年から翌年にかけて、たて続けに『富山日報』「日報俚謡」に当選する。一九二八年元旦に発表された俚謡欄では、小谷による四首が一等に選ばれた。選者はいずれも『日本海詩人』の創刊にたずさわった笠置白粉花であった。当時、富山においても民謡は「恐ろしく普及しだした」(47)。しかし人材はそう豊富ではなく、「将来の民謡を背負って立つもの僅かに藤田健次、渡辺波光、山岸曙光、笠置白粉花の諸兄等としか見られぬ」と嘆かれていた(48)。そうした状況にあって、新聞社の懸賞募集には新たな民謡詩人発掘への期待がかけられていたと考えられる。そのような状況下、地方新聞の俚謡欄を経由して富山における近代詩運動に接近した小谷は富山日報一万五〇〇〇号記念懸賞文芸（民謡部門、藤森秀夫選）に応募し、「山の神峠」が三等に入選する(49)。

詩人藤森秀夫との出会い

選者の藤森秀夫（一八九四〜一九六四）は「めえめえ児山羊」の訳詩で知られ、一九二六年、富山高校転任にともなって富山に移り住んだドイツ文学者にして詩人であった(50)。長野県に生まれた藤森は学生時代から詩作に励み、しばらく詩壇から退いていた野口雨情が再び民謡創作に着手した一九一六年ころ、霜田史光と三人で「民謡の旗勢を挙げよう」と創作、評論、紹介にともに励んだという(51)。藤森は一九一八年に東京帝国大学文学部を卒業、翌年には第一詩集『こけもも』を上梓する。一九二〇年に創刊された雑誌『童話』の童謡欄を一年九ヶ月にわたって担当し、後任の西條八十と交代するまで童謡創作および選にあたった。同年には三木露風・日夏耿之介・堀口大學とともに詩誌『詩聖』を創刊している。詩話会にも参加して継続的に作品を発表しており、当時の詩壇においていわば中堅に位置していたといえよう。学生時代からヘルダーの著作に親しみ、関東大震災までは詩人としての活動を精力的に行っていた。そのかたわら、心酔するゲーテをはじめとするドイツ詩人の作品の翻訳・紹介にも努め(52)、慶應義塾大学、明治大学で教鞭をとっていた時期もある。こうした経歴から、藤森は序章2節でふれたナショナル・エリートの構想としての民謡理念を継承する人物といえる。

関東大震災を機に熊本の第五高等学校に職を求めるまで藤森の活動の拠点は東京であり、『こけもも』(文武堂、一九一九年)、『フリジヤ』(金星堂、一九二〇年)、『若き日影』(光蘭社、一九二一年)などを出版している。今でこそ言及されることの少ないものの、藤森秀夫は大正期の中央詩壇において一定の役割をはたした人物であった。

東京時代最後に手がけた『ゲエテ詩集』の序には藤森の詩に対する姿勢がよくあらわれている(53)。

彼〔ゲーテ〕の抒情詩は偉大なる内生活《ゲミユウツレエベン》の所産であり、深く感受されたる直接経験の質朴にして飾らざる音楽的表現である。其の韻律、詞、形式は自然にして、且、完全、多種多様なる内容に応じて、其の間寸分の間隙をも止めてゐない。其の生気ある感情の力、豊富なる考証引例、該博なる知識、韻律及詩型の変化に富める事等は世界の詩壇に類例の無いところであらう。

自然はゲエテの標語であり、自然愛は彼の終始一貫せる熱情である。「五月の唄」、「湖の上」、「秋思」其の他を見ても、彼が自然の寵児であるかの如き信仰が常に現れ、自然は彼を育つる力であるのみならず、癒す鎮痛薬である。されば畢竟自然を芸術の上に坐せしめたるは「旅人」一篇にもよく現れたるイデエである。

内生活から生み出された抒情とその音楽的表現、それを可能とする巧まざる自然への愛を芸術の真髄とみてゲーテを理想とする藤森はドイツロマン主義のまごうことなき信奉者であった。また、ヘルダーが「後世の分類家の如く民謡と芸術謡、自然と技巧、気分と純情等を区分してゐないその立場」[54]に共鳴する藤森にとって、童謡も「新しき民謡」[55]も芸術としての詩の実験であり、実践であった。それは「象徴主義一点張の旧詩壇」を一新し、「対象の生命を把握し、感情移入の工風を練る方法」を追求すべきと考えていたのである。[56]しかしながら、新民謡運動は期待したとおりには進まなかった。

新民謡の対象とする所は一般民衆中でも、余りに卑俗なるものであつて、作者達は芸術の要求を軽んじ、暫定的、傾向的、偸安的境涯に自足してゐたのである。進歩は停滞した。ジヤズ入りで鉱石電波で流行らせても、現今の確かに行き詰つてゐる状態を打開していく事は難しい。……現代の民謡は対象のレベルが低劣になつた上に、其の製作者に於て、幾多不純なる非芸術的な動機を含んで来た事が懸念されはすまいか。民謡に対する強き信念と高き理想とが既に欠けてゐる。[57]

そこで富山赴任後まもなく『日本海詩人』同人となった藤森が世に問うたのが『詩謡集　稲』（光奎社、一九二九年）であった。これによって、世間にいう民謡に代わってみずからの志す詩をさす語として「詩謡」を提唱し、具体的な実践として富山の風物に取材した新作とともに詩人としてのキャリアの最初期、すなわち彼自身が理想を掲げて牽引した新民謡運動勃興期の作品を示したのであった。

小谷恵太郎が藤森と出会ったのは、藤森が選者を務める富山日報一万五〇〇〇号記念懸賞文芸（民謡部門）への応募がきっかけであった。「山の神峠」の三等入選は、小谷を一気に日本海詩人連盟へと引き込んだ。小谷の述懐によれば「藤森先生は……私の民謡創作中興の恩人」であった。[58]一九二九年一一月には日本海詩人連盟の同人に推薦され、『日本海詩人』に「雉子」「法師蟬」を発表する。その後も数年にわたって新聞社主催懸賞民謡で上位入選をはたし、『日本海詩人』への作品掲載が続いた。中央の詩誌においては『民謡音楽』に「落人」を発表するなど、[59]小谷は北陸詩壇において注目すべき民謡詩人の一人にかぞえられるまでになったのである。[60]

しかし、ちょうどそのころから中西輝や山岸曙光といった主要同人の退会と彼らによる詩誌の創刊があいついだため、『日本海詩人』は衰退に転じる。富山の近代詩運動は分裂の時代に入ることとなる。笠置白粉花、松原與史郎はみずから雑誌を創刊することはなかったが、一九三一年創刊の『歌謡芸術』（中越歌謡協会）に参加し、その翌年、『日本海詩人』はついに廃刊に追い込まれることとなった。

このような状況のなかで小谷は『歌謡芸術』同人となり、作謡部委員を務めるなど積極的に活動していた。興味ぶかいのは、彼が詩人たちにとって、〈本場八尾〉のおわらの紹介者、ときに仲介者となったことである。おわら保存会が発足したばかりの一九二九年九月、小谷は藤森秀夫、中山輝、山岸曙光、松原與史郎を風の盆に招待した。藤森はさっそく『富山日報』に訪問記を寄せ、八尾町の風物、「町民が一致団結して……民謡を育ててゐる」最近の動き、うたの名手に聞きほれる人びとの姿、そして「県下の最も傑出した作家達」による小谷家での即吟運座の成果を報告した。[61]

その後、小谷が中越歌謡協会で活動しはじめると組織的な交流がみられるようになる。中越歌謡協会が主催する富山歌謡祭におわら保存会が出演したり（第5章）、おわら保存会が主催する歌詞懸賞募集の広告が『歌謡芸術』誌上に掲載されたりするようになったのである。

『佛法僧』――「爪先上りの街」と山々の世界

小谷惠太郎による四六篇の作品をおさめた民謡集『佛法僧』[62]は、もともと日本海詩人連盟から出される計画だったが中越歌謡協会に引き継がれ、一九三二年初夏にようやく出版の運びとなった。[63]藤森は序詩において小谷を次のように紹介している。

小谷君は純日本の伝統を有つ地方の
文化を代表し　人情味豊かに
而もアメリカニズムの毒素を吸入してをらぬ
珍らしい作家である

藤森によれば、当時の詩壇は「ネオンランプやジヤズ、カフエーが加ら《ママ》ないと／民謡で無い気のしてゐる　心細い作家がうようよしてゐる」。彼らの生息するのは「機械工業や近代産業の浸潤し征服するところ」であり、「電気と売薬と株式と無尽業とを誇る富山」もこうした傾向が強まっていると憂えている。では、なぜ小谷は伝統的精神や人情味をもち続けていられるのだろうか。藤森の序詩はその理由を小谷の生まれ育った八尾町に見いだし、詩人の姿を街の風景のなかに置こうとする。

山の中腹に築かれた　爪先上りの街には
雁木に下りて行く山清水がある
娘達は此の水を汲んで　繭を　煮立て
おわら節を唄ひながら　緒《いとくち》を立てて　絹を紡ぎ出すのである
此の清水が　桐木谷から　溢出る辺に
小谷君が生まれて　現在住んでゐる家があるのである
（略）
冬籠の時節や　雪解の頃
谷合や　藪の中から出て来た百姓達は

八尾に反物などを求めに出て来る
そして小谷君の店先などで　仏法僧の事や
熊狩の話　世間離のした罪の無い話を置土産にして
幾時間でも　み腰を据えて　茶を啜《すす》つてゐるのである
小谷君はかうした町で　かうした境涯に育つた

富山平野のほぼ南端に位置する八尾町は神通川の支流である井田川と久婦須川に挟まれた河岸段丘の上に築かれた。明治以来、養蚕、製糸で栄えたが、それ以前から紙、木材、炭などを扱う商家が富を蓄えたのは、八尾町が飛騨との交通の要衝であったばかりでなく、背後に広大な山地を控えていたことにもよる。藤森にとって、小谷は八尾町とその奥に広がる神秘的な山々の世界の存在と映ったのであろう。藤森による序詩は八尾町や山の風物に小谷恵太郎という一人の詩人を溶け込ませ、それらを一体のものとして抒情的、耽美主義的に表象している。[64]

以下では『佛法僧』の編集法や個々の作品に注目して近代詩運動とおわらの接点にあった小谷恵太郎の詩的世界を探り、どのような地方性がみてとれるのか、〈うたの町〉にどう影響したのかを検討する材料としたい。

序詩の次におかれたのは「熊狩り」の五線譜である（高階哲夫作曲）（楽譜4－1）。

この曲の題材は何から採られたのだろうか。八尾町から飛騨街道を二〇キロメートルほど行くと大長谷、その奥には合掌集落で有名な五箇山地方が広がっている。この地域では冬から雪解けの季節にかけて熊の出没することがめずらしくなく、勇壮な熊狩りがほとんど年中行事と化している。そうした風土・風俗を描いたのが「熊狩り」であった。熊の住む朽ちた大木の洞に青葉を燻すと煙を恐れる熊は右往左往する。脱出しようとするところを槍や鉄砲で射止めるというわけである。ただちに切り取られる肝は高値で取引され、山人たちの貴重な収入源となる。[65]

楽譜 4－1　「熊狩り」

出所：小谷惠太郎『佛法僧』中越歌謡協会，1932年より転載。

ボンボラボーボ
　ボンボラボー　熊狩りの笛だ
鳴らせ熊笛　燻せよ焚火
叩け割り竹　鯨波の聲あげて
洞の　大熊の　度肝を冷やせ
……
大熊刺止めて　橅の洞　巻いて
廻す茶碗酒　武者振いする
早く切り出せ　生肝　抜けよ
橇で落せば　五十〆の熊も
谿へ逆さに　辷って飛んだ
揚げよ勝喊　山を搖がせ(66)

そして第一部「山の神峠」。藤森秀夫との出会いのきっかけとなった作品にちなんだタイトルである。

「山の神峠」

山の　神さま
出雲へ　御座りや
名なし　峠よ
鳥が　啼く

霙ァ　霜月
神無月　の
峠　守りする
石　地　藏

石の　地藏さに
橡團子　呉りよか
橡は　ざら藪
實が熟れる

山の神さま
出雲へ　御座りや
名なし(67)　峠よ
霧が　湧く

作中には「名なし峠」とあるが、山の神峠は五箇山地方、利賀村から平村へいたる途中に実在する峠の名である。険しい地形と豪雪のため冬季は交通が途絶するなど他地域との行き来はきわめて困難とされる。富山方面からこの地域に入るには八尾が玄関口となった。ブナ、トチ、ナラ、モミノキなどの大樹に覆われ昼なお暗い。追言には「この峠を越えしは恰も神送りの日……にて、全山紅葉に燃え初めて片時雨の陽を受けた茂りの中に鳥の聲を聞く」とある。

ほとんど冬期に限られるというこの地方の嫁入りも詩の題材となった。(68)

「橇で嫁入り」

搖れる提灯　ホーイ
　積み荷の橇に
　ぱつぱ散ります　杉の雪
　ヨイト　ヤレコノホーイ
　　橇で嫁入りァ
　　　サツサ　管酒飲んで

一の橇二の橇　ホーイ
　嫁御の橇は
　ちゝろちんちろ　鈴の橇
　ヨイト　ヤレコノホーイ

橇で嫁入りァ
　サツサ　彌榮《いやさか》唄とて
……白凱々と丈餘も降り積もつてゐる雪の上を、幾臺もの橇を竝べた一行列が、手に手に提灯を提げて靜に動いてゐる有樣は、言ひ現はす事の出來ぬ詩情豊なるものである。
管酒は酒樽（一、二升入りのもの）に竹の管を入れて吸ひ飲むを言ふ方言、彌榮は、その地方で目出度い場合に唄ふ俗謡。[69]

雪国版の狐の嫁入りとでもいえそうな光景である。
『佛法僧』には八尾町を直接うたった詩はほとんどなく、周辺部に取材したものが多い。とりわけ飛騨街道を南に下った飛騨山地の北部に位置する標高一〇〇〇メートルの人影もまばらな豪雪地帯万波《まんなみ》高原を取り上げた詩の存在が際立つ。万波は八尾町の脇を流れる久婦須川の源流地帯にあたり、近代に入るまで集落の存在をみなかったほどの辺境の地であった。[70] 標題作「佛法僧」もこの地の寂寥をうたったものである。

心　靜かに　万《まん》　波《なみ》　の
蕎麥の畑で
聞いてごらん
　佛法僧の　啼く聲を
　　ブツポー　ブツポー　ブツポーソ

月の燈明に　照らされた
月夜の　森の
聖者です
　姿は見せぬ　佛法僧
　ブッポー　ブッポー　ブッポーソ

もう何事も　うたかたの
露と忘れて
しまいましよ
　万波ケ原の　佛法僧
　ブッポー　ブッポー　ブッポーソ(71)

明治二〇年代に開拓民や木材商人が入ったものの、依然として荒涼寂寞とした風土を小谷は追言で次のように表現した。

飛騨の万波は海抜三千餘尺の寒村にして殆ど原始集落の感あり。勿論米などは一粒だにも取れず、山の人達は黍、粟の類を食して暮らす。立ち退き住民の家屋は交通不便のため置き去りにして、ただ風雨霜雪に任せて荒れ朽ちさせ、その原影を認めず、朽ち残りたる柱のいは今尚散然として立つてゐるが如きは、そぞろ懐舊の泪を誘ふものあり、まして夜などは佛法僧の月に鳴く聲を聞けば、もの、哀れを添えて感慨無量の念に打たれざるを得ない。(72)

「熊狩り」の舞台とされた五箇山地方よりさらに奥の万波の冬は過酷で、人は熊さながらに「陽の目拝まぬ日を送る」「穴籠り」生活を余儀なくされる。その様子を描いた「万波の雪」なる詩の追言では「全く都の人達の想像もつかぬ雪の巣、雪の床である」(73)と述べる。

ここにおいて私たち読者は小谷が詩人の姿を借りた、山々の世界への案内人であることに気づかされる。「爪先上りの街」に生まれ育った小谷は商いを通じて山の人びとと話をし、ときにはみずからその地に赴いて山々の世界を知っていた。小谷にとってその世界は勇壮な熊狩りを年中行事とし、幻想的な嫁入り習俗を営む秘境であり、ゆえに詩興をそそるものであった。さらにその先には人と熊の区別も判然とせず、神聖なことばを発する不思議な鳥が生息する神秘的な世界が広がっている。そこは物理的にも、想像力においても、都会人など寄せ付けない〈辺境〉であった。

『佛法僧』においてこうした〈辺境〉が構築されたことは何を意味するのだろうか。

小谷にとって民謡創作の「恩人」であった藤森秀夫はドイツ文学者であると同時にその素養を活かして詩作を実践する〈西洋〉の体現者であった。藤森によって評価を受け、志を同じくする詩人として世に紹介されることは〈西洋〉に接近することを意味していた。一方、藤森にとって芸術の基準は普遍的な価値を有すると信じたドイツロマン主義であり、富山の近代詩運動への参画を含め、みずからの詩作活動はその基準に則って展開された。小谷はその期待によく応え、「ネオンランプやジヤズ、カフエー」「機械工業や近代産業」「アメリカニズムの毒素」とは無縁の「純日本の伝統を有つ地方の文化を代表」する「非常に優れた作家」と『佛法僧』の序詩では紹介されている。多数の女工を他県の製糸工場に送り出し、地元にも製糸工場を複数擁するなど八尾町は近代産業と無縁のはずはないのだが、藤森のまなざしは八尾町や小谷を〈オリエント〉として文学的に構築したのであった。

小谷はそうしたオリエンタリズムのまなざしに抗うそぶりはみせない。むしろそれを甘受し、さらなる〈オリエント〉=〈辺境〉を構築する。それが詩の題材とはなってもみずから表現の主体となることはない、幻想的な山々の世界だったのではないだろうか。八尾町＝〈オリエント〉は「爪先上りの街」＝山々の世界に通じる町である。山々の世界が〈中央〉や〈都会〉から引き離されるほどに幻想や神秘は増し、その効果は八尾町にもおよぶ。小谷は山々の世界に読者を誘うようにふるまいつつ、その実、地理的-詩的想像力を駆使してみずからその世界を創造していたのである。〈西洋〉のまなざしを引き受けたうえでみずからを〈オリエント〉として表象し、さらなる〈辺境〉を構築して自己をそれに同化させることで〈オリエント〉としての自己表象を強化する。そこにはオリエンタリズムの連鎖ともいえるプロセスが進行していた(74)。

このように、『佛法僧』における〈辺境〉の構築は、小谷ひいては八尾町を近代詩運動が拠点とする〈都会〉や〈中央〉とは対照的な山々の世界の玄関口に位置づけたのであった。

5　「民謡おわらの街」へ

一九三三年、『歌謡芸術』に「童謡おわら節」を発表したのが小谷と近代詩運動との明示的なかかわりの最後であった(75)。中越歌謡協会を去ってから、小谷はおわら保存会の活動に専心していたようである。というのも、このころには年間を通じて各種行事への出演の機会が増え、保存会役員としての仕事がそれまでにも増して忙しくなったと考えられるからである。とりわけ、一九三三年から一九四三年にかけて七回行われた御前演奏のほとんどに小谷はかかわっている。文芸活動もおわらに関するものにほぼ限定されるようになった。

とはいえ、近代詩運動の影響はここで途絶えてしまったわけではない。たとえば『民謡おわら乃街』（小谷惠太郎稿、おわら保存会編）と題されたパンフレットが残されている。一九首のおわらの歌詞をちりばめた随筆である。発行年月ははっきりしないが、これとほぼ同様の文章「民謡おわらの街」が一九三三年『郷土風景』「盆踊と蒐集号」に掲載された(76)。「民謡おわらの街」は歌詞集『おわらぶし』の「序に代へて」をもとに、小谷以外による文章をも流用し、詠み人知らずの古い歌詞、有名・無名の作者による新作歌詞をとりまぜて成ったものである。『郷土風景』掲載後、風の盆を控えた八月の終わりに『北陸タイムス』に三回にわたって連載された(77)ことから推して、パンフレットはこの年に作成されたと考えてよいだろう。

この随筆に登場する「坂街に沿うて爪立登りに歩む家毎軒毎の雁木の下を溢れて走る……山清水……街の女達は……その山清水を汲んで繭をゆでて……生糸を繰り上げてゐる」などという文章は、明らかに『佛法僧』に掲載された藤森の序詩を下敷きにしている。直後に挿入される歌詞「軒端雀がまた来てのぞく　今日も糸繰りア　オワラ　手につかぬ」は作者名こそ記されていないが、野口雨情によるものである。

一九三六年には友人の画家・林秋路と組んで「民謡おわらの街スケッチ」と題して八尾町周辺の風物や伝説をモチーフにした画入り記事を『北陸タイムス』に一〇回にわたって連載している(78)（図4－1）。かつて山々の世界に向けたまなざしをみずからの街やその近傍に向け直し、土着の知識や感性を資源としながら藤森を介して学んだロマン主義的語法を応用したような作風である。

このようにして文学的に展開された「民謡おわらの街」のイメージは、おわらの情緒を浸透させようとするおわら保存会の活動を方向づけることにもなった。この点については第6章で詳しく論じたい。

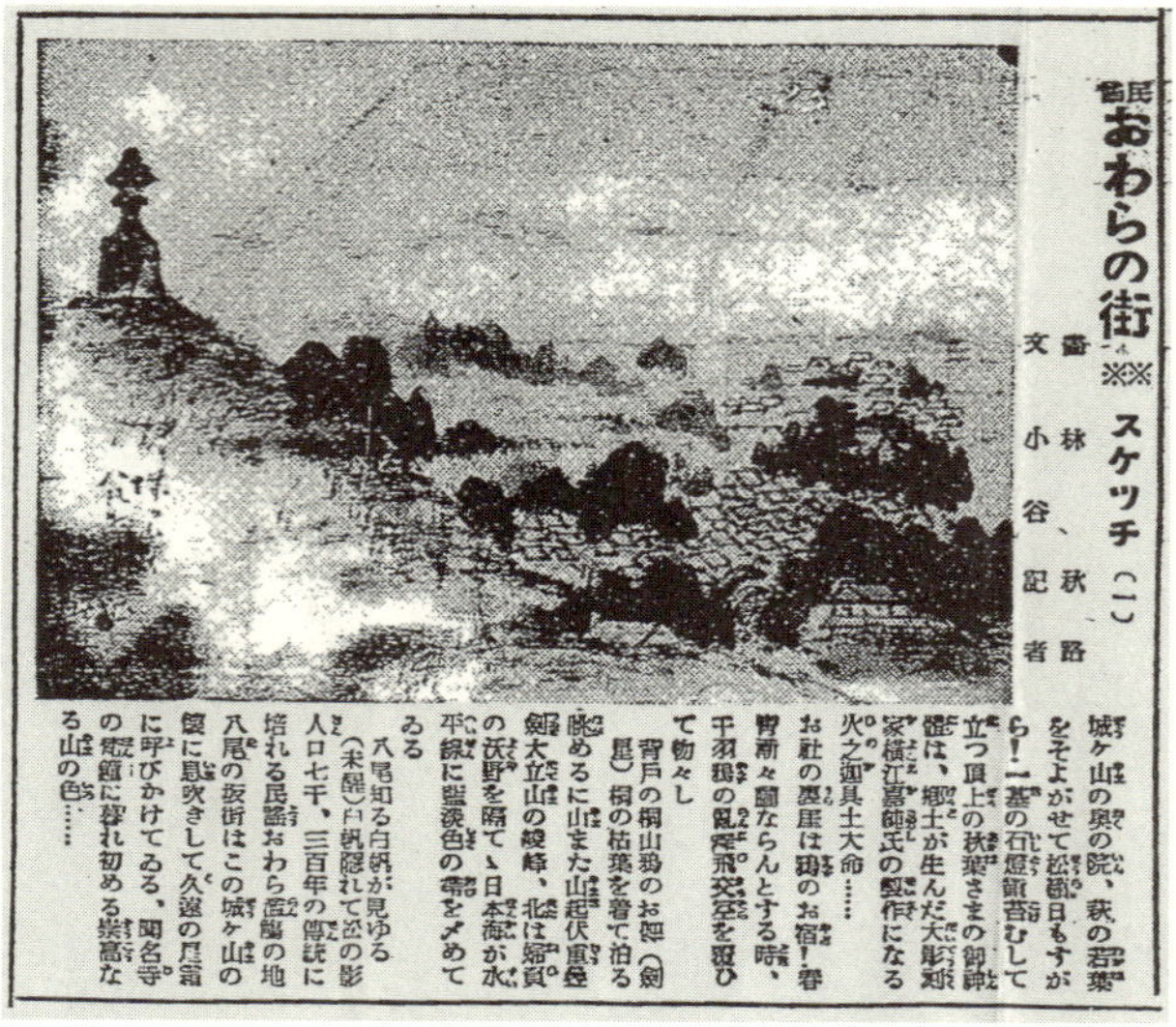
民謡おわらの街※※スケッチ（一）
畫 林秋路、文 小谷記者

城ヶ山の奥の院、萩の若葉をそよがせて秋の日もすがら！一基の石燈籠苔むして立つ頂上の秋葉さまの御神体は、郷土が生んだ大彫刻家横江嘉純氏の製作になる火之迦具土大命……

お社の裏は鶉のお宿！春宵所々闇ならんとする時、千羽鶉の乱舞飛交空を覆ひて物々し

背戸の桐山鶉のお獅（劍尾）桐の枯葉を着て泊る眺めるに山また山起伏重畳鍬大立山の峻峰、北は婦負の沃野を隔てゝ日本海が水平線に藍淡色の帯をメめてゐる

八尾知る白帆が見ゆる（未聞）白帆隠れて沿の影人口七千、三百年の傳説に培れる民謡おわら節の地八尾の坂街はこの城ヶ山の懐に息吹きして久遠の息吹に呼びかけてゐる、聞名寺の鐘に暮れ初める崇高なる山の色……

図4－1　民謡おわらの街スケッチ（一）

出所：『北陸タイムス』1936年9月6日。

6　美しき〈辺境〉の入口

かつてのおわらは遊戯性、技巧性、柔軟性（他の音曲や芝居からの引用・挿入）、花柳界の風情に根ざした男女の交情といった都々逸の性質を色濃くもつものであった。明治末ころから俳句や和歌をふまえたおわらの歌詞改良が試みられ、昭和初期には近代詩の影響をうけはじめる。

富山の近代詩運動とおわらは、『おわらぶし』制作の要となった民謡詩人・小谷恵太郎を介して接触することになった。小谷は一九二八年の富山日報懸賞文芸入選を機に『日本海詩人』と『歌謡芸術』を拠点として富山の近代詩運動に参画した。その間おわら保存会の創立と運営にも力を注ぎ、詩における探求をおわらにおいても実践する。

小谷の多大な貢献をうかがわせるおわら歌詞集『おわらぶし』はおわら保存会の創立時に制作されたものであるが、「民謡短章」の語を用いている点が特筆される。というのも、北原白秋は創作民謡の理想を追求する過程で「短唱」「民謡体短章」といった概念・ジャンルを世に問うた時期があり、そうした動向に敏感であった小谷がアレンジして取り入れたと考えられるからである。これはおわら歌詞を近代詩のようにみせようとする行為、すなわち擬態と解釈すべきだろう。近代詩運動の影響はおわらの〈本場〉としての八尾町の独自性と地位を強化する新たな要因となった。擬態は一面においては詩の模倣である。だが、おわらの高尚化を目指して、従来の歌詞と近代詩運動のなかで生まれた歌詞とを違和感なく並列させるための工夫と解釈することも可能である。生物の擬態は変化する環境に姿形を適応させ、生存戦略として機能する。同様に『おわらぶし』も八尾町が〈本場〉として生き延びるための戦略のひとつであったといえる。

一方、藤森秀夫との交際は小谷の詩作に八尾町を自然の美に同化させるようなロマン主義への希求を芽生えさせた。それは幻想的かつ神秘的な山々の世界＝〈辺境〉を構築し、その玄関口として八尾町を位置づけ、小谷を〈辺境〉への案内役に据える方向へと展開していく。そこには八尾町を幻想的な山々の世界に融け込ませていくようなオリエンタリズムの機制がはたらいていたのであった。ここに近代詩運動の接触以前とは一線を画す地方性が現出する。

このように、近代詩運動はおわら歌詞の根ざしていた文芸的ハビトゥスに方向転換をもたらし、おわらの実践主体のアイデンティティや地理的想像力に大きな影響を与えたのであった。

注

（1）小島美子「新民謡運動の音楽史的意義」『演劇學』第一一号、一九七〇年、六頁。
（2）小島美子、前掲論文、二六～二七頁。
（3）安智史「民謡・民衆・家庭――白鳥省吾と北原白秋の論争をめぐって」勝原春希編『「日本詩人」と大正詩――〈口語共同体〉の誕生』森話社、二〇〇六年。坪井秀人『感覚の近代――声・身体・表象』名古屋大学出版会、二〇〇六年。
（4）北原白秋編『日本民謡作家集』大日本雄弁会、一九二七年。
（5）藤澤衛彦「民謡蒐集保存研究と新民謡の提唱」（『民謡詩人』第二巻第六号、一九二八年）は一九一八年、菊池淡狂『日本民謡協会史』（日本民謡協会、二〇〇〇年）は一九一九年としている。
（6）武田俊輔「民謡の歴史社会学――ローカルなアイデンティティ／ナショナルな想像力」『ソシオロゴス』第二五号、二〇〇一年。坪井秀人、前掲書。中野敏男『詩歌と戦争――白秋と民衆、総力戦への「道」』ＮＨＫ出版、二〇一二年。
（7）武田俊輔、前掲論文、四頁。
（8）中野敏男、前掲書。
（9）市制・町村制改正や郡制廃止（一九二一年）、市町村会議員の男子普通選挙制の実現（一九二六年）など。
（10）中野敏男、前掲書、一二〇～一五九頁。
（11）石川・福井版は一九二六年、富山・新潟版はその翌年に創刊され、両者はまもなく合併した。

(12) 富山県『富山県史　通史編Ⅳ　近代下』富山県、一九八四年、六〇六～六一〇頁。
(13)『日本海詩人』第一巻第二号、三〇～三一頁。富山県、前掲書、六一四～六一七頁。
(14)『越中おわら』二〇〇九年版。
(15) 大村正次「地方詩人に呼びかける」『日本海詩人』第三巻第二号、一九二八年、二三頁。
(16) 富山県文学事典編集委員会『富山県文学事典』桂書房、一九九二年、七六頁。
(17) 詩話会の性格については、小関和弘「詩話会略記」(『エスキス96』和光大学人文学部・人間関係学部紀要別冊、一九九六年)。
(18) 黒坂みちる「『日本詩人』の活動」勝原晴希編『『日本詩人』と大正詩――〈口語共同体〉の誕生』森話社、二〇〇〇年。初期の試みとして、STS「地方詩壇の概観」(『日本詩人』第四巻第一号、一九二四年)、鈴木信治「北日本詩人協会設立について」(『日本詩人』第四巻第三号、一九二四年)、BUSEI「地方詩会動静　北陸詩人協会のこと」『日本詩人』第四巻第四号、一九二四年など。その後も類似の記事が掲載されたほか、「地方詩運動の経過報告」が連載された。
(19) 大村正次、前掲論文、二〇～二二頁。
(20) 富山県文学事典編集委員会、前掲書、二九三頁。
(21)『日本海詩人』第一巻第二号、三二頁。
(22) 上村直己「雑誌『民謡詩人』について」『日本歌謡研究』第二〇号、一九八一年、五五頁。以下、『民謡詩人』の概要は上村による。
(23) 和田茂樹編『愛媛民謡集』愛媛県史編纂委員会、一九六二年。稲田浩二編『富山県明治期口承文芸資料集成』同朋舎出版、一九八〇年。
(24)「想い人が来たような来ないような面影が見える。自分が来てみたら風に過ぎない、この想いをどうしようか」の意。
(25)「八尾の廻り盆（下）」『富山日報』一九一一年九月三日。
(26) 富山県主催連合共進会富山県協賛会編『富山県協賛会事務報告』富山県主催連合共進会富山県協賛会、一九一四年、一七一～一七二頁。

(27) 松本駒次郎『八尾史談』松六商店、一九二七年、三四三頁。
(28) 「大正座公演パンフレット」(おわらを語る会編『おわらの記憶』桂書房、二〇一三年、三五二〜三五三頁)。
(29) 松本駒次郎、前掲書、三四三頁、三三四頁。強調は引用者による。
(30) 松本駒次郎、前掲書、三三四〜三三七頁。
(31) ただし『小原節大全』(整理番号6)では、附録として富山タイムス懸賞募集小原節新歌を掲載している。それぞれの歌詞にはそれが県内のどの名勝古跡にちなんで詠われたものかを明記している。この点においては新民謡運動の観光宣伝的な面に影響を受けたといえるかもしれない。
(32) 「柴田力弥の吹き寄せ噺」『毎日新聞』二〇〇六年一〇月二五日。
(33) 西沢爽『日本近代歌謡史』桜楓社、一九九〇年、九一五〜九三〇頁。文戯の観点からは堀切実が次の論考で「舞句」との共通性を指摘している。堀切実「おわらと舞句」『鷹』第三一巻八号、一九九四年。堀切実『芭蕉と俳諧史の展開』ぺりかん社、二〇〇四年。
(34) いずれも『おはらぶし』(整理番号3)より採った。読みやすさを考慮し、一部表記を変更している。「竹になりたや」は「字余り」の部に、「ほつと一息〜」は「文句入り」の部に収録されている。「ほつと一息」の上句と下句のあいだに挿入されているのは、義太夫お染久松質店の段の一節である。
(35) この目次における「……」は原文どおりの表記。
(36) 北原白秋『日本の笛』アルス、一九二二年、九〜一〇頁。
(37) 北原白秋、前掲書、一一頁。
(38) 『おわらぶし』作成に深く関与したと思われる小谷惠太郎(詳細は本章4節)は、『おわらぶし』刊行前年に同人誌『榧の実』(第三輯)において「民謡短唱」の標題のもとにおわら歌詞六編を発表した。ここにもおわら歌詞の新たな方向性模索に白秋の影響を見いだすことができる。
(39) 『おわらぶし』の巻頭言「序に代へて」より。
(40) おわら保存会発足時の配布物「序」(おわらを語る会、前掲書、三五四頁)。

(41) 北日本新聞社編集局編『越中おわら社会学』北日本新聞社出版部、一九八八年、八二～八五頁。越中おわらを語る会『おわら通信（その三）』桂書房、二〇一一年、二三頁。
(42) 『富山日報』一九二二年八月一五日。
(43) 長谷川剣星『八尾のかたりべ』長谷川冽、一九八五年、二一頁。
(44) 長谷川剣星、前掲書、二一頁。
(45) 小谷恵太郎『辿り行く』漂渺社、一九二四年。
(46) 長谷川剣星、前掲書、二三頁。北日本新聞社編集局編、前掲書、八四頁。
(47) 『日本海詩人』第二巻第六号編集後記。
(48) 『日本海詩人』第二巻第六号編集後記。
(49) 『富山日報』一九二八年七月二八日。
(50) 藤森秀夫の経歴についてはおもに次の文献による。藤田圭雄『日本童謡史』あかね書房、一九七一年。稗田菫平「評伝　藤森秀夫　その詩と生涯」『牧人』第五九号、一九七八年。巻山圭一「藤森秀夫――『民謡詩』を唱えたドイツ文学者詩人」『深志人物史Ⅲ』深志同窓会、二〇〇六年。藤森秀夫『紫水晶』金星堂、一九二七年。藤森秀夫『詩謡集　稲』光奎社、一九二九年。
(51) 野口雨情「民謡の価値とその発達」『野口雨情全集第8巻』未來社、一九八七年、三九一頁。
(52) 各種の詩誌に訳詩を掲載するほか、東京時代のまとまった訳詩集としては『ゲエテ詩集』（聚英閣、一九一五年）、『近代独逸名詩選』（郁文堂書店、一九二二年）がある。前者は『ゲーテ全集』第一巻として一九二三年（または一九二五年）に聚英閣より再刊（巻山圭一、前掲記事、七二頁、八〇頁）。
(53) 藤森秀夫「翻訳者の序」『ゲエテ詩集』藤森秀夫訳、聚英閣、一九二七年、一～二頁。
(54) 藤森秀夫、一九二九年、前掲書、六頁。
(55) 藤森秀夫、一九二九年、前掲書、二頁。この場合、創作民謡をさす。
(56) 藤森秀夫、一九二九年、前掲書、二～三頁。

(57) 藤森秀夫、一九二九年、前掲書、三頁。同じ文章中で藤森の批判の矛先は流行歌の作詞を職業とするようになった野口雨情、民謡論を展開しながら実作に手をつけない藤澤衛彦におよび、二人が設立した民謡協会に集う作家らが「ともすれば拙劣なる楽人の奴隷の役廻さへも勤《ママ》めた観さへあつた」と痛烈である（八～九頁）。

(58) 小谷恵太郎「出版まで」『佛法僧』中越歌謡協会、一九三一年。

(59) 『民謡音楽』第二巻第二号、一九三〇年、九九頁。

(60) 埴野義郎「一九三〇年における北陸詩壇の形勢」『日本海詩人』第六巻第一号、一九三一年、一〇頁。

(61) 藤森秀夫「小原節　風の盆」『富山日報』一九二九年九月一〇日、一一日。

(62) 小谷恵太郎の詩作品は今日ほとんど知られていない。本章ではその味わいを尊重し、できるだけ原文の表記に忠実に引用する。なお、仏法僧とは水辺近くの森林に生息する全長約三〇センチメートル、赤橙色の嘴と足をもち青緑色の羽毛に覆われた鳥である。その名称は鳴き声が仏教の三宝を表す仏・法・僧に聞こえるとされたのにちなむ。

(63) 『歌謡芸術』第六輯、一九三一年、消息欄。

(64) 「跋」を記した同輩の民謡詩人松原與史郎にいたっては小谷の詩風についてほとんどふれず、八尾町がいかに詩的感興をそそったかに筆を費やし「この環境に培つた君の独自の芸術は、この環境に於いて、平静に、完璧に迄到達したのだ」と結論づける。藤森のドイツロマン主義的感性や語法が少なからぬ影響力をもっていたことがうかがえる。

(65) 「熊狩り」追言（七九頁）にもとづく。追言とは藤森秀夫『詩謡集　稲』において個々の詩作品の直後に添えられた文章で、地方風物や方言の解説、あるいは創作にまつわる逸話などをその内容とする。小谷は藤森のように「追言」とわざわざ断らないが、形式、内容は『詩謡集　稲』を踏襲していることは明らかなため、『佛法僧』にみえるこの種の文章をここでは追言と呼ぶ。

(66) 小谷恵太郎、一九三一年、前掲書、七八～七九頁。

(67) 小谷恵太郎、一九三一年、前掲書、一九～二〇頁。

(68) 四連のうち、第二、第三連を採録する。

(69) 小谷恵太郎、前掲書、二五～二七頁。

(70) 万波については次の文献による。宮川村誌編集委員会編『宮川村誌』宮川村誌編集委員会、一九八一年。竹下理三編『角川日本地名大辞典21　岐阜県』角川書店、一九八〇年。平凡社地方資料センター『日本歴史地名大系　第二一巻　岐阜県の地名』平凡社、一九八九年。
(71) 小谷恵太郎、前掲書、五〜六頁。
(72) 小谷恵太郎、前掲書、六頁。
(73) 「万波の雪」追言（小谷恵太郎、前掲書、四〇頁）。
(74) 〈辺境〉の考察にあたっては、福間良明『辺境に映る日本――ナショナリティの融解と再構築』（柏書房、二〇〇三年）に示唆を受けた。
(75) 改題後、『歌謡音楽』はレコード歌謡曲向けの歌詞創作に方向転換し、顧問賛助者にポリドールやキングといったレコード会社の専属作曲家や文芸部社員を迎え、かねてからの主要同人を「歌謡詩人」として掲載。小谷恵太郎は当初は会員名簿に「通常委員」として名がみえるが、一九三四年が明けて以降は中越歌謡協会を離れた。
(76) 小谷恵太郎「民謡おわらの街」『郷土風景』第二巻第八号、一九三三年。
(77) 「小谷恵太郎　民謡おわら保存会歌詞部」名義、パンフレットに用いられたタイトル画とともに掲載された。
(78) 『北陸タイムス』一九三六年九月六日〜一七日。

第5章　〈新踊〉の創造
——郷土芸術とジェンダー——

1　昭和に生まれた〈新踊〉

一九二九年六月、日本橋三越本店では富山県特産陳列会が開催された。富山県工業会が斡旋し、富山県庁から複数の職員が出向、山中恒三知事も視察を行ったという県当局肝煎りの販促イベントである(1)。三越の顧客に配布・頒布されていたPR誌『三越』には、おわらを踊る芸妓の写真つきで予告記事が掲載されている（図5－1）。

陳列品の主なるものは、銅器、漆器、各種織物、蚊帳地、欄間、農民工芸、各種食料品、玩具等です。其他、立山登山人形、スキー人形など、野趣を帯びたものを陳列いたします。余興として、郷土芸術の紹介をかね、本場正調小原節踊を越中美人十数名が出演いたします。その他、麦屋節踊もお目にかけます(2)。

このときはじめて披露されたのが、現在も八尾町を中心に伝承されている〈新踊〉である。第2章ですでに述べ

（富山市特産品）

越中美人の小原節踊

出品の一部

富山縣特産陳列會

六月一日より同八日まで三越七階ギヤラリーに於て

◇陳列品《ちんれつひん》の主《おも》なるものは、銅器《どうき》、漆器《しつき》、各種織物《かくしゆおりもの》、蚊帳地《かやち》、欄間《らんま》、農民工藝《のうみんこうげい》、各種《かくしゆ》食料品《しよくれうひん》、玩具等《ぐわんぐとう》です。其他《そのた》、立山登山人形《たてやまとざんにんぎやう》、スキー人形《にんぎやう》など、野趣《やしゆ》を帯《お》びたものを陳列《ちんれつ》いたします。

◇餘興《よきよう》として、郷土藝術《きやうどげいじゆつ》の紹介《せうかい》をかね、本場《ほんば》正調《せいてう》小原節踊《をはらぶしをどり》を越中《ゑつちう》美人《びじん》十數名《すうめい》が出演《しゆつえん》いたします。その他《た》、麥屋節踊《むぎやぶしをどり》もお目《め》にかけます。

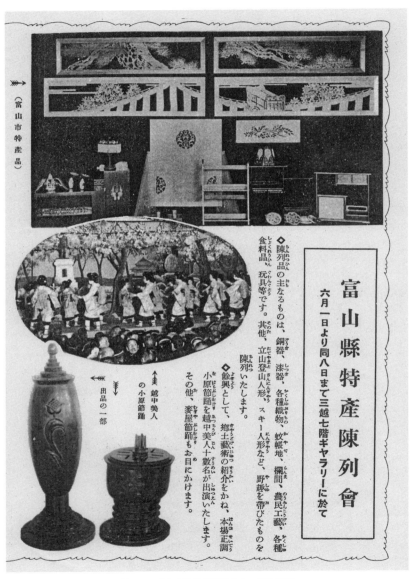

図5-1　「富山県特産陳列会」の予告記事

出所：『三越』第19巻第6号，1929年，株式会社三越伊勢丹蔵。

たように〈新踊〉は〈女踊〉と〈男踊〉からなるもので、現在では青年男女によって踊られる。大正期に作られた〈豊年踊〉が別名〈旧踊〉と呼ばれるのは、昭和期に入ってから富山県特産陳列会を機に作られたこの踊りと区別するためである。

〈新踊〉新作の動機は、〈豊年踊〉の場合とは対照的であった。というのも、中央から招かれた日本舞踊家・若柳吉蔵による振付に違和感をもった八尾の芸達者たちが、ある種の対抗心をもって〈豊年踊〉を編み出したのとは逆に、八尾町の側が若柳吉三郎に委嘱して成ったのが〈新踊〉だからである。この逆転は端的にいえば「見せる」身体性への移行を意味した。そして身体性の変化は空間の変化に直結する。

空間のジェンダー的再編成とは単に両性の活動範囲の分化をさすにとどまらない。どのような価値や実践が女性的あるいは男性的なものとして配分され空間の秩序をかたちづくっていくか、そのような問題意識が捉える過程である。本章では昭和初期に若柳流によって振付けられ現在も伝承されている〈新踊〉に焦点をあて、八尾町のおわらにおける「見せる」身体性への決定的移行、踊り手の性別役割の明確化、童謡運動との関連を考察し、空間が再編成される様相を描く。

2 〈女踊〉――「すい」な情緒の実現と「見せる」身体性の前景化

〈豊年踊〉が数多のおわら歌詞に対応できるよう作られたのとは対照的に、富山県特産陳列会出演（以下、三越出演）のための〈女踊〉は画壇の大家小杉放庵が詠んだ「八尾四季」に即して振付けられた。

小杉放庵は一九二八年一月、北陸旅行中に八尾町の医師・川崎順二を訪れた。川崎は翌年発足する越中八尾民謡おわら保存会（現富山県民謡越中八尾おわら保存会。以下、おわら保存会）の立役者である。書画を趣味とする川崎が招いたのがきっかけとなり、[3] 川崎に請われてほどなく放庵が詠んだのが次の四首であった。

ゆらぐ釣橋手に手を取りて　渡る井田川　オワラ　春の風
富山あたりかあの燈火《ともしび》は　飛んでゆきたや　オワラ　灯とり虫
八尾坂道わかれてくれば　露か時雨か　オワラ　はらはらと
若しや来るかと窓押しあけて　見れば立山　オワラ　雪ばかり

昭和初期といえば新民謡運動が盛り上がっていたころである。地名や土地の風物を詠い込んだ、鳥取の「三朝小唄」（野口雨情作詞、中山晋平作曲）や静岡の「ちゃっきり節」（北原白秋作詞、町田嘉章作曲）といったいわゆるご当地ソングもこの運動のなかで誕生した。放庵はこの運動にくわわっていたわけではないが、地名や土地の風物を詠み込んだ「八尾四季」にはその影響が如実に表れている。

さて、若柳吉三郎は妻の吉美津とともに富山市内の花街のひとつ桜木町に毎月稽古をつけにきており[4]、富山の遊芸事情や風物には親しんでいたと思われる。川崎順二、小杉放庵、若柳吉三郎がはじめて一堂に会したのは一九二九年四月、東京でのことであったが[5]、このときまだおわら保存会は発足していなかった。にもかかわらず、川崎順二が三越出演の企画に深くかかわることになった経緯についてはよくわかっていない。重要なのは、遊芸を通じて川崎順二、小杉放庵、若柳吉三郎が交流を深め、〈新踊〉誕生の道筋をつけたという点である。

民謡には地域への注目を促し、特産品の購買意欲を刺激する効用がある。しかし、この効用をさらに大きくしようとすれば、民謡に期待された素朴さが失われかねない場合もある。三越出演用の振付が考案される過程には、そのジレンマが大きく影を落としていた。

本番の一ヶ月ほど前、振付を委嘱された若柳吉三郎が川崎順二に送った手紙によれば、事前打ち合わせで衣装の問題が話し合われた。というのも、芸妓にもんぺをはかせてはどうかという小杉放庵の提案について、大いに迷っていたからである。

清水氏に小杉先生のモンペイの事を御話申候処、如何に郷土情緒でも「モンペイ」でないほうが賛成と言ふて、新規に考案作る程費用なくとの事にて話決て三越より有るものを借用と相成りましたのです。実はモンペイは自分としても振がつけにくひのです。

歌詞に田をたがやす歌とか瀬戸のナアーとかと云ふ歌があればと之は只単に一例をのべたのですが、兎に角小杉先生の作詞は実にすばらしい所情緒味あり、田舎情緒より大変に「すい」な作詞故モンペイより同じ着流《きながし》にしても何とかうまく考へ度いと思ふて居りますのです[6]〔。〕

「清水氏」というのは、県商工課長の清水虎雄と思われる。いくら郷土情緒を演出するためとはいえ、清水も若柳ももんぺには反対であった。単なる作業着でなく、「古典的情趣」を巧みに演出するような衣装としてのもんぺを新しくあつらえるには資金も不足していた。

たかがもんぺという向きもあるかもしれない。しかし、当時、舞台における郷土芸術の表現において、もんぺは郷土性を示す演出のひとつだったのである。たとえば、農村青年の娯楽として盆踊を評価した柳川文吉は、木曾の盆踊では踊り子のもんぺ姿は「古典的情趣」をかもし、いかにも「床しく」、「まるで古代の人達に会つたやうな」気がするとほめている。それは民謡の歌詞や純朴な調子とあいまって「都会の悪風に少しも染まつていない純な心」「太古の心」を映しだすとまで述べている[7]。民俗学者の中山太郎は、一九二九年、「郷土舞踊と民謡の会」で披露された会津民謡「玄如節」では、もんぺを着けるべき者が縞の股引に白足袋、麻草履をはき、七三に着物の裾をからげた「粋《いき》がった扮装」で出演して「嫌な感じ」を受けた[8]。

小杉放庵がもんぺを提案したのは、柳川のいう「古典的情趣」や「都会の悪風に少しも染まつていない純な心」を表現したかったためであろう。販促催事の余興だからといって「粋がった」恰好をし、「嫌な感じ」をもたれては本末転倒である。

図5－2　三越ホール

出所：株式会社三越伊勢丹蔵。

手紙の文面では直接ふれられていないが、衣装についてこのようなやりとりが行われた背景には会場との釣り合いの問題があったと考えられる。百貨店の催事といえども、陳列会の片隅で演じるようなものではなく、れっきとした劇場での公演だったからである。(9) しかも、国土建設を担う青年団活動を記念した日本青年館（「郷土舞踊と民謡の会」会場）とは異なり、百貨店という商業施設のなかに設けられた劇場である。ここに〈女踊〉創作・演出には演技空間の問題が絡んでいたことがわかる。

関東大震災によって被災した三越本館は一九二七年春に全館修築を終え、四月七日には三越ホール（現三越劇場）が開設された（図5－2）。席数六七八、一一六平方メートルのステージと数多くのスポットライトを設置し、オーケストラボックスも備えた本格的な劇場である。しかも最新の換気・冷暖房装置、大理石で仕上げた周壁や杉浦非水デザインの緞帳によって、快適かつ豪華な劇場空間が実現していた。(10) 華やかな都市文化の象徴であり、消費文化の牽引役であった百貨店にふさわしく、文化的存在感を示す施設だったといえよう。

百貨店における地方の物産陳列販売は、三越呉服店時代の一九一七年に「東北名産品陳列会」が開催されたのを嚆矢とする。東北の産物、製品が陳列・販売されたばかりでなく、余興として岩手県の金山踊や宮城県の塩釜甚句が演じられた。物産の陳列販売と地方芸能の上演を組み合わせる形態はこの時期にさかのぼることができるのである。(11) その後も三越では織物、染物、工芸品などの産地に特化した、あるいは県主催の陳列会が頻繁に行われ、富山県特産陳列会の前後には、三重県主催三重県物産陳列会(一九二九年一月)、東京鞄商工同業組合第2回新製鞄展覧会(三月)、長野県主催農閑利用作品陳列会(四月)、東北振興会主催東北銘産品陳列会(五月)、鹿児島県大島連合組合主催優秀大島紬陳列(九月)、沖縄県物産陳列会(一九三〇年一月)、石川県工芸奨励会第九回展覧会(六月)などが開催された。(12) 当時、民謡が舞台出演する際には、地方は紋付袴の着用が慣例とされていたこともあり、よほど効果的にデザインされたもんぺでない限り、場違いな印象を観客に与えるおそれがあった。

さて、手紙の文面では若柳はもうひとつの懸念を表明している。もんぺでは振付がしにくい、なぜなら小杉放庵による「八尾四季」では野趣よりも「すい」(粋)な情緒が際立っているからだというのである。

「すい」な情緒とはこの場合、春の風、灯とり虫(灯蛾、夏の季語)、秋の時雨、窓越しの雪景色に託して表現された男女の情愛のこまやかさから醸される、艶のある雰囲気をさしているのであろう。春を詠んだ一首のみならば、もんぺ姿の娘を想定した振付でもよいかもしれない。しかし、夏の歌詞に登場する「富山あたり」の「燈火」は、明らかに富山市方面の歓楽街をさしており、もんぺ姿には似つかわしくないなまめかしさが漂う。坂道で恋人と別れて哀愁にとらわれる風情、雪にまぎれて逢瀬が実現することを願う女のはかない願いを詠んだ秋冬の歌詞ももんぺ姿から喚起される労働や生活のにおいからはほど遠い、男女の情愛をめぐる虚構である。このような作風は、従来からある端唄や小唄、都々逸の情趣をなぞっているだけに芸妓による演技がぴったりとくる反面、国民音楽あるいは民衆芸術を論じた知識人や指導層が「民謡」という概念から排除しようとした要素を持ち合わせていた。

若柳吉三郎の小杉放庵の作詞に対する「大変に『すい』」という肯定的な評価は、遊芸の伝統において育まれた美学や感性にもとづいていた。富山県特産品の販促のため、しかも日本橋三越の来店者をもてなす余興の振付とあ

図5－3　城ヶ山で若柳吉三郎，川崎順二を囲んでの記念撮影
出所：富山市八尾おわら資料館蔵。

れば、若柳吉三郎の立場上「すい」な情緒を活かしたものにならざるをえない。これは、国民音楽や民衆芸術をめぐる議論の延長上にある「郷土芸術」の理念とあいいれるものではなかった。その意味で若柳吉三郎が三越出演の振付にあたっていたことは、郷土芸術としてのおわらの評判を損ねかねないリスクをともなっていたわけである。

それでも若柳吉三郎に振付が委嘱されたのには、それなりの背景があった。若柳流はすでに桜木町に地盤を築き、大正二年共進会における「富山踊」の舞台制作にたずさわった実績がある。県主催のイベントへの協力依頼がきてもおかしくはない。

さらに、「遊び上手」と謳われた川崎順二の嗜好も若柳吉三郎の関与を後押しする雰囲気を作っていたと考えられる。昭和初期、八尾町の鏡町遊廓[13]には十数軒の料理屋が営業し、多くの芸娼妓が働いていた[14]。生糸、和紙、木炭などの取引がさかんだった時期で、県内では富山、高岡、県外では福井、岐阜、横浜、神戸などからの商人が出入りし、地元の問屋の主人や製糸工場主などの接待に彼女らの存在は不可欠であった。こうした県内外農商人や企業家にくわえ、醸造や呉服などを営む旧家の旦那衆には浄瑠璃、長唄、小唄、端唄をたしなんだ遊び上手が多かったと伝えられているが[15]、川崎もその一人であった。

八尾町の文脈においては華やかさを保ち、全国的な動向からすれば（斜陽に向かいつつも）かろうじて「文化発信の中心地として生きた役割[16]」を担いえた花柳文化の空気を吸いながら、客をもてなし、みずからも遊んだ川崎にとって、日本舞踊の師匠に振付を委嘱することへの違和感はほとんどなかっただろう。おわら保存会の役員には鏡町で料理屋・置屋を経営していた荒木健三（明光楼）、五十嵐忠治（杉下楼）、北吉松太郎（日進楼）、林為三郎（林松楼）らが名を連ねていた。踊部の最初の女性メンバーはこれら主要な置屋の世話していた芸妓八名で、ほとんどが日本橋三越の舞台を踏んだ芸妓だったのである[17]。このように、川崎順二や若柳吉三郎は、地元の花柳文化を含みこんだかたちで「優雅なオワラの情緒[18]」を実現しようとしていた意図がうかがわれる（図5－3）。

その結果できあがったのが〈女踊〉である。盆踊風に反復して踊ることができる一連の所作に、「八尾四季」を構成する四首の歌詞それぞれを締めくくる四つの形が付いている（図5－4）。

〈豊年踊〉の繰り返し部分は「群れる」身体性の名残だと論じた（第2章）。しかし、〈女踊〉の繰り返し部分は、創作舞踊を舞台上で盆踊のように見せる意図にもとづいたものと解釈できるだろう。なぜなら、若柳吉三郎が相手にしているのは芸妓であり、多様な所作を駆使して振付けることが可能であったにもかかわらず、盆踊風を装うために、あえて繰り返し部分を設けたと考えられるからである。じっさいには、この繰り返し部分を習得するにも〈豊年踊〉よりよほど多くの時間と労力をかけなければならない[19]。しかし、見る分にはさらさらと流れるような進行である。そこで、委嘱をうけた日本舞踊家としての創意と力量は、締めくくりの四つの形に凝縮されることになる。

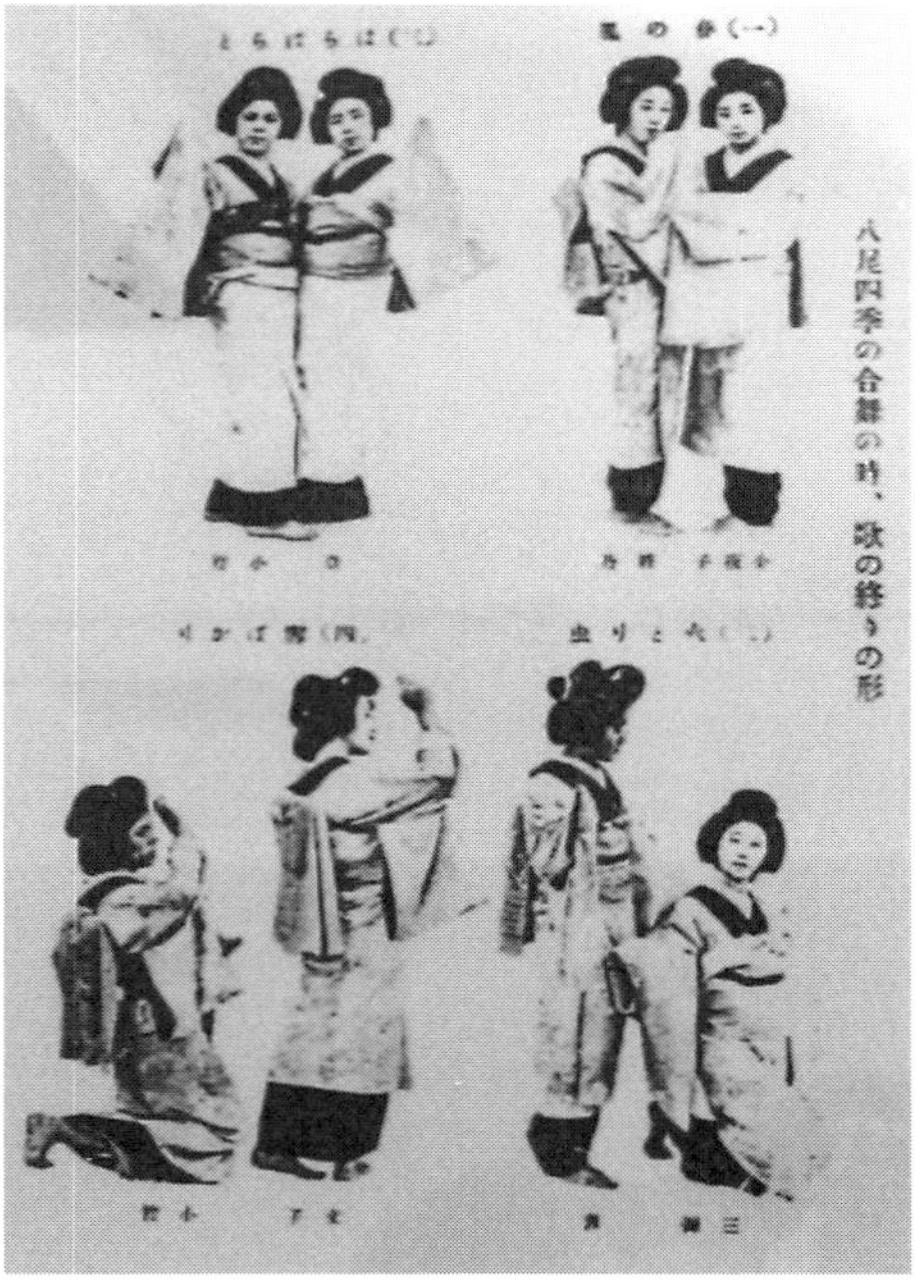

図5－4　「八尾四季の合舞の時，歌の終りの形」
右上（一）春の風，右下（二）火とり虫，左上（三）はらはらと，左下（四）雪ばかり。

出所：「新踊り振付解説」富山市八尾おわら資料館蔵。

三越出演の成功を報じる『北陸タイムス』には「灯とり虫」のポーズをぴたりと決めた、八名の芸妓の舞台写真が掲載された。(20) こうして八尾町のおわらは三越出演を機に日本舞踊の香りをまとった郷土芸術に刷新され、「見せる」方向へ大きく歩を進めたのであった。

3 〈男踊〉——郷土と青年

「すい」で「優雅」な情緒を打ち出そうとした反面、おわら保存会は郷土性の表現にも気を配った。民謡、あるいは郷土芸術として、花柳文化とは対極にある(と想定された)「自然」「純粋」「素朴」といった要素をも体現しようと腐心したのである。

おわら保存会が発足した年の風の盆を無事に終えた九月のある日、三越での舞台を目にした観客から「芸者踊りは郷土芸術にふさわしくない」という批判の手紙が届いた。(21) 発信者は富山在住とみられる「一青年」。踊りが商売である芸妓連、つまり「商売人」を三越で出演させたのでは民謡の価値が下がる。八尾にも立派な青年がいるのにもかかわらず、なぜ同じ舞台に立った麦屋踊のように青年を出せなかったのか、民謡の踊りは無骨なのがかえってよいのだ、と綴られている。

富山県特産陳列会を報じた新聞記事にはこのような批判は見当たらない。余興として成功をおさめ、陳列会が盛況であったからであろう。しかし、「一青年」は「私は風評の余り書きました」と手紙を締めくくっている。郷土芸術としての適格性に疑問をもっていたのは、彼一人ではなかったことがうかがわれる。

こうした反応は十分に予想できるものであった。というのも、この時期、青年団は郷土振興運動の担い手として位置づけられており、地方自治の文脈においては、民謡を含む各地の芸能は健全な民衆娯楽ないし農村娯楽の素材であるという考え方が浸透していたからである。

青年団と娯楽の政策化

大正年間を通じて政府官僚を中心に整備された青年団の中央指導機関は機関誌『帝国青年』(一九二三年より『青年』に改題)を発行しており、そのなかで少なからず農村娯楽が取り上げられていた。各地方、とくに多数を占める農村部の青年団にとって、農村の荒廃は青年団の発展に直結した問題であり、祭礼や盆踊などは青年にとって魅力ある農村にするための娯楽、すなわち郷土振興の手段とみなされたのである。[23] 青年にとっての魅力といっても低俗なものではいけない。青年団の全国的組織化が政府官僚に主導されて展開し、農村のおかれた状況を大きく反映した郷土観や国土発展の構想のもとで、各地の芸能は健全であることが求められたのである。

農村娯楽を政策化しようとする政府の意図は「全国民衆娯楽調査」が実施されたことにも表れている。一九二一年の第一回調査結果報告は印刷を目前にして関東大震災により焼失したとされるが[24]、同時期に内務省社会局によっても同様の調査が実施された。その結果報告にはたとえば次のような記述がみられる。

盆踊祭礼其の他地方特殊の由緒ある娯楽は之を改善利用すべく敢て廃絶せしむるべきにあらず。殊に盆踊に付ては町村長、小学校長、宗教家等を始め、従来の悪弊を芟除《さんじょ》し……真に民衆的にして醇美、素朴なる踊法を考覈《こうかく》善用せしむべきこと(千葉県)

盆踊、獅子舞、神楽、能等地方に慣行せるものは其弊を矯《た》め漸次国民的舞踏とすること(宮城県)

祭礼、節句、盆踊等季節の催は努めて之を改良保存すること(鳥取県)

節句、祇園、七夕、供日、御日待、二十三夜待、角力、綱引、浮立等神社仏閣を中心とせる古来慣行的のものは風俗習慣を害せざる様注意をなし之が復活を計るは敬神愛国の念を増し祖先崇拝の美風を助長すると共に娯楽の目的を達することを得べし（佐賀県）[25]

ようするに、農村娯楽はそのままだと弊害があるが、廃絶せずに改善して用いれば農村からの若者の流出をくい止めたり、愛国心の涵養に貢献したりするという考え方がこれらにはみてとれる。祭礼や盆踊の「解禁」「復活」を求める声が少なくない背景には、大正期に入ってから民間習俗に対して寛容な空気が出てきたとはいえ、全国的にみればいまだ明治期の厳しい取締が尾を引いていた実情があったのだろう。ちなみに、富山県は相撲や盆踊などを奨励し、青年団が責任をもってその運営にあたることで秩序を保つとよい、と回答した。

一九三〇年に実施された第二回調査では「郷土娯楽」への関心の深化から「農山村に於ける娯楽の概況」を独立した調査項目として掲げ、その結果は「全国農村娯楽状況」としてまとめられ、『民衆娯楽調査資料第一輯』として刊行された。一九三二年には各種娯楽の実情を農村の発達段階によって調査することが目指された。村落を郊村（都市郊外の農村）、農村（郊村以外の田園地帯における農村）、山村、漁村の四種に分類し、それぞれどのような娯楽がさかんであるかが統計的に示された[26]。それによれば、圧倒的に愛好されている娯楽は映画と盆踊であり、全体的な傾向として郊村・農村では映画の愛好度が最も高く、漁村・山村では盆踊の愛好度が最も高いことが指摘されている。また農村では映画とほぼ比肩しうるほどに盆踊も愛好されていた。当時、都会的・興行的娯楽としては映画が圧倒的な勢力をもっていたが、盆踊も広範囲でさかんに行われており、映画とならんで当時の民衆娯楽の「二大潮流」を形成していたのである。

じっさいに盆踊がどのように行われているかについては、次のような記述が目に留まる。

郷土芸術振興の気運に乗じ各地に於ける盆踊は相当隆盛に赴きつゝあり（岡山県）

地方に依りては村農会、村青年会に於て中絶せる盆踊を復活し、音頭の歌詞も改作し、講習会を開き、其の奨励普及を計りつゝあるものあれど、県下の大勢は年々衰へつゝあるを以て、近時農漁山村の娯楽として各地方に於て之が復興を図りつゝあり（兵庫県）

往年に比して旺ならず。近年は競技化し音頭及其の技を競ひ優賞旗の争奪戦まで行はる（群馬県）

懸賞付の場合は単なる娯楽の領域を超えて時には弊害なきにしもあらず（栃木県）[27]

盆踊はさかんになりつつあるばかりでなく、競技化さえ起こっているというのである。

このように、一九二一年から一九三二年にかけて盆踊は復活が望まれる娯楽から、主要な農村娯楽の位置を占めるにいたったことがみてとれる。この期間において各地の芸能を衰微させる要因としてあげられたのは経済状況の悪化であり（一九三〇年調査は昭和恐慌の最中であった）、対して復興を促進する新しい要因として競技化の動きが出てきたことがうかがえる。[28] それは青年団の郷土振興の役割に対する期待の増大とともに起こった変化であり、政府は調査を通じてそうした動きに気を配り、政策に取り込もうとしていた。

郷土芸術の模範

おわら保存会の発足に間に合うよう〈男踊〉の振付がなされたのは、以上のような状況に即して八尾町のおわらを認知させる必要があったためと思われる。別名〈かかし踊〉とも呼ばれるこの踊りは、直線的な動き、手足の素早い屈伸を特徴としている。振付完成の翌年、再度、東京での出演のために準備を進めていた川崎に宛てて、若柳吉三郎は男子用の踊りがくわわったことによって、郷土芸術としてますますふさわしいものになり喜んでいると書

き送った。(29)

おわら保存会発足にあたっては踊部のなかに男子部も設けられ、二八名が所属した。人数からすれば女子部の三倍以上にあたる。そのうち、生年がわかるのは二名で、一八九八年一〇月生まれの長谷川弘は当時三一歳、一九〇九年一〇月生まれの中田国嗣は二〇歳であった。当時の八尾町では、青年が所属する団体として青年会と公友会があり、前者は一五歳から二四歳まで、後者は二五歳から三五歳までを会員としていた。(30)また『北陸の産業と温泉』(北日本社、一九三二年)には、一九三一年一〇月の時点でおわら保存会会員の年齢は一五、六歳からとある。(31)これらを勘案すると、踊部男子は青年会入会資格にあたる一五歳から公友会の年齢上限の三五歳までを対象にしていたと推測できる。

おわら保存会の青年団活動への目配りは、町内外の青年団に風の盆への招待状を送っていることにも表れている。富山市八尾おわら資料館に所蔵されている最も古い招待状(32)の文面は次のとおりである。

待ち侘びし二百十日の風の盆が近づいて本場の八尾町を始め遠近の村々から老若男女おわらの情緒を慕つて集ひ寄る頃

正義純情に燃ゆる血気の若人達にもやはり民謡おわら節の詩情が限りなく懐かしまれる事でありませう。

吾が八尾町では本年も此の意義ある三日間を思ふ存分おわらで練り廻るべく本会に於いて着々その準備中であります。

就いては此の好機を青年団の諸子に御利用願つて民謡おわら節の真価を御研究あらん事を、と存じ貴村団員諸君の多数御来町御見聞の上民謡おわら節向上の為に有益なる御批判と今後の御後援とを願ひたくこゝに謹んで御招待申し上ぐる次第であります。

何卒大勢御誘ひの上御来遊の程御待ち申し上げます。

敬白

昭和六年八月十五日
越中八尾民謡おわら保存会
主事　川崎順二

青年団長殿

注目すべきは、後半でおわらの真価を研究するために風の盆の機会を利用してほしい、おわら向上のために有益な批判と後援を願いたいと述べている部分である。ここで想定されている「真価」とは前半で言及される「詩情」だけでなく、青年団に課された社会教育上の役割、とりわけ郷土振興であろう。この招待状は八尾町近在の二七の青年団に送られた(33)。

4　興行路線とは一線を画す

〈新踊〉には〈女踊〉として日本舞踊が取り入れられ、〈男踊〉も創作されたことで郷土振興の政策的メッセージが盛り込まれた。昭和初期といえば、専門家のあいだでも郷土芸術のあり方をめぐる議論がなされている最中であり、三越出演や保存会発足に力を注いだ面々にとって〈新踊〉を世に出すことは、郷土芸術を実践的に探求する行為であった。

このような探求において、興行的なおわらとどのように距離をとるかは、重要な問題であったと思われる。というのも、おわら保存会は次第にアマチュアリズムに徹するところにそのアイデンティティをかけるようになるからである。

じつは、おわらは日本青年館主催の「郷土舞踊と民謡の会」のための県レベルでの審査対象から外れたことがある。日本青年館は全国の青年団活動の殿堂ともいうべき施設である。「郷土舞踊と民謡の会」は舞踊や民謡のうち、地方色が濃厚で、いまだ広く社会に紹介されず、由緒深くて芸術味豊かなものを全国の府県から募集し、さらに顧問の柳田國男、高野辰之、小寺融吉による審査を経て出場が決定される晴れ舞台であった。(34) 大正期、皇太子の青年団活動への出席や、青年団による明治神宮造営労働奉仕にみられるように、青年団と皇室の関係は近しいものへとなっていった。日本青年館落成にあたっては、皇室から事業奨励金が下賜されたほか、式典に参集した青年八五〇名が赤坂御所で東宮に謁見する機会が設けられ、(35) 開館の祝賀行事のひとつとして「郷土舞踊と民謡の会」が開催されたという経緯がある。その記念すべき第一回には全国から七〇以上の舞踊や民謡の応募があったが、限られた時間の関係からじっさいに出演したのは八団体であった。その記念すべき第一回には富山県から麦屋節（東砺波郡平村下梨）が参加し、「白たすきに尺五の太刀を帯びた踊子が菅がさ持つて現はれた、その菅がさがあやになつて勇ましい姿の踊子は優しく曲線的に踊抜く　富山県の片田舎に残った郷土芸術らしい味が実によく出てゐる」との評判を得た。(36) ところが、一九二九年春に向けての県内審査ではおわらは対象外とされ、その理由はおわらがあまりにも世間に知れわたっているためと報じられた。(37)

こうした認識が存在した背景には、おわら興行の人気があったとみられる。(38) 一九二六年にはおわら興行が富山、東岩瀬、高岡といった県内の主要都市を中心に一二三件（日数にして二三七日）行われた。(39) 一九二八年には、県内で演劇・講談・奇術が衰退しつつあるのに代わって、活動写真、おわら、安来節が大変な勢いで観客数を増しているとの調査結果が報道されている。(40) 地方のうたといってもこのような流行にのったものは郷土的な性質、すなわち素朴さや純粋さ、田園情緒を失い、舞台受けをねらった趣向や技巧に走り、俗化したとみなされた。県レベルでの審査においておわらが推薦の対象とされなかったことは、おわらの郷土芸術としての適格性が問われたこととほぼ同義であったといえる。

三越出演の話が持ち上がったとき、八尾町としては興行的なおわらとは異なる「郷土芸術」にふさわしい出し物をプロデュースする必要があった。余興の眼目は「郷土芸術を紹介する」ことであり、芸人がやる見世物と混同されては本場の八尾町の沽券にかかわる問題だったからである。とすれば、若柳吉三郎が盆踊風の繰り返し部分と四季を表現する四種の形からなる、どちらかといえば抑制的な振付を案出したのは、興行とは一線を画す意図の表れといえるだろう。

5 越中八尾民謡おわら保存会女児部

ここまで〈新踊〉誕生の経緯をたどり、それにかかわった人びとが何を求めていたのかを探った。小杉放庵の「八尾四季」を得た八尾町のおわらは、花柳文化に根ざした美意識を有する〈女踊〉、郷土振興を担うべき存在として期待された地方の青年たちを励ます〈男踊〉の創作によって刷新され、興行的な出し物とは一線を画した「郷土芸術」を具現したのだった。

それでは〈女踊〉はもっぱら芸妓によってのみ演じられたのだろうか。現在の風の盆で一〇代から二〇代にかけての若い女性が演じているこの踊りは、戦前にはおわら保存会女児部に所属する少女たちも稽古を積み、上演していた。しかも、その少女たちは花柳文化とは異なる意味でおわらの洗練に貢献したのである。ここからはその経緯を明らかにし、おわらをめぐる空間のジェンダー的再編成のもうひとつの検討材料としたい。

女児部の活動の軌跡をたどることができる資料のひとつに「おわら大会」番組（一九三一〜三七年のものが現存）がある。「おわら大会」とは八尾町を構成する各町の人びとや芸妓連、保存会本部の面々がおわらのうたや踊りを披露した会で、おもに一月か二月に八尾劇場で行われた。一九三一年および翌年は支部名と「遊廓連」が出演者と

図5－5　〈新踊〉を踊る女児部員
左から川崎悦子，吉田國子，綿喜榮子，宮田房子。
出所：おわらを語る会編『おわらの記憶』桂書房，2013年，177頁。

してあげられているが、一九三三年には番外として「女児連中」による踊りが登場する。次の年からは正規の出し物として本部女児による踊りが盛り込まれるようになった。

図5－5は踊り姿の女児を写した数少ない写真の一枚である。女児部に所属していた宮田房子（一九二四年生）が小学校一年生の秋に城ヶ山で撮られたものというから、一九二九年ごろと思われる。女児が踊った最初で、八尾を訪れた小杉放庵らを前に披露された[41]。

彼女らは「一回生」にあたり、おわら保存会主事・川崎順二の長女悦子（一九二四年生）、同級生の綿貫榮子、宮田房子、吉田國子はそれぞれ医師、料亭、旅館、生糸問屋の娘であった。八尾町のなかでも、かつて「旦那町」と呼ばれたほど裕福な商家が軒を連ねた東町と西町出身のいわば「良家のお嬢さん」である。この四名は一九三三年一〇月八日、宇奈月温泉で黒部峡谷鑑賞に訪れた梨本宮守正王御前演奏にも出演した。

当時は風の盆に少女や年ごろの娘が街頭で踊ることをこころよく思わない者もいるなか、女児部は特別扱いだった。出演のために学校の授業を休むことを許され、迎えの車に乗って出演先に向かい、着付は人に頼んでいたという。報酬はなかったが、忘れたころに鉛筆一ダースが送られてきたこともあった。梨本宮御前演奏では手づから菓子をいただいたという。

女児たちの衣装は町内の生糸・繭問屋を通じて特別にあつらえられた。谷川（武部）玲子（一九二七年生）は三回生として女児部に所属したころを鮮やかな衣装とともに記憶している。一回生は赤地に袖の白い二本線の着物、二級下の二回生は黄と赤を太い横縞に染め分けた着物に黒い帯を締めた（図5－5）。さらに一級後輩の三回生は胸元

表5-1 おわら保存会による御前演奏と女児部出演

1933年10月8日 梨本宮守正王（宇奈月温泉）					
川崎悦子	綿喜榮子	宮田房子	吉田國子		
1936年5月27日 東伏見宮周子（富山ホテル）					
川崎悦子	綿喜榮子	上ノ茗幸子	宮田房子	吉田國子	村杉幸子
益山澄子	鍋谷武子	益山道子			
1936年6月14日 東久邇宮稔彦王（富山ホテル）					
川崎悦子	綿喜榮子	宮田房子	吉田國子	上ノ茗幸子	村杉幸子
益山澄子	鍋谷武子	益山道子	福島靜子	渡邊千枝子	安部アヤ子
綿末子	武部玲子	土屋貞子	田邊雅子	根上了子	島原和子
西田ミドリ	赤羽玉枝	杉江ツヤ子	和田澄子		
1941年6月2日 閑院宮春仁王（富山ホテル）					
女児部出演なし					
1942年4月18日 李王垠，同妃（富山ホテル）					
宮田須美子	中崎とし子	長谷川旦子	森島歌子	茗原千之	和田キヨ子
川崎暁美	井沢艶子	鈴木敬子			
1943年9月20日 高松宮宣仁親王（富山ホテル）					
女児部出演なし					
1943年10月20日 朝香宮鳩彦王（高岡延對寺）					
女児部出演なし					

出所：おもに御前演奏番組より筆者作成。

から裾へ、えんじ色、桃色、若草色の三段模様に染めた富士絹の衣装に、紅白の市松模様の帯を合わせたという。女児部所属の娘をもつ生糸問屋土屋某がおわら保存会に一〇着ほど寄付した花模様の着物は、「モンパレス」と呼ばれて女児の気に入りだったようだ(42)。

一九三三年から一九四三年にかけて行われた御前演奏についても番組が残されており、女児部の活動の軌跡を読み取ることができる（表5-1）。

最初は四名であったが、二回目は九名に増えている。三回目の東久邇宮稔彦王御前演奏ではじつに二二名もの女児が出演し、武部玲子、「モンパレス」寄付のきっかけとなった土屋貞子の名もみえる。

小さいころ、茶道や花道の稽古に通った谷川（武部）玲子にとって、おわらの踊りを習うことも稽古事のひとつであった。西町の料亭「一力」の芸者に習いに行ったこともあるという(43)。女児部は「八尾四季」もレパートリーとしていたことから、芸妓から〈女踊〉を伝承されたと考えられる。

さて、東久邇宮稔彦王御前演奏の番組によると、女児たちは「八尾四季」だけでなく次の三首も踊ったことになっている。

可愛い鳥だよつぐみの鳥は　柿をつゝいて　オワラ　紅つけた
毛槍ァ穂薄《ほすずき》鋏《はさみ》箱貸そか　殿様蜻蛉《だんぼ》の　オワラ　供揃い(44)
烏勘三郎の嫁取りや続く　柿の提灯で　オワラ　顔見えぬ

最初の二句は、第4章に登場した小谷恵太郎（契月）による。小谷はおわら保存会創立当初からの主要メンバーであり、このときは庶務を務めた。三句目は作者不詳であるが、小谷とともにおわら保存会で活躍していた林正雄（秋路）による「烏勘三郎の嫁さの供は　柿の提灯　オワラ　さげて来た」と酷似していることから、林の作と思われる。これらは現在「童謡」として、おわら保存会発行の歌詞集に収められている。童謡への振付は今では伝承されておらず、誰が振付けたのかも不明である。だが、以上に紹介した資料から、女児たちは中央の文化人の作詞、振付による「八尾四季」のほかに童謡にあわせて踊っていた事実も浮かび上がってきた(45)。

6　童謡舞踊を郷土芸術の糧に

明治末以降、それまで弾圧されていた旧い習俗（盆踊を含む）は改良すれば教育的価値をもちうるとして、復活の動きが起こったことはすでに述べた。おわらもその流れに乗り、歌詞改良や品格重視の公演方法を試してきてはいたが、多彩な普及方法を次々と繰り出してそれまでにない成果をあげたのがおわら保存会であった（詳細は第6章）。女児部創設はそのうちのひとつに数えられるが、ゼロからの発明というわけでもない。全国に視野を広げれば、女児部によく似た例がすでに登場していたのである。作曲家・本居長世とその娘たちによる童謡と踊りの普及活動である。

本居長世は宣長以来、国学を受け継いできた家柄の六代目にあたる。祖父豊穎《とよかい》は帝国学士院会員、文学博士の肩書きをもつ高名な国学者であるばかりでなく、嘉仁皇太子（のちの大正天皇）の侍講を務めた。長世は東京音楽学校を首席で卒業し、ピアノ演奏、作曲に才能を発揮したエリートであった。一九一八年『赤い鳥』創刊に始まった童謡運動の波は音楽家たちをも巻き込み、本居長世も一九二〇年から童謡雑誌『金の船』をおもな舞台として作品を発表するようになった。「十五夜お月さん」「七つの子」「赤い靴」（いずれも野口雨情作詩）、「めえめえ児山羊」（藤森秀夫作詩）などは今日もうたい継がれている。

小学校一年生の長女みどりが「十五夜お月さん」をオーケストラの伴奏で独唱し脚光を浴びたのは、宮城道雄、吉田清風らとともに臨んだ一九二〇年の「新日本音楽大演奏会」においてである。この演奏会は、西洋音楽と日本の音楽的伝統の融合による新たな芸術表現の試みとして注目を浴びたが、同時に、少女という存在が芸術表現の主体として登場した点でも画期的だった。

ここに踊りの要素がくわわったのは、一九二二年、次女貴美子が舞台に立つようになってからである。貴美子は歌手を務めただけでなく、童謡に振付をほどこした舞踊も披露した。稽古と振付にあたったのは日本舞踊界に新風を送り込み、本居、宮城、吉田ら新日本音楽の推進者と深い交流のあった藤間静枝や林きむ子である。(46) 童謡と踊りを組み合わせた童謡舞踊はまたたく間に流行し、童謡運動に新局面をもたらしたのだった。

子どもが芸術の担い手になりうるという考え方は、当時かなり新しいものであった。その基盤となっているのは、「童心主義」、すなわち子どもに特有の（と想定される）純真無垢な心性に芸術的価値を見いだすというものである。(47) しかし、芸術上の新思潮、新様式が即座に世間に受け入れられるとは限らない。事実、藤間静枝の開拓しつつあった新舞踊には大きな期待が寄せられる半面、激しい批判も起こり、評価は定まっていなかった。(48) にもかかわらず、童謡舞踊が急速に浸透したのはなぜだろうか。

坪井秀人は皇族の後ろ楯を大きな要因としてあげている。[49]大正天皇の第四皇子澄宮崇仁親王（後の三笠宮）はその象徴的存在である。一九二一年秋、童謡集『十五夜お月さん』を手にして喜んだ澄宮は、野口雨情に近作を献上するよう命を下した。[50]その年の一二月、澄宮満六歳の誕生日に際して、本居長世は「澄宮御作」になる童謡に作曲し、娘みどり、喜美子とともに御前演奏する光栄に浴したのであった。翌年には『澄宮殿下御作童謡集』（大阪毎日新聞社）まで刊行され、澄宮は「童謡の宮様」として知られるようになる。さらに貴美子の初舞台では、澄宮の童謡に藤間静枝が振付けた踊りが披露された。

もともと皇室とのむすびつきが深い本居家の特権的なオーラは、澄宮との芸術的交流のエピソードが新聞や雑誌で語られるにおよんで、ますます強まっていった。童謡・童謡舞踊は皇室を頂点とする当時の階級意識や社会制度とむすびつき、高級文化として認知されるようになったのである。

本居父娘の活動の場は都会に限らなかった。童謡雑誌やレコードにふれる機会の少ない地方にも、積極的に出かけて行ったのである。昼は小学校で子どもたちのため、夜は公会堂で大人たちのために演奏する。すると次の日には家族で童謡を楽しめるという寸法である。[51]父による華麗なピアノ伴奏を背景に、あでやかな着物をまとった令嬢がうたい、踊った舞台は、高級で趣味豊かな理想の家族団欒とはかくあるべし、と観客の目に映ったであろう。「令嬢」、それは当時マスコミや社交で用いられた未婚の女性の敬称であり、それにふさわしい素養や態度、趣味をもつとされる新時代の女性像であった。しかも宮廷貴族のイメージとむすびついた雅やかさをそなえた憧れの的でもあった。[52]

本居父娘が八尾を訪れたのは一九二五年九月九日「本居長世氏作品発表　音楽と童踊の会」のためであった。本居父娘は前年アメリカ巡演から帰朝したばかりで、予告記事では「世界的に知られた名手」として紹介されている。[53]「八尾地方での斯ふした大家の演奏会は今回が始めて」[54]というだけに、他の地方公演と同じく熱狂をもって迎えられたと推測される（図5-6）。

童謡熱は翌年四月、本居長世とコンビを組んでいくつもの名作を生み出した野口雨情の来富によって再燃した。詩人・時雨音羽、声楽家・権藤圓立《ごんどうえんりゅう》、作曲家・藤井清水も同行し、演奏、講演、座談会などをこなした。総曲輪小学校講堂で開催された児童のための講演演奏会には、千数百人が詰めかける盛況ぶりであった。さらに県会議事堂では富山市教育会、北陸タイムス社、富山新報社、富山日報社の後援による「民謡と童謡講演大演奏会」が開催された。「富山市の名誉」を背負って歌唱と舞踊を披露したのは富山市内の小学生で、そのほとんどが女児であった。(55)

図5-6　本居父娘の来尾に関する報道

出所：『富山日報』1925年9月10日。

その後、童謡運動は衰退し、おわら保存会が発足した一九二九年には『赤い鳥』が休刊、『金の星』（旧『金の船』）は終刊となる。『少年倶楽部』に代表される通俗少年少女小説雑誌の隆盛、廉価な童話・童謡全集の刊行にくわえ、不況、軍国主義的空気の高まりなどがその背景にあった。(56)一方で、童謡は本居父娘の御前演奏をきっかけに皇室とのむすびつきを深めた側面もあり、皇太子裕仁の結婚に際して『皇太子殿下御成婚奉祝童謡集』（五味政知編、皇太子殿下御成婚奉祝童謡集刊行会、一九二四年）が、また昭和天皇即位を記念して『御大礼奉祝全国小学児童代表奉献童謡集』（登内景淵編、御大礼奉祝小学児童童謡奉献会、一九二八年）が編纂された。後者は各府県および台湾、朝鮮、満州、樺太にくらす小学生が創作した童謡を集大成したものである。(57)

このような文脈において興味ぶかいのは、童謡・童謡舞踊が地方で命脈を保っていたことである。

まず注目すべきは日本海詩人連盟(58)による「詩と音楽の夕」であろう。

高岡で行われた第一回の日時は不明だが、第二回（富山）、第三回（新湊）、第四回（氷見）は一九二七年一〇月、第五回（高岡）は一九二八年四月に開催された。いずれも七〇〇～八〇〇人程度の聴衆を集め、たいへんな好評を得たようだ。そもそも短期間のうちに開催を重ねたのは、最初の二回が予想外の盛況を呈したからだという。[59] なかでも目につくのが童謡の演目だ。「待ちぼうけ」（北原白秋作詩、山田耕筰作曲）などすでによく知られた作品とならんで『日本海詩人』同人による童謡に曲がつけられ、地元の演奏家や小学校児童によって披露された。少女による童謡舞踊も演じられ「極くデリケートな味わひを出したのには感心した」との評を得ている。[60] 第五回においては「市内令嬢の新舞踊発表」が大きなよびものになっており、四名の少女が舞台に立った。「ひとりでねんねしやう」[61] のような明らかに童謡とみられる演題があることから、演者には小学校低学年の児童が含まれていたと考えられる。

童謡・童謡舞踊がプログラムに盛り込まれたのは「本連盟の芸術運動が着々と大衆に理解されてゆく」ことが期待されたからにほかならない。[62] 昭和に入っても、童心主義や令嬢といった要素は、芸術的な美を宿しているものとして、また憧れの的となる高級感の源泉として十分に有効性をもっていた。

『日本海詩人』には一九三〇年ころから小谷恵太郎も同人として名を連ねていたが、ほどなく退潮をむかえることとなる。その後、小谷が作品発表の場とし、また積極的にかかわったのは『歌謡芸術』（一九一七年創刊、中越歌謡協会発行）であった。[63] 投稿規程の筆頭に「民謡、童謡、小曲を意味する歌謡作品」「歌謡、音楽、レコードの研究、批評文」を掲げ、顧問に富山県出身のヴァイオリニスト・高階哲夫を据えた、[64] 多分に音楽志向の雑誌である。顧問として、同じく富山県出身の西川扇珠も名を連ねた。日本舞踊西川流で研鑽を積み、歌謡・童謡の振付を売り物とした人物である。

中越歌謡協会は、一九三二年六月一一日には県会議事堂で「富山歌謡祭」を開催した[65]（図5－7）。職業音楽家にまじって三名の少女歌手が童謡を披露し、おわらの踊り手として男性四名および四名の女児が出演した。これらの女児については報告記事で「川崎医師令嬢悦子さん、横井四十七銀行支店長令嬢美知子さん、綿白宇館令嬢喜榮子[66]、

図5-7 富山歌謡祭記念写真
前列右より2人目川崎悦子，3人目川崎順二（左隣2名も女児部員か），7人目高階哲夫，9人目西川扇珠。中列5人目長谷川剣星，6人目保井廣郷，8人目江尻豊治，12人目井上豊吉。後列7人目小谷惠太郎，13人目江尻竹治郎。
出所：『歌謡芸術』第10輯。

さん、吉田生糸問屋の令嬢國子さん等可憐なる良家の子女を以つて舞踊に生彩を添へられたことは空前絶後の快挙」（傍点引用者）と、家柄のよさ、階層の高さが強調されている(67)。「令嬢」の語は、そうした社会的属性のほかにたしなみの深さや高雅な趣味を含意していた。まだ一〇歳にも満たない女児たちは、周囲の者にかしずかれながら、踊り姿によって童謡とおわらをなめらかに接続したのである。

高階哲夫によるピアノ伴奏もまじえた和洋折衷の舞台は童謡と「令嬢」の効能をさらに増幅し、中越歌謡協会には「『おわら節』と云へば一部の人には卑俗なる俗謡と考へられてゐたが今度の演出によつて如何に立派な郷土芸術たるかを了解せしめた(68)」との感想も寄せられた。

おわら保存会がはじめて御前演奏に出演したのはその翌年のことであった。女児を出演させ、童謡を演目に盛り込んだのは、単に皇族を喜ばせようとしたからではないだろう。御前演奏はそれ自体、おわらの高尚性を宣伝する材料になる。そこに川崎父娘を中核とする女児部が出演したとなれば、おわら保存会の由緒正しさ、北陸における近代詩運動と連動した童謡・童謡舞踊という新機軸の導入をアピールすることにもつながる。それは、すでに高級文化として確立された童謡・童謡舞踊を「郷土芸術」として演じる行為であった。おわら保存会女児部は、昭和戦前期にイメージされた芸術というものに接近する試み、すなわちおわらの芸術化の一翼を担った存在だったのである。

一時は大きな役目をはたした女児部は、少なくとも川崎暁美（悦子の妹）らが出演した一九四二年四月李王垠、同妃御前演奏までは存続したと考えられる。おそらく戦時色の強まりと同時に活動が困難となっていったのだろう。戦後は女児部の活動に関する資料は見当たらない。むしろ、開放感にみちた戦後の民主主義的な空気のなかで、それほど階級や年齢にこだわらずにおわらを演じる状況がもたらされた観が強い。

とはいえ、今日「八尾四季」を踊る若い女性たちの姿に、筆者は女児部の幻影をみないわけにはいかない。もちろん、もともと芸妓によって演じられたということを考えれば、芸妓の面影をみてとることもできるだろう(69)。しかし、かつては一般女性が野外や見物人の前で演じることに対して強い抵抗感が存在した時期もある。それを払拭するための重要なステップのひとつとして、女児部の役割はあらためて考慮される必要があろう(70)。

7　空間のジェンダー的再編成

本章では八尾町のおわらが〈新踊〉を得たことによって「見せる」身体性へと決定的に踏み出したことを明らかにした。また〈新踊〉は性別、年齢、社会階層によってふさわしい踊り手とそうでない者を区別したため、既存のジェンダー秩序を可視化すると同時に新たなジェンダー関係（女児部の登場など）を生じさせた。

これまでみたとおり、川崎順二を中心に進められた踊りの改革は花柳文化と密接にかかわっていた。〈新踊〉は八尾町のおわらにさらなる独自性を付けくわえた。〈女踊〉に象徴される「すい」の美学はその後の八尾町のおわらにとっては中心的な位置を占め、対外的な上演において欠かせないものとなる。

ところが、おわらが郷土芸術の文脈でその存在を示すためには当初は人材と技芸の供給源であった鏡町遊郭（地元花柳界）や中央文化人の知名度に頼り続けるわけにはいかなかった。〈新踊〉が単発の出演用振付ではなく郷土舞踊として長く伝承されるためには、おわら保存会女児部という回路が大きな役割をはたしたといえるのではないだろうか。花柳界にも令嬢の教育にも足場をもっていた当時の日本舞踊の立ち位置が結節点をなし、〈新踊〉が童謡・童謡舞踊を踊る主体＝少女によって演じられることで、おわらは都会的・商業的要素が忌避される郷土芸術の領域で表舞台に立ち続けることができたのであった。この交代劇（現実には両者が混在しながらゆるやかに分化し、女児の存在感が増していった）に空間のジェンダー的再編成の一断面をみとめることができる。(71)

さらに公的文化において郷土芸術が確立されていく過程を注視すると、青年団に象徴される男性的な活力、生産性、郷土－国土建設、田園的明朗さ、古風といった価値が中心化されていくことがわかった。処女会、女子青年団の有していた志向・美学も、同じ社会教育機関であるという意味で青年団に準じると考えてよい。それは社会教育政策や地方振興政策とむすびついていたという点だけでなく、日本青年館での「郷土舞踊と民謡の会」が象徴するように、皇室とのかかわりにおいて公的文化として認知された。

音楽史家の渡辺裕によれば、明治以降の日本音楽史において芸妓や彼女たちの音楽がほとんど学術的に取り上げられることはなく、花柳文化の近代化の推進者たちの存在は忘却され「失われた古き良き過去のイメージ」(72)として空洞化・ステレオタイプ化した。芸妓は「『裏文化』の住人」(73)となってしまったのである。裏と表（少女や青年団が体現した郷土芸術、公的文化）、それはまさしく空間的な対比である。〈新踊〉という「見せる」身体性への決定的移行は、裏－表、都－鄙、八尾町の内－外、皇室を頂点とした文化ヒエラルキーの上－下といった少なくとも四つの軸に年齢、職業、主体化の性質や度合といった多様な要素が絡まることによって空間の再編成を引き起こしたのであった。

坪井秀人は一九一〇年代末から三〇年代にかけての文学・芸術においてジャンル横断的に形成された少女イメージに注目し、それが「現実の空間の中に用意された現実からの逸脱や、現実への不安・危機を孕んだ空間、すなわちへテロトピア、〈他なる空間〉（other places）に組み入れられるもの」として「少女という場所」の所在を明らかにした。[74] 年齢と性別において対極に位置づけられる「大人・男性の職業作家」すなわち「メディアにおいて言葉および美のヘゲモニーを掌握した階層」[75] は対角線のもうひとつの端にある声や身体に呼びかけて形象化し、[76] 経験世界において聴かれ観られる位置に定位したのである。八尾町という文脈でローカル・エリートが専門の舞踊家による郷土芸能の高尚化を経由して女児部を設けたことは、より広い文脈と文化の深部における「少女という場所」を補強したことと同義である。

本章で詳述した「踊る青年」の場所は「少女という場所」のすぐ隣りにあった。こうした「場所」を最もよく享受し八尾のおわらの高尚化と自負心に寄与する一方、地方文化運動の深みへと引き込んでいったのも、「メディアにおいて言葉および美のヘゲモニーを掌握した階層」であった経緯については続く第6章、第7章で述べたい。

注

（1）「本県の特産品三越へ五千点」『富山日報』一九二九年五月二二日。「評論　県物産販路と東京の陳列会」『北陸タイムス』一九二九年五月二八日。「人気を博した県特産品陳列」『北陸タイムス』一九二九年六月二日。「東京三越で開催の県物産陳列会」『北陸タイムス』一九二九年六月四日夕刊。
（2）「富山県特産陳列会」『三越』第一九巻第六号、一九二九年、二四頁。
（3）詳しい経緯は、平野和子「川崎順二　おわら保存会への軌跡」おわらを語る会編『おわらの記憶』桂書房、二〇一三年、一三四～一三六頁。
（4）松川二郎『全国花街めぐり』誠文堂、一九二九年、四〇二頁。
（5）平野和子、前掲論考、一三九頁。
（6）おわら資料館、書簡わ－1－2。
（7）柳川文吉「盆踊と農村青年の娯楽」『青年』第九巻第八号、一九二四年、二九頁。

(8) 中山太郎「興味と感激の錯綜」『民俗芸術』第二巻第六号、一九二九年、三八頁。

(9) 北日本新聞社編集局『越中おわら社会学』北日本新聞社出版部、一九八八年、三八頁。おわら資料館、資料Ko－12「東京三越ホール演芸鑑賞券一枚、ホール席順番号図（大一、小二）、（富山県特産品《ママ》陳列会）」

(10) 株式会社三越本社編『株式会社三越100年の記録』株式会社三越、二〇〇五年、一一八～一一九頁。おわら資料館、資料Ko－12「東京三越ホール演芸鑑賞券一枚、ホール席順番号図（大一、小二）、（富山県特産品《ママ》陳列会）」

(11) 八木康幸「民俗文化のゆくえ」中俣均編『空間の文化地理』朝倉書店、二〇一一年、一五七頁。

(12) 『三越』第一九巻第一号、第三号、第四号、第五号、第九号、一九二九年。『三越』第二〇巻第一号、第六号、一九三〇年。

(13) 鏡町は一八九九年「貸座敷及ヒ娼妓営業区域」に追加された（富山県令第五〇号、一八九九年八月二五日）。

(14) 『富山県統計書』によれば芸妓の数は一九二六年には八三名、一九二九年は三一名、一九三五年は四八名であった。『鏡町の歩み』（鏡町公民館建設委員会記念誌編集部会編、鏡町公民館建設委員会刊、二〇〇五年）や『八尾のかたりべ』（長谷川剣星、長谷川冽刊、一九八五年）などには当時の思い出が述べられている。

(15) 長谷川剣星、前掲書、一三一頁。

(16) 渡辺裕「『民謡の旅』の誕生」『美術藝術学研究』第二五号、二〇〇七年、一六六頁。

(17) おわら資料館、資料Z－9「越中八尾民謡小原保存会創立役員総会式次」、資料Z－11「小原保存会役員表」。八尾劇場でのリハーサルを報じた「新作の小原節盛んな披露」（『富山日報』一九二九年五月二五日）には出演者名簿が掲載されている。

(18) 「情緒もたつぷりと『オワラ』塗製作」『富山新報』一九三三年六月一一日。

(19) 非芸能者がおわらを担う今日では、〈豊年踊〉習得済みの踊り子がより高度な振付として〈新踊〉を習うという階梯的なシステムを通して伝承されている。

(20) 「本県特産会関係上京者を招き在京郷友を歓迎」『北陸タイムス』一九二九年六月七日。

(21) おわら資料館、資料No. 109「小原保存会あて芸者踊り批判の手紙」。

(22) 一九一六年の中央報徳会青年部発足を皮切りに、その事業を引き継ぎ発展させるかたちで青年団中央部、さらに一九二一年には財団法人日本青年館が担うことになった。

(23) 笹原亮二「引き剥がされた現実――『郷土舞踊と民謡の会』をめぐる諸相」『共同生活と人間形成』第三・四号、一九九二年。

(24) 文部省社会教育局編『民衆娯楽調査資料第5-6輯』文部省社会教育局、一九三三〜一九三四年。

(25) 内務省社会局『民力涵養実行資料其7 民衆娯楽機関の改善方法』内務省社会局、一九二一年、一四、二八、四四、六一頁。

(26) 文部省社会教育局編『民衆娯楽調査資料第6輯 全国農山漁村娯楽状況(上)』文部省社会教育局、一九三四年。

(27) 文部省社会教育局編『民衆娯楽調査資料第5輯 全国農山漁村娯楽状況(下)』文部省社会教育局、一九三三年、六四、五二、三二、二九頁。

(28) 後者については、笹原亮二、前掲論文などによっても指摘されるところである。

(29) おわら資料館、書簡わ-1-7。

(30) 『続八尾町史』(続八尾町史編纂委員会編、八尾町役場、一九七三年、六五一頁)によれば、以前は両者をあわせて青年会としていたものを、一九一二年に文部省が青年会員の年齢範囲を規定したため二四歳までを青年会とあらためた。

(31) 二三九頁。

(32) おわら資料館、資料No.9。

(33) おわら資料館、資料No.8。文面は異なるが、その後も青年団の招待状送付は継続された。

(34) 「跋」『郷土舞踊と民謡』第一回パンフレット、一九二五年。笹原亮二、前掲論文、一〇四頁。

(35) 「青年代表八百を赤坂御所へお召」『東京朝日新聞』一九二五年一〇月二七日。

(36) 「今夜から開放して見せる各地青年の踊、うたくらべ」『東京朝日新聞』一九二五年一〇月二七日。

(37) 「日本青年会館《ママ》で演ずる郷土民謡と舞踊の品定め」『富山日報』一九二八年八月三一日。

(38) おわらを語る会、前掲書、九五〜一一〇頁。

(39)『富山県統計書 昭和元年 第四編(警察)』富山県、一九二七年。ちなみに同年の安来節興行の規模はその約二倍にのぼった。
(40)「映画に次いで安来節や小原節が大流行」『富山日報』一九二八年九月二六日。
(41)宮田房子氏より聞き取り(一九九三年八月三一日)。
(42)モンは紋(地模様)、パレスはシボの目立たない平織物パレス・クレープに由来する。ここでは大正時代から昭和前期にかけて染下地として流行した錦紗縮緬の一種と考えられる。和装研究家・我部敬子氏のご教示による。
(43)谷川(武部)玲子氏より聞き取り(一九九三年八月二八日)。
(44)現行の歌詞集(富山県民謡越中八尾おわら保存会『越中おわら』)を参考に表記をわかりやすく直した。「だんぼ」は「とんぼ」の方言。
(45)童謡の歌詞をつけたおわらを女児が披露するのはこれがはじめてではない。一九三四年の富山県消防義会総会の余興では、すでにこの三句および野口雨情の作品を含む少なくとも六句にあわせて女児が踊ったと思われる(おわら資料館、資料No. 112「富山県消防義会総会おわら番組」)。
(46)のちの藤陰静枝(静樹)。藤陰流の創始者。
(47)言い換えれば、子どもに見いだされる豊かな感受性、創造力、生命力を人間一般の無垢な魂の象徴とする捉え方である。童心主義には一九世紀の西洋文学におけるロマン主義的な子ども観が強く反映されていたが、日本のわらべうたがもつ土着性や子ども観、宗教性などが融合して、大正期の日本に特有の童心主義が形成された(河原和枝『子ども観の近代』中央公論新社、一九九八年)。
(48)町田孝子『舞踊の歩み百年』桜楓社、一九六八年、二四七~二六一頁。
(49)坪井秀人『感覚の近代──声・身体・表象』名古屋大学出版会、二〇〇六年、三四七頁。
(50)このとき献上されたのが「千代田のお城」である。
(51)松浦良代『本居長世』国書刊行会、二〇〇五年。
(52)周東美材『童謡の近代──メディアの変容と子ども文化』岩波書店、二〇一五年、一三七~一三九頁。

(53) 「童謡と舞踊の会に本居長世氏一行来富」『富山日報』一九二五年九月三日。
(54) 「童謡踊の権威本居氏を迎えて」『富山日報』一九二五年九月九日。
(55) 「民謡童謡講演々奏会愈々明日に迫る」『富山日報』一九二六年四月一〇日夕刊。「民謡と童謡講演大演奏会」『富山日報』四月一一日夕刊。
(56) 河原和枝、前掲書、九四～九五頁。
(57) 周東美材、前掲書、一四七～一四八頁。
(58) 詩誌『日本海詩人』（一九二六年～一九三二年）の発行母体。北陸三県の詩人を中心に組織され、中央詩壇との交流が活発であった（詳細は第4章）。
(59) 『日本海詩人』第三巻第一号、第三巻第四号。
(60) 『日本海詩人』第三巻第一号。
(61) 『日本海詩人』第三巻第四号。
(62) 『日本海詩人』第三巻第四号。
(63) 『歌謡芸術』は『日本海詩人』同人を一部引き継ぐものであり、笠置白粉花、松原與四郎らが中心となっていた。発行は中越歌謡協会による。小谷惠太郎の民謡集『佛法僧』（一九三二年）が中越歌謡協会から刊行された背景には、『歌謡芸術』での活動が背景にあると考えられる。
(64) 「時計台の鐘」の作詞作曲者として知られる。『歌謡音楽』第八輯ではおわら保存会顧問も兼任したと紹介されている。
(65) 富山歌謡祭についてはおもに『歌謡音楽』第八～一〇輯による。
(66) 八尾町有数の料亭。
(67) 『歌謡芸術』第九輯。周東美材は大正期以降、こうした高級感が大衆的な売り物となったと指摘し、また坪井秀人はこの現象を「お嬢様ブランド」と表現している。童謡舞踊は本居父娘以外にも藤間静枝や林きむ子によって地方巡演がなされた（周東美材「『令嬢』は歌う」『思想』二〇〇八年五月号。坪井秀人、前掲書、二〇〇六年）。
(68) 『歌謡芸術』第九輯。

(69)　長尾洋子「身体を獲得する芸能、芸能に幻／現出する自画像」伊藤守編『文化の実践、文化の研究――増殖するカルチュラル・スタディーズ』せりか書房、二〇〇四年。

(70)　この観点からすれば、童謡運動よりもさらにさかのぼって、大正初期にはじまる宝塚少女歌劇とも関連づけられるかもしれない。なお、昭和初期の時点でおわら保存会女児部以外に女児がおわら大会や非営利の余興の場などで演じる事例がなかったわけではない。それがどの程度許容されたか、誰によってどのように評価されたかは、時勢、所属コミュニティ、階層などによって左右された。本章では空間のジェンダー的編成にかかわる規範、踊る主体や身体にかかわる重要な対象としておわら保存会女児部を取り上げた。

(71)　一九二〇～七〇年代ごろにかけて芸妓、おわら保存会女児部を中心とした〈新踊〉の担い手がより広範囲の女性に広まっていく様相、および一九五〇年代に施行された売春防止法後における演者のパフォーマティヴなアイデンティティと身体性については、長尾洋子（前掲論文）を参照されたい。

(72)　渡辺裕『日本文化モダンラプソディー』春秋社、二〇〇二年、一二二頁。

(73)　渡辺裕、前掲書、八五頁。

(74)　坪井秀人、前掲書、三三一頁。

(75)　坪井秀人、前掲書、三三四頁。

(76)　坪井秀人はこの状態を「囲い込まれた自然」と表現する（前掲書、三三四頁）。

第6章　おわらの総合プロデュース
――越中八尾民謡おわら保存会の活動

1　保存会ことはじめ

今日、民謡や民俗芸能の多くは保存会によって伝承されている。その大半は、戦後の文化財保護法の影響を受けて設立されたとみられている[1]。一九七〇年に「記録作成等の措置を講ずべき無形文化財」として三四件の民俗芸能が選定されて以降、続々と設立されるようになったのである。選定を期待して保存会が組織される事例も少なくなかったが、既存の伝承組織（青年団や氏子など）の弱体化が憂慮されるなか、文化財保護法の枠組においてあらためて「保存会」の有効性に期待が寄せられたことも一因と考えられている。

これに対して、おわらをめぐる組織化の意識的な取り組みは、一九〇〇～三〇年代にかけて全国的に顕著となった民謡（ないし民俗芸能）の組織化の動向を反映していた。そもそも「保存」の考え方は明治政府の主導した急激な欧化政策に対する反動から、伝統を見直そうとする気運の高まった一八九〇年代以降、声高に唱えられるようになった。その対象とされたのは、おもに建造物や仏像などの宝物類、つまり有形物であった。破損や散逸の危機にさらされた宝物を適切に保存するため、東京、奈良、京都に帝国博物館が開館し、一八九七年には「古社寺保存法」

が公布された。これは文化財保護法のルーツのひとつで、特別に保護すべき建造物・宝物類を指定し、場合によっては維持・修理のために補助金を出すことを定めた法律である。保存会の元祖は、この制度を契機として、社寺建築を対象に発足したものであった。こうして、「保存」の概念は、まずは有形物に対して明確に意識されたのであった。(2) 他方でこの時期には、音楽学者らが政府に伝統音楽の保存を求めるなど、「保存」の考え方を無形の対象に適用しようとする動きもみえはじめていた。一九〇四年には上田敏が「楽話」を発表し、民謡の蒐集・保存が急務であるとの議論に先鞭をつけた。(3)

各地における民謡保存会は、それぞれの土地の文脈のなかで生まれてきたとはいえ、伝統を再評価し、保存していこうとする国レベルの動きと無関係ではなかった。最も早く組織化を実現し、後の各地の民謡保存会の範となった「正調江差追分節研究会」が結成されたのは一九〇九年のことである。(4) この年には「相川音頭保存会」(新潟県)、「麦屋節保存会」の前身である「麦屋団」(富山県)も組織された。(5) 後続の民謡保存会のモデルとなったもうひとつの組織「正調安来節保存会」(島根県)もほぼ同時期、一九一一年に発足した。大正期には各地の芸能や盆踊に対する取締が表面的には緩和され、昭和初期にかけては御大典奉祝、郷土芸術熱の高まりなどによって村や町場の民間芸能が復興・興隆をとげ、さかんに催された博覧会、共進会、芸能大会、地方物産陳列会などへの舞台出演を直接のきっかけとして保存会が組織されるケースもみられた。(6)

このような動きのなかにあって、おわらを保存しようとする組織的取り組みにはどのような歴史的経緯があったのだろうか。

最も早い時期の痕跡として「大藁節保存会書」(7)(一九一八年)が残されている。「大藁節」とは、「おわら」という語の起源は「大藁」だとする吉永半兵衛(発起人の一人)の説にもとづいた表記である。全国的に知られるようになったおわらの起源は八尾町にあるにもかかわらず、他郷の者が真似を重ねて本当のおわらが失われつつある状況を憂慮し、「純然たる大藁節保存」のために研究と普及に努力することを目標に掲げていた。町の有力者を含む複数名の賛同を得ながらも、じっさいに発足にいたったかどうか定かではない。その後「全国民謡大会」出演依頼が舞い込んだのを機に八尾町の俳壇や町長が率先して設立にかかわったという「おわら研究会」、大正座（富山市）で公演した「八尾町オワラ研究会」などが活動していたことはすでにふれたが（第3章）、これらが同一の団体であるかどうかも含め、詳細は不明である。(8)

越中八尾民謡おわら保存会（以下、おわら保存会）が発足したのは、一九二九年八月のことであった。日本橋三越本店での富山県特産陳列会に余興として八尾町から出演することになったのを直接の契機として生まれた団体といってよい。戦後、二度の改称を経て、二〇〇九年には富山県民謡越中八尾おわら保存会として設立八〇周年を祝った。越中八尾観光会館前には、その記念として建てられた初代会長・川崎順二の銅像がおわらの響きに耳をそばだてている。

本章冒頭でふれたように、保存会については中村茂子によるおもに戦後の状況に注目した研究のほか、渡辺裕による正調江差追分の成立をめぐる論考などがある。(9) ヒューズによる日本の近代化と民謡についての大著のなかでも、保存会についての歴史の概略が述べられている。これらの研究は、国レベルでの「保存」の思想は西欧文明を意識して形成されたが、地域レベルでの保存会結成の動きはむしろ都市化や工業化の進展にともなう生活全般の変化や、他の地域に対する競合意識が原因で活発化したと指摘している。また、土地のアイデンティティと強くむすびつけられた歌唱様式が「正調」として確立されるようになったのには、保存会の存在は無視できないとしつつも、そこには複雑な力学がはたらいていることを示した。とはいえ、複雑な力学を考慮した研究は今のところ江差追分節研究会の事例以外ほとんどみられないようである。「保存」の思想と保存会の実践をより広い文化の営み（あるいはそれに絡む社会・経済・政治）に位置づけるためには、他の事例にも目配りする必要があろう。

本章では、比較的早い時期に組織化を実現し、しかも継続的に活動してきたおわら保存会が、その草創期にはどのような人びとからなる組織であったのか、どのような構想をもち、活動を展開したのかを明らかにすることによって、保存会というものを生み出した空間、そして、おわら保存会が創出を試みた空間がどのようなものだったのかを探っていきたい。

2 創設にたずさわった人びと

一九二九年八月一一日、おわら保存会創立役員総会が開かれた。会場で配布されたと思しきガリ版刷の印刷物にはその趣旨がきわめて簡明に述べられている。

> 本会は郷土八尾町に育まれた民謡小原の特性を失はず、より良いものに保存して行かうとする者達の会です[10]〔。〕

その前段に記された長い「序」の一節には、おわら保存会を創った人びとの心中がよく表れている。

> 民謡はその郷土の伝統に養はれて来た、いはゆる民族の声であって平民詩の貴い歴史であり現はれでもあります。であるから郷土民謡のない国や地方では今やそれら郷土民謡の創作に傾注し没頭し抜いで居る事は皆様御周知の事実であります。で幸ひ私達の町には歴とした立派なこの小原なる民謡のある事はこれら民謡のない国や地方から何の位い羨望視せられて居るか何の位い私達にとって嬉しいそして誇りか〔な〕ものであると言ふ事かを思はずには居られないと共に、此の美しい野趣に育まれた純朴な郷土民謡小原を保存するために必ずや皆様は嬉しく立って下る事を信頼して疑はないのであります。

「郷土民謡の創作に傾注」している地方というのは職業作詞家・音楽家が次々に「ご当地ソング」を生み出して

いた、新民謡運動に熱心な町村をさすのであろう（この時点ですでに須坂小唄、三朝小唄、ちゃっきり節などがお目見えしていた）。あえて楽曲を創作するまでもなく、在来の民謡であるおわらが「私達の町」の郷土民謡であることの喜びと誇りがこの序文にはあふれている。

ところで、おわら保存会には戦前に作成されたとみられる会則が二種類現存している。しかし、それらは創立時の組織構成とは異なる部門名が用いられていることなどから、創立後何年かを経て定められたものとみられる。創立役員総会で配布された印刷物には規約めいたものは見当たらず、式次にも会則の承認にかかわる議題はない。総会は創立の経過報告にはじまり、組織の決議、主事推薦、主事あいさつ、役員推薦一任の動議、役員名発表と続き、その後祝辞の披露や講演、おわらの実演などが行われた。発足当初の理念は会則を通じてではなく、簡潔な趣旨文と組織、役員の陣容から読み取るほかない。そこで、どのような人びとが創立にかかわったのかをみてみたい。

「主事」の肩書で実質的に会長を務めたのは、町内の開業医・川崎順二である。一八九八年、八尾町東町で代々医業と薬舗を営む旧家の長男として生まれた川崎は、金沢医学専門学校を卒業後、大正末には家業を継いだ。書画、浄瑠璃を趣味とし、漢詩、歌舞伎にも深く通じていた。ところが、人前でおわらをうたったり、演奏したりするようなことはなく、時折、酒席で興が乗ると気に入りのおわら歌詞を口ずさむ程度だったという[11]。芸達者で知られた吉永半兵衛が「大藁節保存会書」でにじませたような「他郷の者の真似」への対抗心もなければ、全国民謡大会への出演依頼を機に研究会を組織した町長ほど衆望を担う立場にあったわけでもない。そのような川崎順二が、なぜ、おわら保存会創立の中心人物となりえたのだろうか。

その背景には、大正期に組織的取り組みを模索した勢力との関係があると推測される。というのも、おわら保存会創立委員のなかにはこうした取り組みの中心人物として渡辺常太郎（紫洋、助役経験者）、中村安次郎（知友）、平野源蔵（呉服屋、後に富山信用金庫支店長）らの名がみえるのにくわえて、川崎自身が後年、自分はこうした「先賢」による研究会の「土台の上にあぐらをかいただけ」と語っているからである[12]。

創立委員には当時、町長の職にあった橋爪頼三も名を連ねた。橋爪は「巨籟」を号する俳人としても知られ、一九一九年「二百十日会」を興して八尾の青年俳人らを組織した。また金沢から師匠を招き、富山県下で「もっとも熱意ある宝生流謡曲の基地」とした功績でも知られる[13]。渡辺常太郎、中村安次郎は「二百十日会」の同人であったことから、俳句を通じて橋爪と親しかったと考えられる。

二〇代ながら創立委員に名を連ねた小谷恵太郎（契月）、長谷川保一（剣星）も橋爪門下にあった。第4章でふれたように、この二人は商家の長男だったため、学問や文学にあこがれても町を出ることができなかった。同様の境遇にある同年代の青年が集まって昭和初年ごろ作った遊び仲間「甚六会」のメンバーでもあった。小料理屋を根城に「俳句をひねるか短歌を詠むか、小唄端唄を一口やるか、浄瑠璃をやるか絵をやるか……俄劇《にわか》の出来ぬものは居なかった[14]」という彼らは、保存会発足時に役員として名を連ね、大きな推進力となった。さらに鏡町にあった料理屋兼置屋の主人四名が創立委員に含まれていた点も見逃せないだろう[15]。なかでも日進楼を経営していた北吉松太郎は、町会議員を務めた有力者であった[16]。

このように、創立委員には①町内の政治的、経済的、文化的な有力者、②大正期におわらの組織化にたずさわった者、③在来の文化活動を通じて交流のあった年輩者と青年、④料理屋兼置屋の経営者が参画していたことがわかる。

3　町外の有力者や文化人の参加

発足にあたって、おわら保存会は町外から一一名もの「顧問」を迎えている。富山県知事・山中恒三、県内務部長、県警察部長、県学務部長、県商工課長、そして小杉放庵（画家）、若柳吉三郎（舞踊家）、若柳吉美津（舞踊家、吉三郎の妻）、水田竹圃（画家）、横江嘉純（彫塑家）、石井漠（舞踊家）である[17]。県知事以下、民謡や盆踊に関する県当局の責任者を顧問とすることによって、おわらが県を代表する民謡であると同時に、おわら保存会が県公認の組織であることを内外にアピールする意図があったと考えられる。

日本橋三越本店での富山県特産陳列会が開催されたのは、一九二九年六月、すなわちおわら保存会発足のわずか二ヶ月前であった。山中知事も視察に訪れ、「余興の小原節や麦屋節は大入り満員の人気で殆ど場内が一パイ」「本県特産品の紹介としては誠に恰好の催しである」と報じられたように、陳列会の成功は余興に負うところ大、という評判であった。[18]

興味ぶかいことに、翌月、山中知事は県の産業振興には宣伝も必要だとしておわらの利用を提案している。[19]おわら保存会が山中知事や県の関係部局の責任者を顧問に迎えることができたのは、前年に新富座（富山市）で開催された「郷土民謡舞踊大会」[20]や富山県特産陳列会を機におわらの有用性に対する県の関心が高まったことが一因と考えられる。それまでは、町長が旗振り役あるいは有力な後援者であれば公認とみなされたものであったが、おわら保存会は県当局をとりこむことで、公認性をよりいっそう強固なものとした。

小杉放庵や若柳吉三郎らの参加は、それだけでおわら刷新の、またおわら保存会発足の宣伝となった。こうしたいわば文化人顧問には何が期待されていただろうか。発足後、数年を経て作成されたと思われる会則には顧問の資格や役割は「各界名士であつて本会に対し指導的立場にある人」と規定されている。たしかに六名はいずれも美術、舞踊の領域で一流の人びとであった。川崎順二が三越出演の要となった著名人、小杉放庵と若柳吉三郎の知己を得ていたことは、主事に推薦されたことと無関係ではないだろう。さらに創立役員総会には、若柳吉三郎、吉美津、竹久夢二（画家）、麻生豊（漫画家）、水木伸一（画家）、直木三十五（作家）、富山県出身の藤田健次（詩人）、翁久允（「週刊朝日」編集者、作家）が臨席することになっていた。[21]著名人と関係をもつことによる宣伝効果に期待しての招待だったと考えられる。

こうした顔ぶれには、川崎順二の個性が大きく影響していたといえる。医師すなわち近代的な知識と技能を身につけた町の名士として町内外の有力者の人脈をもち、通人の域に達していたといわれる書画のたしなみと社交的な性向が当代一流の芸術家との交流を可能にした。おわら保存会は知事や県当局の責任者を顧問に据えることによって県公認という立場を獲得し、さらには全国レベルで知名度の高い芸術家の協力を得ることに成功したのである。ここに、町外における承認と支援を可能にする、おわら保存会独自の人脈が形成されていったといえよう。

4 組織構成にみる特質と構想

創立役員総会では組織機構も明らかにされた。(22)

(1)

一、地方部（三味線、胡弓、太鼓、鼓、唄）

一、踊部（男子部、女子部）

一、歌詞部（出版部）

一、宣伝部（実行部）

一、文書部

一、物産奨励部

(2)

一、主事

一、庶務部

一、相談役

一、会計
一、会員
一、顧問

（1）と（2）の区分についてとくに明文化されていないが、一瞥《べつ》する限り（1）は活動分野を示し、（2）は運営に関する領域といってよい。それぞれの部や役などがどのようなものかが具体的に述べられていないため、役員の陣容もあわせて検討することによって、発足時の特質や構想を探ってみたい。

地方部には江尻豊治（唄）、綿正太郎（三味線）、長瀬竹次郎（胡弓）ら一〇名が配置された。大正初期からレコード吹込、催し物の余興や民謡大会などへの出演を重ね、すでに実績のある者が中心となっている。踊部の男子部には二八名の青年が所属した。女子部構成員八名は、その名から芸妓であったことがわかる。その所属は四名の創立委員がそれぞれ経営する料理屋兼置屋であった。三業地であった鏡町が女性の踊手の供給源となっていたわけである。もっとも、保存されるべき民謡の担い手として芸妓の存在は重要であった。一九二七年刊『小原唄と踊』（宮地豊秋編、富山県人雑誌社八尾支局）においては、踊り解説のための女性の写真はすべて芸妓である。この点について「はしがき」には次のように述べられている。

編者の本意は小原節の歌にしても、踊りにしても何処までも民衆の歌、民衆の踊りといふ処に強い根抵《ママ》をすえて、専門化し、芸人化することを成可避けたいのである。随つて踊り解説にも、素人風の踊の図を用ひたかりしも、実際八尾地方の踊はおもに、芸妓の手に帰して居るのと、素人姿の踊手を得ること急に間に合はぬ為止むを得ず昇文堂主人の取計に踊の解説も一任した。

小原節踊り方第二面退却と跳躍

退却は六呼間に三歩退却す
一二、右足をひき手は前進の時の如く、但し左の平手は上向し、右手は下向す
三四、左足をひき同時に兩手を右方に移り、手の平は轉換す
五六、は一二の所作に歸る
跳躍は一二兩手の平を前向にして顏の前面にあけて、左足の左方にはこび三四右足を後方にひきふみとめ左手を前に下し右手を後方にあけ兩手の平を下に向く以上は本手とし平常唄調を唄はざる間は之を連續するものとす

小原節踊り方第三面上句の手

上句の手は唄をうたひ出したる時に限り、右足を出し八拍子間に行ふ
一、兩手を体の左方に伸し
二、右手先を上に向け
三、同じく下に向け
四、兩手を前に伸し、やゝ右手は上に左手は下に平を内にむけ
五、兩手を体の右方に伸し左足を出し
六、左手の先を上に向け
七、同じく下に向け
八、兩手を前に伸し四の反對となる
上句の終りは本手の退却の中段につゞけ、即ち退却は六呼なる故に、三四五六の所作により、本手に連續せしむ

図6－1　『小原唄と踊』における踊解説（部分）

出所：宮地豊秋編『小原唄と踊』富山県人雑誌社八尾支局，1927年。

昇文堂とは八尾町東町の宮島昇文堂である。発行元の富山県人雑誌社が八尾支局を置き、『小原唄と踊』特約発売所とした書店で、製作段階から関与していたとみられる。踊り解説は所作の流れを連続して紹介しようとするもので、一〇名以上の芸妓がモデルとなっている（図6－1）。郷土芸術、民衆芸術の理念からすれば芸妓でないほうがふさわしいのだが、現実には当時、定型の踊りのおもな担い手は芸妓であり、出版のための写真撮影に応じてくれた女性も芸を職業とする者であったということなのだろう（ただし音曲面においては巻頭に「八尾の名手」として地元の名人四名の写真が掲載されている）。

関連して、宣伝部（実行部）に配置された一五名中六名は料理屋兼置屋の主人であった。宣伝部には出演経験の豊富なうたい手である森井正太郎、保井廣郷、井林長太郎の名もみえる。こうした点から、おわら保存会は、民謡の歌詞や旋律、演奏や踊りの技術といった芸能本位の要素の保存だけではなく、宣伝を通じた見物客誘致、来町者に対する娯楽・サービスの提供をも視野に入れていたと考えられる。

おわら保存会歌詞部（出版部）には創立委員の中村安次郎、小谷恵太郎、長谷川保一にくわえ、教育家・松本駒次郎や、「甚六会」のメンバーを含む一三名が配置された。半数は「二百十日会」同人で占められている。その最初の大仕事が歌詞集『おわらぶし』ということであったのだろう。淡い藤色の地に芸妓の踊り姿をモダンに意匠化した表紙が印象的なこの歌詞集は、全二五ページの小冊子ながら、淡い黄色、若草色、桃色、藤色、とめくるごとに色の変化と大正浪漫風の挿画が現れる、なかなか凝った装訂である[23]。巻頭を横江嘉純の画が飾り（図6－2）、古謡二首、小杉放庵作「八尾四季」、川崎順二と親交のあった画家・水田竹圃による「角間の梅」に続いて、歌詞部員による作が掲載された。重要なのは、歌詞部員たちがみずからの「作品」を示そうとしたことだ。第4章で論じたように近代詩運動の影響が如実にみてとれる。また俳句などの分野ですでに実績を積んできた歌詞部員の矜持や野心の表れでもあるといえるだろう。『おわらぶし』は創立役員総会で配布されたのみならず、町内の三書店で販売されたほか、富山市の主要書店からも売りだされた[24]。

図6－2　横江嘉純による巻頭画
出所：おわら保存会『おわらぶし』1929年。

さらに注目すべきは、物産奨励部の設置である。設立当初より漆器、太物類、食料品等におわらにちなんだ名称や意匠を工夫した製品の開発、製作、宣伝に努めた[25]。地域の名物にちなんだ土産物を企画すること自体は、めずらしいとはいえない。しかし、民謡の保存を謳う団体がこのような事業に主体的に取り組む例はあまりみられない。おわらの研究や保存を目的とした従来の組織においても、この種の活動は範疇外だった。

図6-3　商標見本

出所：富山市教育委員会蔵。

その意味では、おわら保存会の新機軸のひとつに数えることができるだろう。

一九三三年九月一日の『八尾日曜新聞』には、町役場、地元の商工業者と協力して、おわらにちなんだデザインを施した漆器類、木工品、紙加工品、陶器等がじっさいに製作されたことも報じられている。これらの品がならんだのは、風の盆の開催期間に町の要所に設けられた臨時即売店や露店であった。八尾女子青年団の団員が臨時即売店の売り子となり、商工会は名産物販売の露店を奨励するため電灯を無料提供するなど、おわら保存会の試みは既存の組織と協力することによって推進された。言い換えれば、経済活動に能動的にかかわることによって、社会教育団体（女子青年団など）や商工会など町内の他の組織と協力・連携する途《みち》がひらけたのだった。

さて、物産奨励部を設けた背後には、どのような考えがあったのだろうか。川崎順二は新聞記者の取材に対して、次のように述べている。

　オワラ保存会の主意は無論オワラ節の保存発展にあるがオワラの都としてのみ八尾町を一般社界《ママ》に知らしむることはあまりにも平凡である〔。〕すべからく八尾町が有する産物たとへ《ママ》は、製紙、漆器類、生糸、酒類、其他に対しあの優雅なオワラの情緒を多分にふくませ芸術的に進出せしむるこそオワラ保存会の大義であらう[26]〔。〕

おわらの保存発展のみならず、八尾町を一般社会に認知させることを川崎が重視していることがわかる。しかも

「八尾町＝おわらの町」という以上に「八尾町＝芸術的」として知られることを目指して八尾の各種産物に「優雅なオワラの情緒を……ふくませ」るという発想をしている点は注目に値する。

おわらのあり方によって町の印象は左右されかねない。じっさいに、民謡にまつわる習俗にはかつて旧習墨守、野卑など否定的な評価が与えられ、町村の評判にも影響をおよぼしていたことがあった。また昭和初期といえば、かならずしも「優雅」とはいえないおわら興行もみられた時代である。川崎順二は、八尾町の社会的認知にかかわるおわらの方向づけを担う役割をおわら保存会にみていたのであろう。その気概が「オワラ保存会の大義」ということばに表れている。

こうした考え方は、おわら保存会を商標登録していた事実からもうかがうことができる。おわら資料館には一九三五年の商標登録通知（出願は前年）が現存しており、踊り子をデザインした商標見本が添付されている（図6-3）。

指定商品類は藁、草製品、扇子、団扇、玩具などにわたり、商標権者は川崎順二となっている。この商標がどの程度用いられたかは今となっては不明だが、少なくともおわら保存会のブランド化が意図されていたことはたしかである。おわら保存会が企画・開発・販売にたずさわった土産物に商標を付すことによって、おわらと町のイメージを一定の方向（たとえば優雅な情緒）に誘導することが可能になる。従来のおわら団体が芸能面の改良や技能の向上のみに目を向けていたのに対し、おわら保存会ははじめて経済的、社会的、美的な面を包含したおわらの総合的なイメージ戦略を展開したのであった。

5　歌詞募集

おわら保存会による歌詞募集の試みもイメージ戦略と関連している。開始までの経緯を追ってみよう。

ことの発端は、八尾町内にある池澤呉服店（赤のれんや）による、おわら歌詞人気投票である。当時の新聞記事から得られる情報を総合してみると、池澤呉服店が実在の芸妓の姿や名、おわら歌詞をプリントした「美人ハンカチ」を数種用意し、そこに書かれているおわら歌詞に投票して順位を争うという趣向であった。美人ハンカチの販路を拡大し、三位までに当選した歌詞を代表的民謡として県外に宣伝するのが目的である。この企画は人気を集め、気に入りの歌詞を当選させようと、毎日一〇〇票を超える投票があったと報じられた(27)。

ところが、おわら保存会は「町有志等の調停」によって投票を中断してしまう。歌詞集『おわらぶし』の巻末には一八軒の町内商店の広告が掲載されており、そのなかには「オワラ美人はんかち販売元」と明記された池澤呉服店も含まれていた。広告掲載の時点ではおわら保存会の趣旨にかなった企画と判断されたわけである。それが一転して中断されたのはなぜだろうか。人気投票のようなやり方、しかも、勘違いをして気に入りの芸妓の名を記入してしまうような投票者もいたというから、芸術性や「優雅な情緒」から外れた歌詞が当選するのを恐れたためだろう。「尊い郷土民謡のため、不用意の内に禍根を残しはせまいかと識者の間に憂慮」されたのである(28)。

そこで、おわら保存会はみずから懸賞付きの新作おわら歌詞募集を主催するという行動に出た。一九二九年の第一回募集では富山新報社、北陸タイムス社、富山日報社が後援し、四名の新聞社社員がおわら保存会歌詞部員とともに審査にあたった。若手歌詞部員の小谷惠太郎が前年の夏に『富山日報』一万五〇〇〇号記念懸賞文芸の民謡部門で三等に入選し、他の上位入選者とともに県下を代表する民謡詩人の仲間入りをしたのも記憶に新しいころのことであった。

主催者であるおわら保存会歌詞部の要求は「おわらの野趣な情緒にぴつたりとはまるもの（季題は問わず）(29)」。一等（一名）一〇円、二等（二名）五円、三等（三名）三円、佳作（薄謝）の賞金が用意されたほか、当選歌詞は後援する各紙の紙上で発表され、物産店の宣伝に活用されるばかりでなく、毎年一月に八尾劇場で行われるおわら大会で「本場一流の唄ひ手」によって披露されるという特典もついていた(30)。

応募数は約八〇〇首、[31] 上位当選作は次のとおりである。

一等（なし）

二等（三名）

憎や編笠揃ひの浴衣　誰が主やら殿御やら　富山市長柄町　石黒黄牛
霧は吹かれる気まりが悪い　夫婦山には月の暈《かさ》　富山市南田町　傘木三十二
うたの町だよ八尾の町は　唄で糸とる桑も摘む　富山市安野屋町　平井源太郎

三等（四名）

主に逢ふとて苗代の水を　灌《あ》て丶落いてまた灌てる　婦負郡長岡村　中林彌生
主は蚕種《たね》切り褄折笠よ　妾や襷で糸をとる　八尾町今町　小林梅一
西は牛嶽東は薬師　おわら踊りに夜が明ける　八尾町東町　林貞三
泣いて思ふて夢見て醒めて　恋の糸繰り暇がない　富山市長柄町　石黒黄牛

おわら保存会歌詞部は「皆熱心で併も真面目なもの計りであつた事を喜ぶ」[32] との感想を発表したが、一等なしという厳しい審査結果であった。そして、このとき二等に当選したのが「うたの町だよ」だったのである。

第1章で論じたように『俚謡集』では、まだ確立されていなかったものの理念としては存在した〈標準語〉からの地域的・階級的差異によって、うたが序列化された。あまりに一般的なもの、混淆転訛が甚だしいものは除外され、音声の聞き取れた（書きとれた）もの、少なくとも教育ある者が「原意」を推測し注記できる程度の意味疎通が可能なものが掲載されたのである。ひるがえって、今回の歌詞募集当選作品をみてみると、これらはそもそも創作された時点で書かれた歌詞である。じっさいの歌唱においては独特の発声法、作りこまれた発音や節回しによって、土地の者ではないと歌詞の聞き取りや理解が即座には難しい場合もある。だが、投稿というかたちで募集される作品には聞き取り・書き取りにおいて生じる歌唱と文字化のあいだの差異は生じない。題材として土地の風俗や産業、地名が言及されるが、富山県内外で「原意」を注記するほどの特殊性はみられない。興味ぶかいのは、三等「主は蚕種《たね》切り」である。「たね」と発音される部分は投稿者がすでに「蚕種」と書いている。ここではむしろ〈標準語〉レベルの意味伝達を担う（はずの）「蚕種（切り）」の文字が主となり、産業ないし土地特有の役割呼称「たね（きり）」は従、つまりルビという一種の注記へと格下げされているようにみえる。

これらの歌詞は、明治末期以来の歌詞改良の積み重ねのうえに、大正後期以降の新民謡運動、近代詩運動の全国的拡大、郷土芸術や民俗といった概念の大衆化が起こりつつあるなかでアマチュアによってつくられた。都々逸的な香りを漂わせながらも近世的な文戯を追求したり五文字冠や字余りの技巧を競ったりするような姿勢はみられず、〈標準語〉に寄り添った平明な表現である。

当選作のほとんどは八尾を中心とした越中の風物を詠みこんでいるが、「うたの町だよ」は八尾とおわらのむすびつきについて最も明示的である。おわらの〈本場〉であることを明確に自己言及することによって、おわらそのものと八尾町を同時に賞揚する構造になっているからである。これは『おわらぶし』に掲載された「八尾よいとこおわらの本場　二百十日を出て踊る」（渡辺紫洋）と同様、おわら保存会発足以前にはみられなかったタイプの歌詞である。下句「唄で糸とる桑も摘む」はおわらが労作歌でもあることを示唆しており、その姿は健全さとともに聴き手の心にイメージされる。かつて〈豊年踊〉が『かっぽれ』や「深川踊」を盛り込んだのとは対照的である。

当選者の顔ぶれについては、林貞三（三等、佳作）と布井作朗（佳作二首）が目につく。小谷惠太郎とともに長谷川剣星（おわら保存会歌詞部員）が主宰した『榧の実』誌の同人である。彼ら文学青年はおわらをどう認識していたのだろうか。

> オワラの声、何と言ふ静かさでしよう、撥の音をとうし《ママ》、香やかな娘達の肌着を透して来る様な、恋しい音律でもあります。私が二百十日の一日のある事が、種々な財政的方面に弱り切つて居る八尾町に、未だ愛着の念を、凡ゆる町民にもたしめるのである、とさい《ママ》思はれます。民謡は民俗《ママ》の声であると誰かゞ言ひました。オワラは八尾町の声でなくてなんでしよう、八尾町を悲しみ八尾町を謳歌し八尾町を振ひ興す声です。愛す可きオワラをじつと聞かうではありませんか。(33)
>
> オワラ（郷土民謡）

おわらは鼓膜を激しく震わすものではない。撥の一振り、娘の体温の残る肌着を通して触感として伝わる音律なのである。彼らはかつて蚕都として栄えた町の経済的衰退を身をもって知っていた。おわらは苦境のなかにあって聞こえてくる声、じっと耳を澄ますべき声としても捉えられている。現実に対する青年らしからぬ諦念と、郷土民謡に対する文学青年らしいロマンティシズムが同居している。彼らの感性からすれば、「美人ハンカチ」のような販売促進とおわらをむすびつけたやり方が乱暴に映ったとしても不思議はない。

おわら保存会は人びとの嗜好に全面的にゆだねる人気投票ではなく、みずから選んだ歌詞を新聞社と協力して模範的な作例として示し、「おわらの野趣な情緒にぴったりとはまるもの」がいかなる歌詞かを具体的に示す仕組みをととのえたのである。おわら保存会によるお墨付の歌詞を富山県物産の宣伝に利用することによって、「優雅なオワラの情緒」を拡散させることも可能になる。その意味で、おわら保存会による歌詞募集はイメージ戦略の役割を与えられたといってよいだろう。

こうして生まれた「うたの町だよ」は歌詞集『おわらぶし』に収められた歌詞とともに代表的なおわら歌詞とし

て愛唱されるようになった。

6 「民謡おわらの街」のイメージ創出と空間演出

歌詞集『おわらぶし』はおわら保存会が印刷物を通じて発信する重要な足場となった。というのも、「序に代へて」をはじめ、掲載歌詞や挿画は、その後のさまざまな印刷物に流用され、加筆修正を経ておわら保存会の方針や美学を示す文書として流通するようになったからである。まず「序に代へて」の全文を確認しておこう。

二百十日の風の盆の一夜さを八尾町で過す人があつたら、あの山の萱刈る処女の様な優しい野趣を持つたおわらぶしの清條な情緒の中へ存分にひたられる事でせう。

牛嶽の峯が霧に包まれて薄く暮れかゝると坂街の家並の軒下の暗がりには、編笠を冠つたお盆の人達が幾組も幾組も佇みます。

三味線の音色が街へ吹かれて出るのを待ち合わせては編笠の人達が、あるいは唄をつけ踊を合せて其して夜の白むまでも狭い坂街をねり廻ります。

うそ冷ややかな二百十日の山街を流れる澄んだおわらぶしの声……撥の音は、いつかな溶くる様な甘美な情緒の中へ、唄う人も弾く人も、聞いて廻る人達をも柔らかく包んでしまいます。(34)

この文章が最初に流用されたのは、一九三三年一月、余川正清による随筆「民謡おわら節の街」においてである。「趣味の旅行雑誌」と銘打った雑誌『旅の光』(第二巻一号、高岡旅行会)に掲載されたわずか一ページの記事であった。多少の変更はみとめられるものの、四段落からなる「序に代へて」のすべてが埋め込まれている。行数にして二倍以上が加筆され、一一首のおわら歌詞を散文の合間にちりばめた「民謡おわら節の街」は、新しい装いで県下の旅行雑誌に登場したことになる。

ちなみに、余川正清は国鉄職員であり、川崎順二も一九二八年から国鉄金沢管理局の嘱託医を務めていた。単に個人的趣味というよりも、職務を通じて執筆の機会を得たことが推測される。大正末期から昭和初期にかけては、各地でさかんに旅行会が組織されたり、旅行雑誌が創刊されたりして、旅行ブームの観を呈していた。おわら保存会もまさしくその磁場に引きこまれたわけである。

余川はまた、おわら保存会歌詞部員でもあった。『旅の光』では個人名で寄稿しているものの、おわら保存会では、さらに小杉放庵と水田竹圃による七首を追加してパンフレット「民謡おわら節の街」を作成している。

この年の夏にはやはり歌詞部員であった小谷恵太郎による随筆「民謡おわらの街」が『郷土風景』に掲載された。(35) 盆踊特集号だったため他の記事では各地の盆踊や盆踊唄などが紹介されていたが、「民謡おわらの街」は盆踊の行事や唄、踊りそのものよりも、その舞台となる「街」を主題としていた点で異色であった。

内容は立山連峰、富山平野、日本海を一望のもとにおさめることができる立地から書き起こし、四季の移り変わりに即して町並や周辺の山々の風景、風の盆の夜を徹した町流しの様子などを二〇首ものおわら歌詞を散りばめながら述べたもので、余川の随筆を発展させたものとして読める。肝心の風の盆の情景を描いたくだりは、「序に代へて」が短く書き換えられている。おわら歌詞については、新たに日本画家・小川千甕による作、懸賞歌詞募集の当選歌詞がくわえられた。ただし、随筆に埋め込まれたおわら歌詞については、作者がどんなに高名であっても名を記していない。

加筆部分でとりわけ注目すべきは、次の部分であろう。

本当の民謡はなかなか一朝一夕に創られるものではありません。俄《にわか》作りのものには深い民情も、風物の反映もなければ歴史の香もありません。

おわら節には、その明確な起源を見出し得ない為に絶対の価値があると共に、古い歴史を待《ママ》つ為に生命もあるのであります。

この大切な民謡おわらを、猶よりよく永久に保存せなければならない責任が、街の誰れ彼れを問はず、一町挙つての義務のある事をお互が理解し合つて、挙町一致でおわら保存会なるものが組織されて居るのであります(36)。

起源もわからないほど古いことに絶対的な価値を見いだし、町を挙げてそれを保存する責任と義務をはたそうとする決意が述べられている。当時、量産されていたご当地ソング的な新民謡を批判して、おわらの優越性を明言し、いささか声明文のような趣になったところで最後に強調されるのは、おわら保存会のアマチュア性である。

……絶対に、営利的な興行なり催しなりは固く禁ぜられてあります。唄ふ人も、弾く人も、踊る人も、皆が生活に殉じて行く立派な生業を持つて、活動してゐる人達の集だからであります(37)。

この随筆には野口雨情作「軒端雀がまた来てのぞく　今日も糸繰りア　オワラ　手につかぬ」が追加されて、おわら保存会のパンフレット「民謡おわら乃街」に仕立てられた（図6-4）。作者名を記さない流儀はここでも踏襲されている。『郷土風景』の記事は、一町民の立場から書かれたように読めるが、パンフレットはおわら保存会歌詞部名で出されており、声明文としての性格がさらに色濃くなった（ただし、末尾には「小谷恵太郎稿」とある）。「民謡おわらの街」はさらに流用されて、「民謡おわら保存会歌詞部　小谷恵太郎」名で八月二六日付夕刊から三日間にわたって『北陸タイムス』に連載された。このように、おわらは雑誌、パンフレット、新聞といった異なる印刷メディアを通じて、その情緒にふさわしい街の風景＝イメージのなかにおかれることになったのである。

歴史地理学者のシーモアは、風景の表象が「具体的な意味で世界を作り上げていくもの」として「物質的な結果をもたらす」という意味においてリアルであるとするマットレスの見方を発展させ、風景とは完成物ではなく「世界が秩序づけられ、経験され、理解されるやり方を形作る過程」なのであり、単純な意味での物理的存在とは異なる物質性を帯びているとする[38]。そうした異なる物質性を帯びた過程は「民謡おわらの街」という文章がどのような作用をもちえたかに関する、次のような展開にみてとることができよう。

風の盆では従来、町流しといって小規模の団体が歩きながら、おわらをうたい奏でつつ町をめぐっていたものだった（これは現在でもみられる）。「民謡おわらの街」が書かれた一九三三年、この形態にくわえて、おわら保存会ははじめて「大集団踊り」を企画・運営した。今日、観光客向けに八尾小学校グラウンドで行われている全町総出の演舞の原型といえるもので、一ヶ所に大きな踊りの渦をつくる空間的な演出という点で、画期的であった。

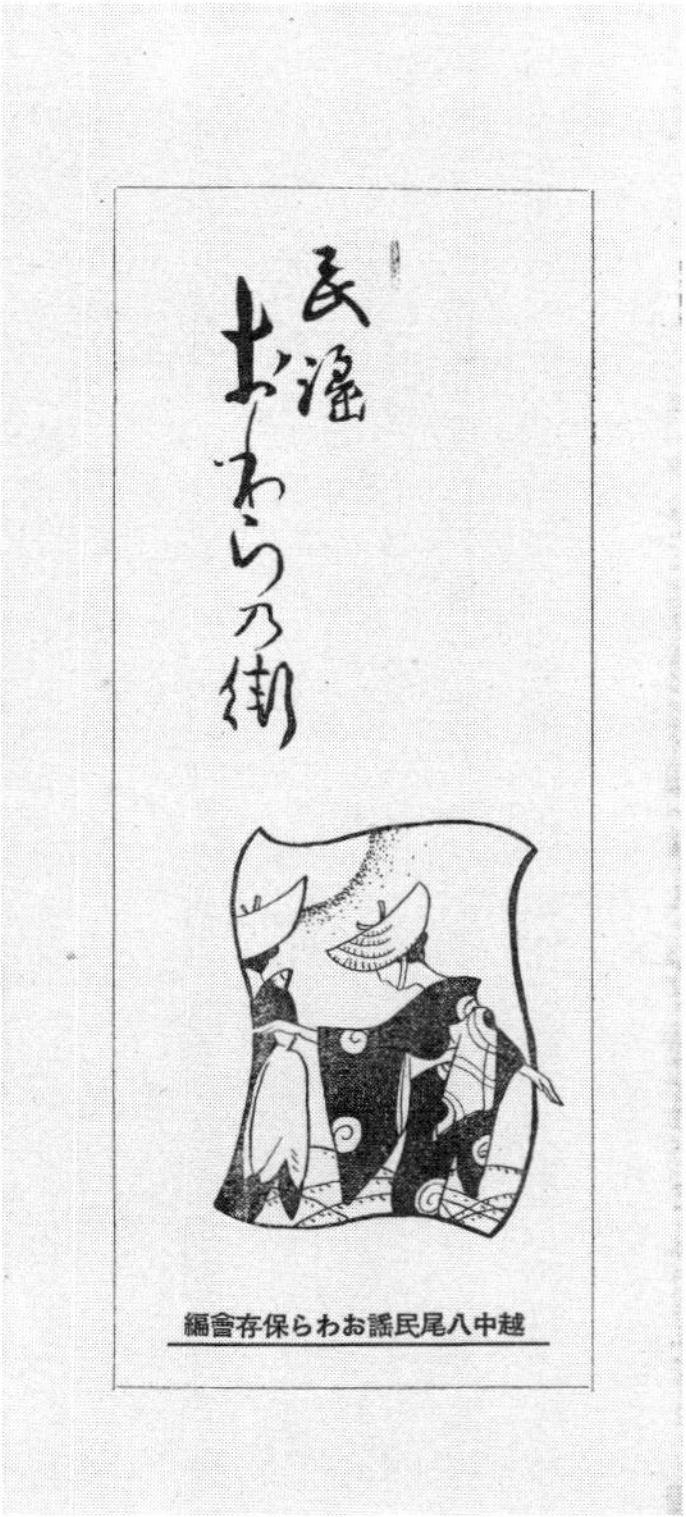

図6-4　パンフレット「民謡おわら乃街」表紙

出所：筆者蔵。

その興奮をおわら保存会は次のように記録している。

> 夕時がせまると、今年の新しい催しである聞名寺の大集団の踊りの輪の評判で町中一溢である。八時になると決められた町々が既に観衆でぎつしりになつて居る。聞名寺の境内へどしどしと繰り込んで来る。美しいぼんぼりの明りは貮万人のざわめきの中に言ひ知れぬ情緒を発して居る。丁度十五夜らしいお月様が境内の栂の木の上に山の町の嬉しい催しを見つめて居るかの様である。踊の輪は初めての催しの事とて、音頭がとり憎《ママ》くて、大衆の声の中に胡弓も三味も消されてしまひそうである。日清紡績の人達が、おわらの大衆踊の輪を立て丶見たがそれもすぐ大衆にこわされてしまつた。川崎主事が遠来の客のおわら浴衣姿の若柳吉三郎師匠を添うて御堂の縁のぼんぼりのほのほの上に余りも熱狂して居る人込の声を、動きを見て居られるが、保存会の役員の声をしぼる整頓何うする事も出来なかつた[39]〔。〕

聞名寺は一二九〇年に美濃国に開創され、一六世紀の半ばに八尾に寺基を構えた浄土真宗本願寺派の古刹で、その堂々たる大伽藍は昔も今も町のランドマークである。記録に描かれた十五夜とぼんぼりの光に照らし出された境内は風情たっぷり。だが、踊りの輪を作ろうにも、引きも切らない人の波で押し流されてしまう。必死で場を収拾しようとする役員の奮闘ぶりが伝わってくる。

初日の失敗にこりて役員会が急遽開かれ、二日目は本堂の縁側を舞台、太子堂の桟橋を花道として利用し、境内を観客席に見立てる方策をとった。当時としてはめずらしくマイクを用いることによって、観客のざわめきにかき消されていた地方の演奏も聞きとれるようになった。この夜、見物の斎藤樹知事夫妻を案内した川崎はさぞかし安堵したことであろう。

「聞名寺の大踊りは二百十日の行事に一つの階段を礎いた」と大集団踊りの記録者が直感したように、町の歴史的建造物を活かして新たな劇場空間を演出したこの趣向は定着し、風の盆の原風景のひとつとなった。[40]「民謡おわらの街」は、文章によってその情緒と風景を現出させたばかりでなく、聞名寺という現実空間への働きかけによって、ますますその内実を深めたのであった。川崎順二が物産奨励部を通じてやろうとしたこと、すなわち物に「優雅なオワラの情緒を多分にふくませ芸術的に進出せしむる」という構想が、文学的、空間的に展開されたと言い換えることもできるだろう。

「優雅なオワラの情緒」が、創立時の趣旨文でいう「民謡小原の特性」とすれば、それを「失わず、より良いものに保存」するどころか、進展させ、新たな風景や空間の創出にまでむすびつけるエネルギーを発揮していたのが、当時のおわら保存会であった。ここに私たちは〈うたの町〉の輪郭と物質性、その空間を満たす空気の温度、暗さと明るさ、ざわめきと情緒をはっきりと感じ取ることができる。

7　夢の事業計画と戦争の影

八尾町には、二五歳から三五歳までの男子が所属する公友会と呼ばれる組織があった。一九一二年、文部省が青年団員の年齢を一五歳から二四歳までとした際、上限を超える青年層を吸収する組織として生まれたものである。『続八尾町史』によれば、公友会は「町内の平和と殖産興業の道を講じ、もっぱら町の発展に寄与してきた」とある。[41]明確に社会教育団体として位置づけられた青年団の兄貴分として、町の振興にたずさわったということなのだろう。

その公友会の名義で一九三一年に「盆踊りについて」という書類が各町宛に出されている。[42]風の盆の三日間の割り当てが簡単に記されたもので、八尾町役場から二〇円、八尾商工会から一五円支給された盆踊奨励金を、公友会が一円一五銭ずつ分配すると付記されている。「従来通り各町支部へ」とあるから、すでに何年も公友会が風の盆

図6-5　有益社製糸場工員と西町の人びと

出所：富山市八尾おわら資料館蔵。

の運営や行政とのパイプ役を務めていたことがわかる。

一九三二年には同様の事項がおわら保存会の会議録に登場する。風の盆を約一週間後に控えた八月二四日、おわら保存会理事、庶務、洋楽部員、歌詞部員、各町交友会支部長、保存会支部長が出席した協議の記録である。そこには風の盆の繁栄策として、洋楽部や八尾町内の五つの製糸工場の女工、処女会や女子青年団による練り廻りの提案も記されている（図6-5）。

芸妓の練り廻りは「例年通り」となっているから、すでに定着していたようだ。各町の踊り場が詳しく記され、「町端ヨリ町端マデ一日一回以上必ズ練廻ル事」「各町ハ責任ヲ以テ毎日午後一時ヨリ練廻リ励行ノ事」といった細かい点も確認された。うたい出して引き続き合唱に移ること、という指示は、今日主流となった独唱形式が確立する前からあった合唱形式に関するものである。盆踊の喧噪のなかでも、音頭取に続いて声を合わせ、なるべく整然と聞こえるようにと促しているのであろう。すぐ後の注意事項には、仮装、変装はしてよいが、風儀を乱さぬ程度におさえよ、とある。おわら保存会が風の盆の運営にかなりの程度たずさわっていることがわかる。それまで公友会が担っていた事項が、おわら保存会に移りはじめたことを示唆する記述である。

一九三三年一〇月、梨本宮守正が来富した際におわら保存会は御前演奏を引き受けることになった。川崎順二は、みずからの幼い娘を中心におわら保存会に女児部を組織し、童謡舞踊などを盛り込んで、戦前戦中にわたって七回の御前演奏に臨んだ。もともと町外の著名な芸術家との協力・支援を得ることによって地位を確立しようとしていたおわら保存会にとって、皇族という政治的・社会的・文化的に最高位の存在に芸を披露することは、願ってもないことだった（第5章）。

一九三四年には八尾町を構成する各町（おわら保存会の支部に位置づけられていた）宛に「おわら盆に関する重要事項」と題した文書が作成された。聞名寺における演舞の段取りや休憩所を指示するのみならず、児童出演の際には卑猥な歌詞を避け、なるべくおわら保存会推薦の「児童歌詞」をうたうように促している[43]。この文書は年々整備拡充され、風の盆の運営全般にかかわる指示、注意事項を各町に周知する手段となった。この年、増加する出演依頼に対応するためであろうか、出演に関する内規も明文化された[44]。出演にあたってはおわら保存会の承認を要すること、興行目的の出演を禁ずることなどの項目が盛り込まれている。

おわら保存会がおわらを演じる場やふるまいについてこれほどまでに指示を出し、しかもかなりの程度統率力を発揮しえたのはなぜだろうか。そのおもな理由として、公友会のもっていたような行政機構的形態や性格をおわら保存会も有していたのが一因だと考えられる。公友会の支部が各町におかれたように、おわら保存会の支部は各町ごとに組織されていた。ことおわらに関しては、公友会に代わっておわら保存会が振興事業の担い手となり、行政と住民のパイプの役割をはたすようになった観がある。

一九三五年の八尾町開町三〇〇年祭祝賀会では、新作の奉祝歌詞を披露したほか、おわら保存会本部による演技、

表6－1　1936年おわら保存会出演等記録

月　日	名　目	派遣人数	会　場	備　　考
1月1日	八幡社神前おわら節奉納	—	八幡社（八尾町）	
1月12日	富山放送局開局第一回「おわら節」全国中継放送	（記載なし）		
3月21日 22日	春季おわら大会	—	八尾劇場（八尾町）	「県下各官衛，中等学校，鉄道方面ヨリノ来賓多ク殊ニ外来者ノ大半以上ノ入場ハ本会ノ尤も意ヲ得タリ」
★4月18日	名古屋控訴院管内調停委員会　おわら鑑賞会	32名	電気ビルディング（富山市）	
★4月28日	北陸運送協会　おわら鑑賞会	8名	八清楼（富山市）	
★4月28日	電気化学協会	16名	富山ホテル（富山市）	
★4月29日	全国都市衛生連合大会	（記載なし）	電気ビルディング（富山市）	
★5月5日	北陸四県産業組合協議会　おわら鑑賞会	20名	昭和会館（富山市）	
★5月10日	内外富山県人大交歓会	16名	昭和会館（富山市）	
★5月10日	富山県統計大会	（記載なし）	八清楼（富山市）	
★5月13日	全国町村長大会	20名	八清楼（富山市）	庭園でおわら行進伴奏
5月24日	婦負郡教育会総会おわら観賞会	52名	八尾劇場（八尾町）	
★5月27日	東伏見宮妃殿下御前演奏	22名＊	富山ホテル（富山市）	愛国婦人会富山支部第三回総会に来臨の機に宿泊所にて演奏。「破格ノ光栄ニ浴ス」 選手22名のほか，保存会より主事，役員，演出係として9名参加＊
5月30日	富山放送局おわら節全国中継放送に参加	5名		
★6月1日	全国港湾協会総会	（記載なし）	電気ビルディング（富山市）	「選手総動員ニテ大演奏」

6月14日	東久邇宮殿下御前演奏	34名＊	富山ホテル（富山市）	北陸防空演習御視閲のため来県「破格ノ栄光ニ浴シ選手総動員ニテ奉仕セリ」選手34名のほか，保存会より主事，役員，演出係として9名参加＊
9月25日	富山日報一万八千号祝賀会	16名	富山市新富座	
9月30日	越中鉄道主催観月会	85名	八ヶ山（富山市近郊）	「八十五名ノ総動員ニテ大ニ民謡ノ鼓吹ニ努ム」
11月1日	黒瀬本法寺大法要おわら踊奉納	18名	八尾町近郊	
11月4日 5日	高山市制祝賀会	（記載なし）	高山市（詳細不明）	
11月22日	日満アルミ工場従業員慰安会	16名	東岩瀬町日満アルミ工場（県内）	
11月28日	猪谷小学校竣工式	15名	猪谷小学校（県内）	
12月13日	富山放送局全国中継放送	5名		

注：★は日満産業大博覧会関係の出演。
出所：おわら資料館，資料 No. 157，御前演奏番組（＊）にもとづいて筆者作成。

八尾検番所属の芸妓によるおわら踊の伴奏を務めるなど、町のおおやけの行事における存在感を示した。この年の風の盆はおわら保存会、商工会、婦女会、壮年団、青年団など各種団体が総動員で準備に大わらわとなった。聞名寺境内の大集団競演場に大ぼんぼり二〇〇灯、拡声器二台をそなえつけ、はでな電飾をほどこした露店がひしめきあう町中にも走馬灯やぼんぼりをともして風の盆の三日間は八尾町を不夜城と化し、沈みきった景気を打開する意気込みであった(45)。

こうしたおわら保存会の勢いがひとつのピークに達したのは、一九三六年ごろと思われる。この年の出演回数は二〇回以上におよんだ（表6－1）。婦負郡教育会総会（五月二四日）は地元の八尾町で開催されたこともあってか、五二名が出演し、野外で行われた越中鉄道主催観月会（九月三〇日）には八五名もの町民を動員した。主催者はおそらく集客効果や「賑やかし」をもくろんでのことだったであろうが、おわら保存会からすれば、それだけ大規模な出演の大義名分は「民謡ノ鼓

表6－2　1936年度予算書

総収入高	880円
総支出高	880円
収入の部	
春季おわら大会収入	330円
民謡誌500部売上代	50円
町補助金	500円
計	880円
支出の部	
春季おわら大会費用	290円
廻り盆諸経費	100円
お盆各町補助金	75円
書記及ポスター張人夫賃	50円
事務所借上諸雑費	45円
日満博所用諸経費	150円
派遣選手衣裳雑具費	50円
歌詞懸賞募集費	40円
宣伝用パンフレット費用	30円
おわらに因める製産品販売開拓研究費用	30円
用紙筆墨費	20円
計	880円

注：廻り盆は風の盆を意味する。
出所：おわら資料館，資料 No. 154にもとづいて筆者作成。

吹」であった(46)。これほどまでに出演機会が多かった背景には、四月一五日から六月八日まで行われた日満産業大博覧会がある。日満産業大博覧会の会期にあたる部分の出演は、ほとんどが博覧会関係であった。

活動範囲が広がり、活発化すればするほど費用はかさむものである。一九三六年および一九三七年には、町に対して五〇〇円の補助金下附を願い出ている(47)。一九三六年、申請のための予算は総収入・総支出ともに八八〇円であった（その内訳は表6－2）。その半分以上を補助金で賄おうという算段である。しかし、ふたをあけてみれば、一〇〇円が下附されたにすぎなかった。申請時の事業計画や八八〇円もの予算の内訳はまさしく画に描いた餅であった。

しかし、その画餅ほど、おわら保存会のやりたかったことを雄弁に語ってくれるものはない。事業計画の筆頭にあげられたのは、風の盆の振興であった。風の盆は町の発展に甚大な影響をおよぼすのであって、いっそうの繁盛をはかり「種々の施設を完備して外来客の誘致に努力せん事を期す」とある。また富山県下の市町村から出演者を募った「おわら協演大会」の開催、保存会主催の工場従業員の民謡大会の開催、三味線の選手養成、洋楽部の内容充実、おわらの歴史や古謡などを盛り込んだ「万葉集」編纂など、さまざまな構想が列挙されている。一九三七年度には、施設は風の盆だけではなく常時利用できるようなものが望ましいとし、「おわら協演大会」に代わって「民謡大会」開催が提案されている。また、おわらを演じているところを映画化して、県外の出稼ぎ女工の慰安に資すると同時に、これを他府県に対する宣伝にも用いることができるだろうと述べている。(48)

これらの計画はほどなく実現したものもあれば、戦後をまたなければならなかったものもある。前者のほとんどは、時局の動向と合致したものであった。

考えてみれば、そもそも日満産業大博覧会という催し自体が、時局の動向を多分に反映するものであった。盧溝橋事件が起きた一九三七年七月以降、おわら保存会は「出征慰問」あるいは「皇軍慰問」のための歌詞集を作成したり、傷痍軍人慰問のための演奏会を富山陸軍病院赤十字病院で開催したりしている。国家総動員法が施行された一九三八年、風の盆を目当てに八尾町を訪れた俳人・室積徂春は、時局のため三日三晩行われるはずの盛大な町流しが見られず、小学校の講堂での演技を目にすることができたのみであったと残念がった。(49)翌年から九月一日は興亜奉公日に定められ、風の盆をめぐる状況はますます厳しさを増した。

それからまもなく、おわら保存会を中心とした十余年におよぶ八尾町の文化振興は翼賛体制下の地方文化運動の波に呑みこまれていくのであった。

8　おわら情緒の浸透を目指して

本章では、保存会の歴史において比較的早い時期に結成され、今日まで継続して活動を続けてきたおわら保存会がその活動の基盤を固めていくプロセスをたどった。

今日「保存」といえば、とかく形態の保存を思い浮かべがちである。研究の進んでいる江差追分の場合には、保存すべき形態（いわゆる「正調」）の確立をめぐる勢力のせめぎ合いや確立の手法がおもに注目された。だが、おわら保存会の事例が示唆するのは、おわらの詞型や歌唱法ではなく、その「特質」を見いだして「よりよく」、つまり変化を前提として「保存」しようとする姿勢から出発し、長期にわたって継続する基盤を築いたという事実である。

組織の観点からは、①町の有力者と有望な若手、②県知事や役人、③全国的著名人、という異なる三つの地理的スケールに応じた人脈が考慮された。花柳界や社会教育団体（青年団や婦女会など）といった、今日的感覚ではあいいれない領域の人びとを保存会のなかに共存させた点も注目される。また、おわら保存会は設立後まもなく、おわらと風の盆にかかわる行政と町民をつなぐパイプ役としても機能するようになった。活動は演奏、踊り、歌詞の創作といった芸能面のみならず、出版・宣伝といった普及活動、物産奨励を通じた経済振興にもおよんだ。

表面的には経済振興とみえる商品開発や販路の拡大は、おわらの優雅な情緒を「芸術的に」浸透させる手段であるとする川崎順二の主張は興味ぶかい。出版物を通じた普及活動においては、おわらの知名度向上というより、その特質（しばしば「情緒」と表現される）を「民謡おわらの街」の風景描写へと変換して示す手法をとった。聞名寺境内を劇場に見立てる演出や夢の事業計画なども含めて考えると、おわら保存会はおわらの芸だけでなく、その特質が町の建造環境や生活のさまざまな面に行きわたり、現れ出てくるようなはたらきかけを行っていたのである。

おわらの総合プロデュース。それが初期おわら保存会の構想、そして挑戦だったといえるのではないだろうか。

それはアカデミックな言語思想を基盤にした教育政策や行政機構を介して実施されたナショナル・エリートの抽象的な構想とは大きく異なるものであった。とはいえ、川崎をはじめとするローカル・エリートは「やわらかな統制」を敏感に察知し、おわらを実践する新たな組織＝主体を立ち上げ独自の地理的想像力を発揮することによって状況に適応したのである。

> 適応とは、優勢な情勢と時勢とに対抗して、集合的な自己認識、アイデンティティ、そして自由を強化する空間や場所を創出する神秘的な技能である。(50)

〈うたの町〉はおわら保存会の総合プロデュースによってようやく明確な像を結び、凝縮された物質性をもって立ち現れたのであった。その風景のなかにおさまっていれば愉悦に浸ることができた。しかし次章でみるように、それを生ぜしめた諸力のはたらきは世界を戦争へと導いた要因と密接にかかわりあっていた。その意味において、〈うたの町〉の近代の経験は両義的であった。

注

（1）中村茂子「伝統芸能の保存組織のあり方の研究」東京国立文化財研究所芸能部編『芸能の科学17』東京国立文化財研究所、一九八九年。
（2）Hughes, David. W., *Traditional Folk Song in Modern Japan*, Global Oriental, 2008, p. 213.
（3）上田敏「楽話」『帝国文学』第一〇巻第一号、一九〇四年、四九頁。
（4）江差追分会『江差追分――北海道無形民俗文化財』江差追分会、一九八二年、七五頁。
（5）富山県東砺波郡平村字下梨で発足した「麦屋団」が「保存会」の語を用いたのは一九二五年であるが、正式な名称については揺れがあったようである。たとえば『越中五箇山麦屋節保存会百周年記念誌』（越中五箇山麦屋節保存会、二〇〇九年）に掲載されている大正から昭和戦前期の資料には「五箇山麦屋節保存会」「平村麦屋節保存会」等の名称が用いられている。

（6）小寺融吉『郷土舞踊と盆踊』桃蹊書房、一九三一年。笹原亮二「芸能を巡るもうひとつの『近代』――郷土舞踊と民謡の会の時代」『芸能史研究』第一一九号、一九九二年など。

（7）おわら資料館、資料Z－1。

（8）一九二七年刊『小原唄と踊』（宮地豊秋編、富山県人雑誌社八尾支局）の編纂にあたって「八尾小原研究会」が協力した旨の記述があること、また一九二八年一月二三日、二四日付で「八尾オワラ研究会」の「特別会員芳名録」が作成されていることなどから、「研究」の旗印を掲げる団体が昭和に入っても活動していたことがうかがわれる。

（9）中村茂子、前掲書。渡辺裕『サウンドとメディアの文化資源学――境界線上の音楽』春秋社、二〇一三年。Hughes, *op. cit.*

（10）おわら資料館、資料Z－8。

（11）続八尾町史編纂委員会編『続八尾町史』八尾町役場、一九七三年。北日本新聞社編集局編『越中おわら社会学』北日本新聞社出版部、一九八八年。

（12）おわら資料館、資料Z－9。成瀬昌示『越中八尾細杷』言叢社、一九九三年、一二九頁。

（13）八尾町史編纂委員会『八尾町史』八尾町役場、一九六七年、四一三頁。長谷川剣星『八尾のかたりべ』長谷川冽、一九八五年、二三六頁。

（14）長谷川剣星、前掲書、二一頁。

（15）鏡町は旧八尾町における十ヶ町のひとつ。

（16）「祝飛越線鉄道富山八尾間開通」『富山日報』一九二七年九月一日。「飛越線富山越中八尾間開通記念町会議員広告」『富山新報』一九二七年一月一日。

（17）おわら資料館、資料Z－9。石井漠がじっさいにおわらの振付をすることはなかったようだが、川崎順二は訪町の機会をとらえて委嘱する心づもりでいたようである（おわら資料館、資料Ｚ－12「主事あいさつ」）。日本舞踊若柳流を取り入れる一方で、現代舞踊の第一人者として前衛芸術の先駆をなした石井漠の協力をも得ようとした本意はさだかではない。だが、少なくとも、これらの人びとを「指導的立場」に位置づけることによって、おわら保存会は芸術としてのおわらを目指していたことがみてとれる。

(18)「人気を博した県特産品陳列」『北陸タイムス』一九二九年六月二日、「東京三越で開催の県物産陳列会」同六月四日夕刊。

(19)「小原節で本県の内容宣伝」『富山日報』一九二九年七月一八日夕刊。

(20)八尾町出身のジャーナリスト宮地友次郎が主催した演奏会。八尾町の各種団体、県や地元新聞社の後援で行われた。宮地は『富山県人雑誌』の主幹を務め、故郷の鉄道誘致運動、おわらの啓蒙活動にたずさわっていた。詳細は、平野和子「川崎順二　おわら保存会への軌跡」おわらを語る会編『おわらの記憶』桂書房、二〇一三年、一四一～一四二頁。

(21)おわら資料館、資料Ｚ－7。「小原節の保存会が生れる」『富山日報』一九二九年八月一一日。

(22)おわら資料館、資料Ｚ－9。

(23)二〇〇九年復刻版。

(24)「小原保存会の『おはらぶし』誌いよいよ発刊」『富山日報』一九二九年八月二八日。

(25)「八尾町　小原節会」『北陸タイムス』一九二九年八月一二日。

(26)「情緒もたつぷ〔り〕と『オワラ』塗製作」『富山新報』一九三三年六月一一日。

(27)「民謡小原の歌詞応募者続々あり」『北陸タイムス』一九二九年九月四日。

(28)「新しい小原節歌詞懸賞付きで募集」『富山日報』一九二九年九月一〇日。

(29)おわら資料館、資料番号なし、「おわら歌詞大募集」（募集広告）。

(30)『富山日報』一九二九年九月一〇日、前掲記事。

(31)おわら資料館、資料No. 103。『北陸タイムス』一九二九年一〇月一〇日の記事では一〇五〇余篇と報じられている。

(32)「懸賞おわら節一等なしで十七拾い上げらる」『富山日報』一九二九年一〇月一〇日。

(33) 無記名（長谷川剣星か）『榧の実』第二輯、一九二八年。
(34) 「序に代へて」冨士原友吉編『おわらぶし』越中八尾民謡おわら保存会、一九二九年。
(35) 『郷土風景』第二巻第八号。一九三二年三月に創刊されたこの雑誌は、郷土をあるがままにみつめ、学問的関心というより趣味的関心に応えようとする志向をもっていた。同人に呼びかける原稿募集の広告には、すたれゆく民族芸術、民間説話、民謡、風俗、史跡、信仰などについての原稿を求むとある（創刊号「原稿を募る」、第一巻第二号「言ひたいこと」）。
(36) 小谷惠太郎「民謡おわらの街」『郷土風景』第二巻第八号、一九三三年、四九頁。
(37) 小谷惠太郎、前掲記事。
(38) シーモア、スザンヌ「風景の歴史地理」ブライアン・グレアム、キャサリン・ナッシュ編『モダニティの歴史地理（下）』米家泰作・山村亜希・上杉和央訳、古今書院、二〇〇五年、二五四～二五六頁（Seymour, Susanne, "Historical geographies of landscape", Graham, Brian, Catherine Nash eds., *Modern Historical Geographies*, Longman, 2000）。
(39) おわら資料館、資料No. 568。
(40) 一九六一年以降は八尾小学校グラウンドにおける観光客向けの演舞へと引き継がれた。
(41) 北日本社編『北陸の産業と温泉』北日本社、一九三二年、六五一頁。
(42) おわら資料館、資料No. 112。
(43) おわら資料館、資料No. 111。
(44) おわら資料館、資料Z－58。
(45) 「八尾町のおわら祭全町総動員」『富山日報』一九三五年八月二九日。
(46) おわら資料館、資料No. 157。
(47) おわら資料館、資料No. 154。
(48) おわら資料館、資料No. 156および159。
(49) 室積徂春「越中雑感」『高志人』第三巻第一〇号、一九三八年。

（50）ソジャ、エドワード・W『第三空間――ポストモダンの空間論的展開』加藤政洋訳、青土社、二〇〇五年、三五九頁（Soja, Edward W., *Thirdspace: Journeys to Los Angeles and Other Real-and-Imagined Places*, Blackwell, 1996）。こうした「適応」の概念はサイモン・シャーマによる土地計画、科学技術、市民意識を通じて干拓地から創造都市へと変貌をとげたアムステルダム、ひいてはオランダ文化の特質についての地理学的研究（Schama, Simon, *The Embarrassment of Riches: An Interpretation of Dutch Culture in the Golden Age*, University of California Press, 1988）をふまえたものである。ソジャは市民生活に対する圧迫（課税制度、建物の画一化、居住空間の狭小化など）へのアムステルダム市民のしたたかかつ柔軟な姿勢と、その帰結である快適で美的な社会生活と日常空間を「適応」の観点から評価した。

第7章　戦時下のおわら
——慰問から地方文化運動へ

1　「明暗の境地」

八尾町のおわらに「時局」という新しいモチーフが登場したのは、一九三二年に編まれた小冊子『時局民謡おわらぶし』(1)（未刊）においてである。「日本桜《やまとざくら》は四海に薫る　浪に彩《あやど》るオワラ日の御旗」を筆頭に、時局にちなんだ新作八七首が収められている。おわら保存会主事・川崎順二によるはしがきには企画の趣意が記されている。

今般の日支紛争につき……さまざまの歌詞を集め、一小冊に綴り、以て出征勇士諸君と、一般人民とに頒ち、そして、出征勇士諸君の、芳しきいさをゝ、婦女子達に知らしめ、又、出征勇士諸君の、寸暇の慰安に供せんと、発意したのである。

一九三二年一月の上海事変をうけて富山の郷土部隊である第三十五連隊に動員令が出された(2)。はしがきの日付は二月上旬。おわら保存会が『時局民謡おわらぶし』を企画したのは、おそらくこの第三十五連隊の出動が直接のきっかけだったと思われる。時局に敏感に反応した面々（ほとんどがおわら保存会関係者）が詠んだ歌詞をあわただしくまとめたのだろう。出征兵士の手柄を称えて一般に知らしめること、そして戦地におもむく彼らにとって少しでも慰めになること。『時局民謡おわらぶし』にはそのような期待がこめられていた。

この小冊子は未刊行におわったが(3)、三月には次の二首を含む『満州事変出征軍人慰問歌詞パンプ《ママ》レット』が戦地に送られた(4)。

形ばかりの軍旗の中へ　赤い満州の　オワラ　陽が昇る
初陣の鉄の兜の可愛い顔が　赤い満州の　オワラ　日にやける

いずれも『時局民謡おわらぶし』に収められた歌詞である。それぞれ異なる作者によるものだが「赤い満州」「陽（日）」のモチーフは、日露戦争をきっかけに流行した「戦友」（真下飛泉作詞、三善和気作曲）の「離れて遠い満州の　赤い夕陽にてらされて」あるいは「赤い夕陽の満州に」といった文句を下敷きにしているのであろう。日露戦争時には厭戦的、反戦的であるとして軍によって禁止されたが後々まで歌われ(5)、第三十五連隊が広島・宇品港から出帆するさいには楽隊が「赤い夕陽の満州」（つまり「戦友」）を演奏した(6)。

時局を意識したおわら歌詞が作られはじめたのは、世の中が急速に戦時体制に移行し、各市町村の在郷軍人に召集が下るようになった時期にあたる。応召家庭の門戸には「祝出征」の旗がかかげられ(7)、八尾町の風景も次第に戦時色にそまっていった。第三十五連隊の出動命令が出されると「新聞には記事は出ないが、市中は軒ごとに国旗が掲げられ、提灯が張られ、召集兵の家々には幟がはためいた(8)」。

おりしも、新聞社をはじめとするマスメディアは時局にすばやく反応し、たとえば大阪朝日新聞社と東京朝日新聞社は戦地の将兵の慰安のためと銘打って一九三二年一月に「満州行進曲」（大江素夫作詞、堀内敬三作曲）の制作・

制定を発表した。同月、ビクターからレコードが発売され、歌詞をモチーフに松竹と新興キネマによって映画化された。こうした経緯は逐一報道され、マスメディアを舞台に戦争支援の言説、楽曲、映像が作られ普及していく。続いて上海事変さなかの二月二二日、廟巷鎮で三人の工兵が爆死した事件が陸軍省によって「覚悟の自爆」と発表され、各紙においても「爆弾三勇士」あるいは「肉弾三勇士」による美談として伝えられた。新聞社はさらにこの事件をテーマとした歌詞の懸賞募集を行い、『大阪朝日新聞』が公募した「肉弾三勇士の歌」の場合、二月二八日から三月一〇日までの短期間に一二万四〇〇〇通もの応募があった。作曲は山田耕筰、公募締切の約一週間後にはみずから指揮棒を振り、発表演奏会を行った。参集した三〇〇〇人にのぼる聴衆がその場で歌唱指導を受けたという。東京日日新聞社、大阪毎日新聞社では「爆弾三勇士の歌」、その他の新聞社においても同様のテーマで歌詞募集が行われた。当選歌はレコード化され、事件にちなんだ映画の製作にとどまらず、「三勇士もの」は文楽、寄席芸、花柳界、新派、宝塚歌劇などあらゆる娯楽ジャンルに波及した。[9]『時局民謡おわらぶし』やパンフレット類の作成はこうした世相を背景としていた。

小谷恵太郎『佛法僧』（一九三二年五月刊）に寄せられた藤森秀夫の序詩も不穏と高揚感とが交錯する時代相から筆を起こしている。

炬燵《こたつ》を擁《かか》へて　恨めしさうな目付で
垂下つた鉛色の空を　見詰めてゐると
其処からは毎日毎日霙《みぞれ》や霰《あられ》が降つてゐたが
それでも四月の朔になると
麗らかな日光が注いで来たので
咳に悩みながら　街角に立つと

恰《あたか》も上海事変で　最も勇壮の活躍を遂げたところの
大澤大隊の戦死将士の市葬ではないか
生前英姿に接した事のある大隊長の遺骸が
眼前数歩の所を遺族に護《まも》られて通過して行くではないか
私は先刻から序詩の考案をしてゐたが
かかる明暗の境地から　此のペンを執《と》るのである

大澤大隊とは、上海事変をうけて出動した歩兵第三十五連隊の第一大隊のことである。大隊長は大澤邦次少佐。戦績をあげたとして感状を授与されるが、最前線で敵情を偵察中、頭部に貫通銃創をうけて戦死した。藤森が「生前の英姿に接した」のはおそらく二月七日、連隊が郊外の兵舎から富山市街を通って富山駅へと向かう折であったと考えられる。見送りの人で駅も田の畔も人と旗で埋め尽くされ、楽隊の演奏と万歳の声が響きわたっていたという(10)。大澤大隊が激しい戦闘を経験したのは二月二一日から二五日にかけてであり、ちょうど「爆弾三勇士」事件と重なる。富山県民にとっては郷土連隊の姿と重ねられたことだろう。序詩の日付は四月一日。大澤大隊を送り出して二ヶ月も経たぬうちに営まれた市葬の風景は、戦争と死が表現者の、そして生活者の視界になまなましいかたちで侵入しはじめたことを示している。世の中を覆う空気はまさしく藤森が捉えた「明暗の境地」にあった。

アジア・太平洋戦争期のおわらのあり方は、おわら保存会の動向と切っても切れない関係にある。そこで、本章では慰問から翼賛組織化へという軸を念頭においておわら保存会の具体的な活動内容を明らかにし、それが〈うたの町〉の近代の経験としてどのようなものであったのかをみていきたい。

2　歌詞創作・募集事業の変化

『時局民謡おわらぶし』に掲載され、後にリーフレット『民謡おわら節　出征慰問』に流用された歌詞からいくつか拾ってみる。

生きて帰らぬ心の奥に　日本桜《やまとざくら》の　オワラ　花が咲く
銃《つつ》を枕の仮寝の夢に　逢ひに行きたや　オワラ　雪の夜
敷島の大和勇士の功の花は　散つて砕いた　オワラ　鉄条網
死ぬも生きるも我等の覚悟　日本《やまと》島根は　オワラ　動きやせぬ

これらはほんの数例であるが、歌詞の主題、モチーフはもっぱら「大和」であり、その帝国主義的拡張であり、それを実現する「勇士」、支える「我等」であることを示している。なかには国際連盟の批判、敵対する中国、英国、ロシアを揶揄する歌詞も混ざっていた。第4章で取り上げた小谷恵太郎（契月）には次の作がある。

行くか雁《かりがね》満州の匡野《はての》　様に便りの　オワラ　文を持て
走りがきだが尊い便り　弾丸《たま》の切間に　オワラ　書いた文

これらより先に発表され、現在も愛唱される小谷の代表作「雁がねの翼欲いや海山越えて　妾《わたし》や逢いたい　オワラ　人がある」と響きあう作だが、舞台はすっかり外地の戦場に移されている。とはいえ、徹頭徹尾勇ましい歌詞というわけではなく抒情がまさる。これらは出征先で歌われることを想定しており、「異郷の空で皇国の為御奮闘の皆様の心境に、幾分なりとも内地の土の香り」（傍点は引用者）をもたらすことを意図してリーフレットに収められた。すでにみたように、小谷は観光客向けのパンフレット「民謡おわら乃街」や新聞・雑誌を通じて八尾町固有のイメージを詩的に打ち出そうとした人物である。が、満州事変に対する反応においては、町の個別性を埋没させ「内地」に同化させている。おわらを通じた時局への反応は、まずはこうした慰問歌詞の創作に現れたのであった。

一九三七年七月七日の盧溝橋事件を機に七月末には日中間の全面戦争へ発展。八月二〇日、おわら保存会は時局の重大性に鑑みて風の盆を行うかどうか、警察署長、町長、商工会頭と協議することとなった[11]。その結果を記した文書は残されていないが、この年から一九三九年にかけての風の盆行事運営に関する記録が欠落していることから、実施を自粛したとみられる。毎冬八尾劇場で行われていた全町参加の「おわら大会」も、戦前においては一九三七年二月が最後となってしまったのは、このときの自粛が関係していたのであろう[12]。

さて、おわら保存会が主催した歌詞募集が当初求めたのは「平易ニシテおわらトシテ情調美ナルモノ[13]」「おわらの街八尾の風景、人情、風俗、行事、物産、名所等を織り込んだもの[14]」であった。ところが、日中戦争をうけて行われた募集からは大きな変化が現れた。募集期間は一九三七年一二月二一日～二五日、どのくらいの応募があったのかは不明だが、四三首が当選し、翌年二月刊行の歌詞集『皇軍慰問おわらぶし[15]』に掲載された。

表紙をめくるとまず目に入るのが御前演奏のためにおわら保存会によって作られた歌詞三首である。

御前間近く召されて唄ふ　栄を伝へん　オワラ　永久《とことわ》に
桐の花咲くお山の町の　唄をかしこみ　オワラ　奉《たてまつ》る
頃も嬉しや卯の花月夜　唄ふて寿《ことほ》ぎ　オワラ　奉る

序によれば、このパンフレットは「聖戦」にのぞんで「連戦連勝赫々たる戦蹟」をあげつつある陰で、厳しい環境に身を置き転戦を重ねる皇軍将士たちの「尊い辛労をお慰めする微意」を「銃後にある私達」の側から届ける意図をもつ。

たて丶下され立派な手柄　孝行立てなら　オワラ　妾しがする
行つてくるよと涙も見せぬ　主の心に　オワラ　又惚れた
泣いて別れた八幡様へ　又も戦勝の　オワラ　礼参り
雪が来たぞへ黒部の山へ　さぞや寒いかろ　オワラ　北支那は

銃後の家族のくらしぶりが滲みでる作としては、次のような歌詞が掲載された。

稲を刈るにも鍬持つ手にも　主の苦労は　オワラ　忘れまい
戦遊びに昼餉もとらぬ　坊やまめなの　オワラ　文を書く

「漫吟」の項には進出先や敵国を揶揄する歌詞が九首、「囃子」の部には「空には爆弾陸には大砲　海には軍艦ドドンと打ち出せ」といった文句をはじめ、かなり露骨に戦意をあおるものがみられる。(16) おわら保存会は歌詞募集と歌詞集の発行によって、いわばローカル版のうたによる戦争翼賛と「心情動員」にみずから加担しはじめたのであった。

3　翁久允——〈うたの町〉と文士をとりもつ仲介者

『皇軍慰問民謡おわらぶし』を境におわら保存会主催の歌詞募集事業は変化をみせる。それまではかならずしも毎年行われていなかったが、一九三八年からは一九四四年まで毎年実施するようになり（一九四五年については不明）、おわら保存会歌詞部を中心とした選者は〈中央〉の文士たちにとってかわられたのである。募集時に兼題が示されるようになった点も以前とは大きく異なる。この時期、戦時色の濃いおわら歌詞が量産されるが、それは時世の漠然とした反映ではなく、題の設定によるところも大きかった。

さて、選者に注目するとほぼ継続的に担当している人物がいることがわかる。翁久允《おきなきゅういん》（一八八八〜一九七五）である。

渡米、ジャーナリスト生活、郷土研究

翁久允は富山県中新川郡東谷村六郎谷村（現立山町六郎谷）に生まれ、一九〇七年から一九二四年の在米中にジャーナリストおよび小説家として頭角を現し、「移民地文芸論」を展開した。幼いころから学問を好み、向学心の高かった翁は一九〇四年、県下唯一の高等中学校であった富山第一中学校に進んだ。ところが、翌年学友七人と起こした悪戯が問題になり、放校処分となる。立身出世を志す翁少年にとっては痛手であったが、これを機に上京し、遠戚で富山出身の中川幸子が営む私学三省学舎で学ぶこととなった。当時、地方出身の書生がひしめきあっていた東京で、翁は日露戦争期の思潮や文壇の空気を存分に吸い、哲学や文学について語り合った。明治三〇年代初頭から四〇年代にかけて一種の渡米熱が起こっており、アメリカで働きながら学んで成功をつかもうと志す若者たちが少なくなかった。翁はそうした若者たちとじかにふれあうなかで、中学中退の挫折に屈せず立身出世への再スター

トをきるために、みずからも渡米を決意したのである。

一九〇七年五月、一九歳で横浜を出港した翁久允の在米期間は約一八年間におよんだ。一九〇八年にはじめて執筆した短編小説「別れた間」がシアトルの『旭新聞』小説募集において二等入選をはたし、その後も移民地での経験や出来事を題材とした作品を発表するようになる。作品発表だけでなく在米日本人文士たちによる文学会の設立を提唱するなど、翁は移民史の初期における文芸活動の中心人物であった。一九一四年にカリフォルニアに移ってからは小説家、新聞記者としてのキャリアを積み、一九一八年サンフランシスコ日本人社会における二大紙のひとつ『日米』のオークランド支社主任、文芸欄担当となる。つまり、第一次世界大戦の時期にアメリカで記者生活を送ったのである。開戦時、全米のどんな片田舎であれ国民の興奮と緊張が高まり、戦争の是非、愛国主義、平和、民主主義について輿論が沸き上がったことを後に回想している[17]。大戦後の国際秩序を決定づけたワシントン会議（一九二一年一一月六日〜一九二二年二月六日）の取材を通じて、翁は欧米列強がアジアにおける権益獲得に躍起になっているのを目の当たりにし、またそれが人種的偏見と無関係ではないことを痛感する。同時に、国際政治に対する認識を深め、排日主義の高まりのなかで人種的偏見によりいっそう敏感にならざるをえないのだった[18]。一九二四年、事実上日本人移民を禁じる移民法改正と日本での第二子出生とに直面した翁は、家族がばらばらになることを避けるために帰国することを選ぶ[19]。

一九二四年三月に帰国すると朝日新聞社に入社した。『アサヒグラフ』『週刊朝日』といった雑誌の編集にたずさわるかたわら、一九二八年には短編集『道なき道』（在米中に出版した『紅き日の跡』を改題）、評論集『コスモポリタンは語る』を発表して日本の文壇の仲間入りをはたした。もとより社交家の翁ではあったが、一九二六年に『週刊朝日』の編集長となってからは、仕事を通じて多くの文士と活発な交流をもつようになる。そして詩人の福田正夫と知り合い、彼を中心とした詩人たちの集会に顔を出すようになる。日本での文壇デビューのきっかけとなった短編集『道なき道』の表題作が単行本にさきがけて発表されたのも福田が主宰する『主観』であった[20]。白鳥省吾、佐藤惣之助、福士幸次郎、加藤一夫、藤田健次、郷倉千靱、徳田秋声、吉田初三郎、竹久夢二、三上於菟吉、前田河広一郎、直木三十五、吉井勇、大泉黒石、安成二郎、渥美清太郎、鈴木氏亨、麻生豊、水木伸一、野口米次郎、西條八十、川路柳虹、岡本一平、三宅やす子、小寺菊子、吉屋信子など多彩な文化人との交際の大部分は、編集者時代にその人脈が築かれ、深まったのである。[21]

さて、翁久允がはじめて八尾町のおわらを見物したのは渡米する以前、富山第一中学校に在籍中だったというから日露戦争のころであった。[22]八尾町に住む同級生にさそわれて風の盆見物にでかけたのである。その後長いブランクを経て、再びおわらと縁ができたのは一九二九年、おわら保存会創立のときのことである。[23]創立役員総会にはおわらの革新や普及にかかわった小杉放庵や若柳吉三郎のほか、県内外で活躍する著名人が列席した。在米時代から富山県の新聞に寄稿し、名の知られていた翁は、地元出身の名士として招かれたのであろう。藤田健次（民謡詩人）、麻生豊（漫画家）、水木伸一（洋画家）などを連れて行った。当時、『北陸タイムス』の駆け出しの記者であり民謡詩人としても活躍した中山輝は、上司に命じられ翁一行に随行した。[24]おわら保存会の人脈は前章に描いたような詩人たちの繋がりだけでなく、ジャーナリズムを磁場とした文化人にも通じていたことになる。ちなみに翁の民俗学への関心は、当時、東京朝日新聞論説班員として勤め先を同じくしていた柳田國男との出会いが発端であった。[25]

翁は一九三一年に朝日新聞社を退社。満州事変後、軍部の大陸での動きに不信感を抱くようになった翁は、一九三四年に大森区鵜ノ木に居を移したころから新たな活動を思い立つ。日本はすでに国際連盟を脱退していた。翁は世界平和や人類の平等を目指して「望遠鏡で世界を観察し、顕微鏡で祖国を掘り下げて観察しようとする運動」を起こそうと、出版社創設と郷土研究雑誌の創刊を計画した。郷土研究雑誌の構想は一九三五年、保養のために妻清子の兄が住む岐阜県高山に滞在したのをきっかけに、江馬修（一八八九〜一九七五）を中心とする飛騨考古土俗学会の活動とその機関紙『ひだびと』にふれたことでにわかに具体性を帯びたと考えられる。[26]

高山出身の江馬は一九一六年に発表した長篇『受難者』で広く人気を集めた。[27]東京で作家生活を送っていたが、郷里の歴史的事件「梅村騒動」を題材とした新たな小説に取り組むため、一九三二年に帰郷する。のちに『山の民』に結実する歴史研究や山村調査を行いながら、地元の遺跡の踏査と発掘にも熱中し、考古学や民俗に関心をもつ仲間と飛騨考古土俗学会を結成して年に三回程度、不定期に会報を発行した。これを月刊の郷土研究誌として刷新した『ひだびと』が創刊されたのが一九三五年、つまり翁が高山に滞在した時期と一致している。翁は『ひだびと』同人と寺社を訪ね、古老の昔話をきいて交流を重ねるうちに郷土研究に対する関心がよりいっそう高まったと回想しているが、[28]彼らとの交際はおそらく『ひだびと』編集のじっさいを垣間見る機会でもあっただろう。この滞在中にみずからの郷土研究誌創刊の決意をかためた翁は富山経由で帰京し、準備をすすめる。

途中八尾町に寄って「以前から知り合っていた川崎順二君やその取り巻きなどを訪ね」たようだが、[29]そのときの礼状と思われる書簡（一九三五年一二月一五日付）がある。[30]郷土研究のために指導を願いたい、後日ゆっくり滞在して参考になるものを見せてほしいとの協力を求める文言にくわえ、佐藤惣之助や長谷川伸に「貴下のこと」を話すとも述べている。おそらく、川崎の文学的関心やおわら保存会の活動をさすのであろう。川崎順二は急に現実味をおびた『高志人』創刊の構想を最も早い段階で知り、相互に活動の力となろうと呼びかけられた一人なのであった。[31]

東京では柳田國男、若宮卯之助、藤井尚治、白柳周湖らが賛同し、富山では片口安太郎（江東）、金山従革、内山外川、岡崎藍田、大橋二水、堀井三（郷土史家、古美術研究家）、小柴直矩（郷土研究家、富山県政史編纂委員）、佐藤種治（中学校教諭、郷土研究家、富山県政史編纂委員）らの支援、協力を得ることができた。[32]このうち、片口安太郎（江東）は朝日新聞社時代からの知己である柳田國男の紹介による。明治期には藻谷海東、岡崎藍田、大橋二水とともに越中漢詩壇の隆盛に貢献した人物である。政治や行政においても力を尽くし、翁と知り合ったころは県議会議員、『富山県政史』編纂委員を務め、県立図書館の開設に向けて活動していた。[33]郷土研究誌発刊の趣旨に快く賛同した片口は翁に県内の名士を紹介したというから、[34]ながらく離れていた郷里での支援者獲得においては片口の力が大きかったと考えられる。

一九三六年七月下旬、富山県下の約二〇〇人と東京その他の知人に趣意書「郷土研究雑誌『高志人』発刊について」を送り、九月には創刊にこぎつけた。創刊号「編輯だより」には「一千部刷つて、県下各方面の知識階級におくつた」とある。

趣意書では「郷里を離れて東京に遊学し、更に日本を捨ててアメリカに青壮年時代」を過ごすあいだにアイデンティティの危機にみまわれた経験にふれている。青年時代には欧米の思潮の影響をうけて、近い将来にこの世界から差別がなくなり平和が樹立される、そして郷里はもとより日本を離れきったところに「人生の最大幸福」があると考えていた。しかし在米経験を経てわかったのは「私は海外に於ては外国人であり、異国人である」ということであり、第一次世界大戦後の国際政治の現場では取材を通じて「欧米の各国が、まるで餓鬼のやうになつて」いる姿を目の当たりにして「彼ら以外の民族や国家を考へると言つたやうな余裕は寸分もなく、如何にして自分達を護り、自分達の国家を取り繕ふかに悶き悩むのみ」であったことに幻滅したのだった。それまで遠い世界にばかり憧れていたが、一転、「世界人よりも日本人、そして日本人たるには第一に越中人」であることを自覚し、「第一に村の人となり、そして県の人となり、国の人となつてこそ人は初めて世界の人となれる」と悟ったことが郷土研究誌創刊の動機であると述べている。そして「欧米的思想及文化に対立出来る日本思想の確立、創成が何よりも急であり」「その方向を定めるには是非とも真剣な郷土の研究から出発せねばならぬ」とする。このような思想的追求や研究活動から全世界、全人類に発揚するべき「日本精神」が明確になるであろうというのが翁の展望であった。

『高志人』が扱う具体的な内容については、先史時代、古代史研究、神社仏閣の調査研究、各地方伝説、人物、越中人の性格、風俗習慣、方言、美術・工芸・文学・宗教、山河自然、遊芸（歌舞、詩文、茶、花、骨董）などをあげ、今日までの研究を新しい角度から批判することも歓迎している。(35)

文士におわらを紹介する

『高志人』を創刊した一九三六年、翁久允は東京に高志書房という出版社を立ち上げた。わかりやすい世界史の書籍出版を通じて世界平和への啓蒙活動を行う理念を掲げていたが、たちまち雑誌の主宰と出版社経営を並行して行う困難に直面する。一九三七年春、川崎順二は高志書房の出版計画について相談をうけたばかりでなく、金銭的援助も求められたが(36)、結局、どの程度関与したのかは不明である。他方、一九三八年以降、おわら保存会の諸活動における翁の存在が目立ちはじめ、それが『高志人』の記事に反映されるような関係が形成されていく。

たとえばおわら保存会主催歌詞募集の変遷に注目してみよう（表7-1）。

一九三七年までは不定期に実施され、選者はおわら保存会歌詞部を中心としていた。日中戦争勃発により各地で民俗芸能や祭礼行事の自粛がみられたこと、また風の盆やおわら大会も例外ではなかったことはすでに述べた。翌年も自粛が続いていたが、翁は東京での俳句仲間(37)である室積徂春、邦枝完二、渥美清太郎とともに風の盆にあわせて八尾情緒を味わおうと吟行に訪れた。このときの一行が選者を務めたというわけである(38)。応募総数は不明だが、八八首が選ばれて『高志人』に掲載された(39)。当選者の出身地から県内各地より応募があったことが知られる。ちなみにこの吟行には富山、入善、高岡から地元の俳人も参加した。おわらの町流しは行われなかったが、小学校の新築講堂で青年団のうたと踊りが披露された。舞台鑑賞の後は川崎邸での酒宴である。そこで室積徂春らは次の歌詞を残していった。

飛騨へぬけよか富山へゆこか　八尾よいとこオワラ水の音　（室積徂春）
八尾もみぢで心は赤い　元気富山のオワラ若ざかり　（渥美清太郎）
すねるくねるもつい仲直り　八尾雪どこオワラ溶けた胸　（渥美清太郎）
八尾坂道わしやのぼりづめ　かへりともないオワラ朝の露　（邦枝完二）

（1943～1944年は越中八尾文化協会名で募集）

選　者	募集歌詞数	当選歌詞数	備　　考
おわら保存会歌詞部および各新聞社社員18名	約800首	17首	後援　富山新報，北陸タイムス，富山日報
おわら保存会歌詞部	約2000首	42首	「当選歌詞は本場の名唄ひ手によつてラジオ，レコード等を通じ全国に紹介される」（富山日報 1931/8/23）
小杉未醒（放庵） 斯道大家5名	806首	41首	後援　八尾日曜新聞社，北陸タイムス社，富山日報社，富山新報社，越中新聞社，富山タイムス社
藤森秀夫 おわら保存会歌詞部	276首	17首	
おわら保存会歌詞部	不明	43首	風の盆自粛 『皇軍慰問おわらぶし』と題した冊子作成
邦枝完二，室積徂春，佐藤惣之助，渥美清太郎，翁久允	不明	88首	風の盆自粛 東京の俳句会「東風会」の富山吟行の機会に実施 （一行は9/1に八尾入り）
川路柳虹，横山美智子，佐藤惣之助，翁久允	不明	秀逸42首 佳作7首	
小杉放庵，佐藤惣之助，白鳥省吾，福田正夫	約1200首	172首	紀元二千六百年奉祝事業として実施 小冊子には「この一編を戦線の勇士と護国の英霊に捧ぐ」の献辞
佐藤惣之助，川路柳虹，郷倉千靭，翁久允	約1700首	85首	小冊子には「この一編を戦線の勇士，戦病傷の勇士，護国の英霊に捧ぐ」の献辞
西條八十，福田正夫，藤田正人，翁久允	不明	24首	
西條八十，長谷川伸，土師清二，本山荻舟，翁久允	不明	27首 童謡おわら12首	越中八尾文化協会名で募集。ただし，投稿先の同協会総務部とおわら保存会歌詞部は実質的に同じ 「第十五回懸賞おわら詞集」掲載の郵便書簡作成
川田順，小杉放庵，翁久允	252首	不明	越中八尾文化協会名で募集。ただし，投稿先はおわら保存会歌詞部。 「昭和一九，二〇年度懸賞おわら歌詞　敗戦前ノ急迫時トテ未完成ノママ中止ス」

り筆者作成。

表7－1　おわら保存会主催おわら歌詞懸賞募集

時　局	年	募集期間・締切	発表日・媒体	課 題 等
	1929	9/30締切	10/10	おわらの野趣な情緒にぴつたりとはまるもの（季題は問わず）
	1930	実施せず		
	1931	7/16～8/10	8/20 新聞紙上	歌詞ハ平易ニシテおわらトシテ情調美ナルモノ
満州事変	1932	実施せず		
	1933	7/31締切	不明	平易にして野卑に渉らざる八尾情緒展緬なるもの 特に児童用は充分意を用いられ度し
	1934	8/10締切	8/20	おわらの街八尾の風景，人情，風俗，行事，物産，名所等を織り込んだもの
	1935	実施状況不明		
	1936	実施状況不明		
日中戦争	1937	12/21～12/25	翌年2/1	皇軍慰問民謡おわら歌詞大募集
	1938	不明	10月 『高志人』第3巻10号	事変雑詠，蚊遣，虫，灯籠，露，夜長，萩
	1939	5/13締切	5/20	襷，笠，雨，帯，霞，櫛，灯，橋，音，垣（外に日支事変調ノモノ）
	1940	6/25締切	7月上旬 小冊子『興亜建設の巻第十二回懸賞募集おわら歌詞当選歌集』	鮎，時，紅，風，波，葉，働，峯，雲，紫，道，腕，煙，鳥，闇，朧，朝，袖，声，金鵄 外に事変，時局を詠ったもの
太平洋戦争	1941	不明	12/15 小冊子『聖業翼賛の巻第十三回懸賞募集おわら歌詞当選歌集』	時局，事変を詠んだもの，朝，夕，白，光，生，芽
	1942	8/4～8/15	9/1 新聞紙上 風の盆にて演奏発表	課題　大東亜戦争 戦争の唄，建設の唄，銃後の唄，慰問の唄，戦勝の唄 童謡おわら歌詞
	1943	8/10	8/25 新聞紙上，『高志人』，郵便書簡 風の盆にて演奏発表	撃ちてし止まむ 課題　大東亜戦争 決戦の唄，建設の唄，増産の唄，銃後の唄，慰問の唄，防空の唄 童謡おわら歌詞
	1944	11/20～12/20	翌年1/15 新聞紙上， 『高志』誌上（予定）	必死，決勝，「大東亜戦争」 決戦の唄，建設の唄，増産の唄，銃後の唄，慰問の唄，防空の唄 童謡おわら歌詞
	1945	実施せず		

出所：富山市八尾おわら資料館所蔵の募集要項，審査に関する記録，『北陸タイムス』『富山日報』『高志人』記事等よ

お代彦三の化け物みやうと　井田の川原にオワラたつてみた　（翁久允）
秋のせゝらぎ心にしみる　まつておる身にオワラなほしみる　（翁久允）[40]

これ以降一九四四年まで、ほぼ毎年翁久允と彼の文士仲間がおわら歌詞懸賞募集の選者を務めるようになるのである。

この時期に生じた最も顕著な変化は、俳句や短歌のように題を課すことになった点である。作詞にあたってそれまで重視された「八尾情緒」は、その土地をよく知るものでなければ判断しにくい。〈中央〉の文士が選にあたる場合は一般的に通用する題を設けたほうがやりやすい。おわらは〈地方〉文芸であるが、そこに全国共通の作法を導入したというわけである。これは日本主義が尊ばれる当時の風潮と合致しただけでなく、一九四二年以降は戦意高揚に直結する題が課されたことによっておわら歌詞募集事業はあからさまな戦争宣伝と化した。このような事態は、文化のあらゆる領域が戦争へと動員されるばかりでなく、文化的な活動が人・心情・表象を動員するはたらきを担ってゆくこの時代、おわらも例外ではいられなかったことを示している。

一九三九年には川路柳虹、横山美智子、佐藤惣之助、翁久允の八尾来訪にあわせて歌詞募集が行われた。新緑の五月、おわら保存会は野外でおわらを披露した。といっても風の盆のように町を流して歩くのではなく、城ヶ山公園で「立山連峰と虹立つ新緑の山々を背景」[41]とする優雅なもてなしであった（図7-1～図7-6）。

新緑の城ヶ山に登ると、紅白の漫幕《ママ》が青葉薫る桜樹の間をまかれてあつた。連峰は断雲に包まれてそのきれ端しかみせてゐないが、前山は雨を含んだ霞に、浩一路か大観のやうな晩春初夏の画景を見せて、この野外舞踊の背景を荘厳した。やがて、太夫連が、座について三絃、胡弓、太皷につれ、名人達のおわら節が美はしい、奥ゆかしい声で唄ひ出されると、八尾乙女の一群が胡蝶のやうに舞ひ初めるのであつた。桜のやうな女達の踊

図7－1　城ヶ山公園での宴(1)
左の３人目から川崎順二，翁久允，川路柳虹，佐藤惣之助，１人おいて横山美智子。
出所：富山市八尾おわら資料館蔵。

図7－2　城ヶ山公園での宴(2)
出所：富山市八尾おわら資料館蔵。

が終ると、『あやめ』のやうな『八尾若い衆』に変わつてゆくのだつた。そして胡蝶と青鷺が戯れるように満庭開花の一大舞踊となつて行つた。雨か晴れかと見上げる空の一角からこの情景を祝福するやうに美はしい虹の橋がか丶つたり欠けたりした。まるで封建時代の花見の宴のやうに殿様にでもなつたやうな気持で、白布をひいた食台を前に、オランダ渡りとでも言つたやうな絨毯の上にあぐらをかいた。お江戸からの文人、詩人の一行が恍惚しながら、絶讃の句を並べつ丶、藤の屋主人丹精の山の幸料理が、古風な重箱の中から馨をあげて配られるのに舌皷を鳴らしたものである。……歓極まるころを見はからつて、天は驟雨を桜の若葉に落とした。傘さしながら太夫さんたちは弾く打つ唄ふ。こちらも傘陰から、踊を見る風流であつた。(42)

文士一行は、まるで大家の描いた日本画に吸いこまれたかのごとく、緑の潤いにむせぶ初夏の景色のなかでおわらを鑑賞したのであった。「八尾乙女の一群」とは川崎順二の娘たちを筆頭に町の良家の子女からなる、おわら保存会女児部にほかならない。「桜のやうな女達」は八尾芸妓であろう。〈男踊〉を演じる青年たちも花鳥になぞらえられた。このときのおわらは民俗行事から切り離され、高尚化された特別版であった。

川路柳虹はこう述べる。

図7－3　宴での演奏

左から中田国嗣，邑崎清一，江尻豊治，井上豊吉，坂本栄太郎。

出所：富山市八尾おわら資料館蔵。

図7－4　女児部による〈女踊〉

出所：富山市八尾おわら資料館蔵。

『おわら』は富山〔市〕の町中で芸者から歌はれてもさほどの感興はない。一度あの坂町の空気、井田川の水光と山容の美とに囲まれた中で聞いてはじめて『いのち』を感ずる。それは遠い父祖の『うぶ〔す〕なの土』から生れた声だからである。そこには恒久の生命が波うつてゐるからである。[43]

文士たちは作りこまれた野趣にすっかり魅惑されてしまったのである。そして、いとも自然にそれを日本主義の言説につなげたのであった。

美声をふるわせ、雨にもめげず演奏を続ける「名人達」が、じつは前年に翁自身が「だんだん芸人化してきた」と評した演奏者だったのは皮肉である。演奏者ばかりではない。前年の小学校講堂での舞台は「矢張り屋外で唄ふ歌声に合せての踊りでなければ真の味が出ないのだらうと思へた」（室積徂春）[44]、「期待が大きかつただけに、何かしら物足りない思ひだつた……風の盆の味は、片影だも見られなかつた」（邦枝完二）[45]、「青年達が編笠冠つて、少女達が振袖姿で踊つた情味には、昔の野趣や卑俗さがなくなつて上品さが増してきてるが、それだけに地方色が塗り消されてゆくやうで淋しかつた」（翁久允）[46]とさんざんな評だったのである。

川崎順二が城ヶ山での宴を企画したのはおそらくこうした感想をうけてのことだったのだろう。翁はなかなかの社交家で、編集者時代には京都趣味の料理屋の主人に請われて箱根の店に文化人を集め清遊会を催したり、

図7-6〈男踊〉
出所：富山市八尾おわら資料館蔵。

図7-5〈豊年踊〉
出所：富山市八尾おわら資料館蔵。

句会や友人どうしの集まりに気のきいた場所を用意したりして喜ばれることが多々あった[47]。文士たちはこうした清遊の機会がもちにくくなった時代に、はからずも山間の町で清雅なもてなしを受け、すっかり印象を深くしたようだ。

川崎邸で一泊した一行は、またもや酒宴に興ずる。お酌は羽織袴の若い衆であった。このとき、佐藤惣之助が詠んだのが次のおわら歌詞である。

八尾おわらをしみじみ聴けば　むかし山風オワラ草の声

佐藤惣之助は生まれ故郷の相州川崎宿の古い家では、かつて大名が宿泊したさい、やはり羽織袴の男衆がお酌をしたならわしを一座に語った[48]。佐藤は故郷の古いならわしと関連づけて、おわらを受けとめたのであった。川崎にしてみれば、このようなもてなしの流儀はおわら保存会の活動が花柳文化とは一線を画した郷土芸術であることをアピールすると同時に、文芸活動に熱心なおわら保存会の青年と客人たちとをとりもつ機会と捉えていただろう。翌日、翁は「郷土と舞踊及民謡」、佐藤は「詩と民謡と時局について」と題して小学校講堂で講演を行った。

このように、翁は文士たちにはおわらを紹介し、他方、訪問先の人びとには郷土研究や文学の知識を提供することによって、文化の仲介者としての存在感を示したのである。

4　おわら歌詞の選者として――「情緒」と「世界的田舎者」

一九三九年から一九四三年までの歌詞募集については選評（選後感）が残されており、戦時下における民謡のあり方について知る資料として貴重である。これらを用いて翁久允はどのような立場にあったのか、おわら歌詞募集事業に関与した意義は何だったのかを考えてみたい[49]。

全般的な感想として、時局調のものが圧倒的に多いことを前提に、似かよった句が多い、題や標語に示された「理念」にとらわれすぎる句がみられるといった点が指摘されている。そのなかで多くの選者が一貫して重視したのは、調子やうたいやすさである。「時局を歌詞にこなすことは専問《ママ》の者でもむつかしいので、作意はよいが、言葉が硬かつたり、唄へないもの、あるのはやむを得ない。その点で……かなり作歌上にもむつかしいところがみえる……内容はとにかくとして歌詞として、言葉のよく消化されたもののみを選し[50]」たという佐藤惣之助の弁には、うたって調子のよいものを作ることがプロ、アマを問わぬ課題であるという意識がみえる。また、詩の口誦性をどのように実現するかは、創作民謡が試みられた当初からの古くて新しい問題であり続けたこともうかがえる。

「理念[51]」にとらわれすぎていない歌詞とはどのようなものか。選者らは生活に根ざした題材や心情、それらの自然な表現、純粋さをあげる。かつては都会性や技巧性と対置された要素だが、この時期にはむしろ標語的な表現と対比させられている。応募歌詞には類歌や焼き直しが多数みられるという選者の嘆息は、総動員体制の完成に向け、「理念」の統一や言論統制ばかりか「心情動員」が着実に進んでいることを示してもいた。「国民の至誠を盛り上げる……民謡奉仕の精神[52]」が応募作にはあふれていたのである。だがそのような状況は思考と感受性における没個性、紋切型の表現をいやおうなく助長する。極端に狭められた詩作の自由と、みずからも歯車になることを期待された総動員体制との矛盾のなかに選者は身を置いていたのであった。

翁もその一人であったわけだが、彼の批評には他の選者にはない特徴があった。ひとつは情緒（あるいは情味）というものに対する強いこだわりである。

一般応募者は、余りにも時代に捕はれすぎて地方情緒または人間の真情と言つたものから隔離してゐると言つたものが多かつた。……自然発露のまゝの情緒から生れる『おわら』、そんなものにつき当りたいと思ひながら一つもしつくりしなかつた。(53)

やはり時代と言ふものが民謡の中へ、わけても切々と入つてゐることが思ハれる。だが余りにも新しい時代の「なま」な感じをそのまま唄はふとする為めに、民謡特有の情味と言ふものが薄いやうに思ハれる。(54)

自然のある一角をとらへてそれに依つて何かを思はせてくれるやうなものには情味がある。さう言つた作品をさがしてみたがなかなか出て来なかつた。(55)

ほとんどの選者は「内容‐調子（口誦性）」の軸を立てたうえで、調子を重視して評価した。それに対し、翁は内容においては「現代性‐伝統（古さ）」、情緒においては「地方性‐普遍性」の軸を設けたうえで、それぞれの価値がいかに両立しているかを基準に評価したといえる。そして、情緒を重視すればするほど、時局下の応募歌詞にみるべきものはないというのが数年にわたる翁の実感であったようだ。

翁の情緒観は、一見、他の選者のいう生活に根ざした心情の自然な発露や純粋性と同じように映るかもしれない。しかし、各地方の伝統から出発しつつも普遍的なもの、それが翁久允の考える情緒である。おわらに即していえば次のようになる。

『おわら節』には発祥地としての八尾の情緒がその特異なものでなければならぬ。八尾の情緒は八尾の味があり、郷土民生活の普遍的なものであらねばならぬ。それは八尾の伝統的なものから出発する。その八尾魂の中で、最もよき、そして高きものが越中を支配し、更らに日本を、東亜を支配するのである。[56]

情緒は魂と言い換えられ、ナショナリズム、さらにはアジア主義にまで拡大されている。ここに、「理念」への対抗概念としての自然な抒情とは別に、翁独自の政治意識がみてとれる。

もちろん、郷土意識を出発点としたナショナリズムの意識、その外側にかたちづくられる同心円としての大東亜共栄圏への展望は、当時めずらしいものではなかった。みずからの真の思想がどのようなものであれ、そうした考え方に同調する者が多数派だった時代である。『高志人』創刊当時から親米の自由主義者と目され、特高に目をつけられていたという翁の、太平洋戦争勃発直前の時点における言辞において何を真意ととるかは微妙な問題ではある。[57]が、少なくとも郷土に根ざした情緒とは魂にも等しく、それは普遍性に通じるという思考/志向は、在米中の一九二四年にすでに芽生えていたのである。それを一言でいうならば、「世界的田舎者」という独自のコスモポリタニズムである。[58]それがどのようなものか、在米時代の翁久允の活動とアイデンティティについて論じた水野真理子は以下のように説明している。[59]

翁は在米日本人という意識をもってアメリカでくらし、執筆し、移民地文芸論を展開した。だが、自身の将来や故郷を思うとき、「自己の中にある日本人性を意識せざるを得」ない状況に立たされ、帰属意識が揺さぶられるのを禁じえなかった。関東大震災に大きな衝撃を受けて復興支援に奔走し、排日の空気が日に日に濃くなる時期をアメリカで過ごした。アイデンティティの葛藤を解決しようとしたときに考え出されたのが「世界的田舎者」、つまり徹底した田舎者こそ世界人であるとする存在の仕方である。

翁にとってそれを端的にあらわしているのが、幕末期における最初の遣外使節であった新見豊前守一行(いわゆる万延元年遣米使節）のアメリカでの姿であった。翁は、丁髷に羽織袴を着けニューヨークの真中で撮影された彼らの写真を見たことがあった。異国の経済と文化の中枢にあって、なおも武士の威風を保ち堂々としている。ここに翁は真の人間性を秘めた「徹底的な田舎者」を見たのであった。「何村にゐても、何県にゐても、その人間が徹底してゐたら倫敦へ行つてもパリへ行つても人間だ」(60)。徹底的であるというのは自らの内に「確固とした出自や地方性」(61)をもち、それを自覚したうえで、何にも臆することなくふるまう状態をいう。これは翁がみずからのアイデンティティに悩んだ末にたどり着いた考えではあるが、同時代のアメリカでは移民がそれぞれの出自の文化を継承し、共生していこうとする文化多元主義の思想も登場しており、翁の考え方もけして孤立のうちに形成されたわけではなかった。アメリカの移民社会を背景に生まれた「世界的田舎者」という概念が一〇年後、異なる文脈において『高志人』創刊時の趣意書に反復されたことはすでにみたとおりである。

翁久允はおわら保存会の歌詞募集に選者としてかかわり、関連記事を『高志人』に掲載し、選にまつわる文章を綴った。それは、おわら保存会の歴史に翁の美学（情緒）、アイデンティティの追求、偏狭な愛国心や地方主義とは一線を画した理想（「世界的田舎者」）が刻印されたことを意味している。

5　さらなる高尚化と認知の追求

翁久允にとっておわらの原風景は日露戦争期の風の盆であった。渡米どころか、郷里を離れて東京へ向かうより前の中学生時代のことである。それから約一五年を経て気鋭のジャーナリスト・作家として八尾を再訪し、さらに一〇年後には郷里と東京の双方に拠点をおく出版人へと転身をはかった時期に、おわら保存会の歌詞募集に深く関与することになった。郷土研究を志してからの翁にとっておわらは研究対象のひとつであったばかりでなく、「世界的田舎者」の信念や自身の民謡観の核となる「情緒」の概念を追求する場でもあったといえよう。おわら保存会の活動に関与し、おわらを文士に紹介することによって翁は川崎順二を応援し、また川崎順二が自らの活動を支援してくれることを望んだ。それまでにも小杉放庵や若柳吉三郎をはじめとする著名文化人との交流はあったが、翁があいだに立つことによってその交流は多分に時局の色彩を帯びることとなった。というのも、翁の主宰する高志人社は文学報国会の地方講演会などの受け皿となり、大政翼賛会や文化組織と連絡・交渉して地元の知識人と〈中央〉の文化人の会合を設ける活動をしていたからである。

　では、おわらにとって翁はどのような役割をはたしたのだろうか。ひとつは高尚化である。翁の仲介によって、少なからぬ数の文化人が八尾を訪れることになった。彼らはおわら歌詞を作り、八尾訪問にちなんだ短歌や詩を詠み、紀行文を残した。いくつかの作品は八尾の地で今も伝えられているが、ほとんどは忘却されたといってよい。それでも彼らがおわらに関心を寄せ、八尾の地を踏み、手厚くもてなされ、作品を残したというエピソードは確実に積み重ねられていく(62)。こうしたエピソードの堆積がおわらのイメージを高尚化したことは否めないであろう。また、城ヶ山での宴のときのように、彼らを最大限にもてなすためにおわら保存会の面々は演技や演出に磨きをかけた。純朴や野趣を求める都会の詩人や作家にとっては皮肉なことだが、彼らを悦ばせ触発するものとして演技・演出の面で洗練（＝高尚化）された部分もあったのである。

　著名人が訪れたとなると新聞記事になり、人びとの口の端にものぼる。翁が積極的におわらを文化人に紹介したことは、おわらの認知を高め、振興・普及に貢献したのであった。

　ちなみに「一本刀土俵入」の作者・長谷川伸が翁久允、土師清二、本山荻舟らとともに八尾を訪れたのは一九四二年の風の盆の折であった。一九三一年に東京では六代目尾上菊五郎、大阪では坂東寿三郎らによって初演され、後に新国劇、大衆演劇などでも上演された股旅物の代表作は、おわら節の知名度向上に大きく貢献した。その長谷川伸を含む「大衆文芸の大御所」は八尾国民学校大講堂での「民謡『おわら』に関する文芸大講演会」に登壇し、さらに翌年にはおわら歌詞募集の選者を務めている(63)。社会的認知への自意識は、振興を促すエネルギーとなる。振興・普及活動の中心的担い手であったおわら保存会[64]にとって、日中戦争勃発以降、郷土研究に転じて地方文化運動に参画した翁は、急速に大きな存在となっていったのである。

6　地方文化運動

風の盆は元来、個人や愛好者グループが自由におわらに興じるもので、青年団や公友会といった自治組織の関与は歴史が浅く、早くとも大正期以降である。昭和期に入ってからの風の盆行事と自治組織との関係、時局をうかがわせる資料に「踊れ！風の盆　唄ひ《ママ》！おわら盆」と題したちらしがある。一九三二年の風の盆の前日に配られたこのちらしは町民に対して次のように呼びかける。

　うんと唄ひ、うんと踊り狂ふて日頃の労苦に報ひませう。そうして其意気でまた家業に親しみ能率の増進を計りませう。
　ドウゾ皆さん此行事の意義ある三日間を思ふ存分男も、女も、老も、若きもおわら節で練り廻りませう[65]。

戦時下に強調されるようになる増産や厚生運動の語調がほのみえるこのちらしは九つの自治関連組織、すなわち八尾町役場、八尾商工会、八尾町農会、八尾在郷軍人分会、八尾消防組、八尾公友会、八尾青年団、八尾婦女会、おわら保存会の連名で出された。おわら保存会は町当局や自治組織、社会教育団体等と連携して風の盆を振興し、ひいては町民の娯楽や慰安、生産活動の増進にも貢献する組織として位置づけられていたことがみてとれる[66]。

この後、おわら保存会が風の盆への関与を徐々に深めていったことについてはすでに述べた。運営業務や行政とのパイプ役を引き受けるようになり、新しい試みとして聞名寺で各町内による演舞、大集団輪踊りの企画運営に着手したのである（第6章）。同じ年には「軍隊歓迎おわら」と銘打って八尾町役場主催のおわら保存会公演が行われるなど、[67]町行政とおわら保存会は密接に連携していた。大政翼賛会文化部が発足し、地方文化運動が開始される七〜八年も前のことである。このほか、おわら保存会の活動で時局を反映したものとしては満州出征兵士のための慰問映画撮影協力（一九三五年）、愛国婦人会有功章御親授式および富山支部第三回総会に来臨した東伏見宮周子妃や北陸地方防空演習視察に訪れた東久邇宮稔彦王の御前演奏（いずれも一九三六年）などがあげられる。

おりしも一九三六年には日満産業大博覧会（以下、日満博）が開催され、[68]その宣伝用として前年の風の盆の折には映画撮影が行われた。富山市から写真家の中野俊陽が出張し、いまや大競演場の観のある聞名寺境内でフィルム三〇〇尺におよぶ撮影が行われた。[69]軍の慰安に供する映画撮影は一九三六年のおわら保存会事業計画書にも盛り込まれており、[70]複数回行われたと考えられる。

日満博では宣伝と観覧客誘致のため各種会合の誘致も積極的になされた。県、市、商工会の協力を得て誘致に志向した会合の数は八九にのぼった。博覧会会期中におわら保存会が応じた出演はこうした会合に参集した団体を相手にしたものであった。さらに東伏見宮周子妃の来臨した式典や会合はすべて博覧会が誘致したものであるから、[71]この意味では御前演奏も日満博のおかげで実現したのであった。

こうした経緯はおわら保存会の活動が時局とともに歩んだことをものがたっている。言い換えれば、時局はおわら保存会の民謡普及、郷土芸術を通じた商工・観光振興といった目的を後押しする方向にはたらいていたのである。そして、日満博が対岸貿易の展望すなわち帝国主義的拡大政策の一端を担っていたことを考慮すれば、おわら保存会の活動はその推進力の一部であった。

そのような状況の下、八尾町におけるおわら保存会の存在意義はいささかも減じた気配はみえない。それどころか、一九四〇年の皇紀二千六百年奉祝を機に風の盆が再開されてからは、運営の要としてますますその存在感を増したように思われる。

それを端的に示すのが一九四一年の風の盆であろう。おわら保存会は「県下各工場及八尾町各工場参加出演、遊郭芸妓総出演、全町各支部男女総出演」と銘打って、三〇ヶ所の踊り場を設けた町中に幔幕やぼんぼりによる「大装飾」をなし、夕刻からは聞名寺境内に「数百ノ雪洞ヲ配シ総踊リノ豪華版ヲ展開ス」[72]とのプレスリリースを新聞各社に送付した。来賓には町村金吾富山県知事以下、総務部長、学務部長、経済部長、警察部長、土木部長ら県庁各部署の責任者（課長レベルを含む）、森勇富山市長をはじめ、山田昌作（北陸合同電気株式会社）、西尾勘吾（宮市大丸）、横山四郎右衛門（北日本新聞社）、中田清文（同）、翁久允（高志人社）、松田盛一（富山放送局）ら財界、報道・出版界の有力者を迎えての風の盆が盛大に行われた。町村知事は聞名寺に集まった人びとに「純粋な民謡こそ明日への活動へのよき糧である、踊つて唄つて踊り抜け、そしてまた産業戦線に活躍せよ」と激励し、森富山市長、佐藤惣之助、翁もマイクを握った[73]。町村知事の訪問が話題となったこの年の風の盆は「翼賛風の盆は賑ふ　町村知事も視察」「早稲の田圃はおわら花盛り」などと報じられた[74]。この訪問は八尾および近在の学校や工場の視察、町村会長や常会長との座談会などと組み合わされており、健全娯楽に興じる人びとへの呼びかけは、軍事教練や生産活動にいそしむ人びとへの激励と変わらなかったのである。おわら保存会はこのような場を用意し盛り上げる役回りを演じ、いわば「健全娯楽」推進の模範となった。

さらに興味ぶかいのは「郷土文化保存会」、後には「越中八尾文化協会」といった翼賛文化団体が川崎順二を会長として組織されていく点である。かつてはおわら保存会名義で出されていた風の盆実施要領や出演規則などにも越中八尾文化協会会長の肩書が添えられた川崎順二の名が記されるようになった。翼賛文化運動において祭礼行事や盆踊などは「勝ち抜く行事」として再定義されたと金子直樹[75]は指摘したが、風の盆やおわらも翼賛行事あるいは健全娯楽として意味づけられ、喧伝されていったのである。

一九四〇年九月、国民の協力体制をそれまでにも増して強化するため、町内会・部落会や隣保班（隣組）が全国的に整備される。皇紀二千六百年奉祝に沸き立つ年ではあったが、このころまでには近衛内閣のもと新体制運動が推進され、既成政党は解散した。それにともない、県内の各党支部も解散され、県当局は政府の命にしたがうだけの機関へと変貌した。いうまでもなく、町内会・部落会や隣保班とはこのような上意下達システムにおいて国策を行政の末端にまで行きわたらせる組織であり、常会活動が重視された。この年の一〇月から翌年の春にかけては、大政翼賛会の発足、同富山県支部の結成、県下各市町村における支部結成の動きが進んだ(76)。前節でみた高岡文化協会や富山文化協会が設立されたのもほぼ同時期である。

八尾町で郷土文化保存会が発足したのはこのような状況のただなかであった。正確な発足時期は不明だが、おそくとも一九四一年八月にはすでに存在していた。ちなみにこの月に開催されたおわら保存会役員会には町長、警察署長、各常会長(77)、文化係長(78)も招集されている。同年、常会長を対象とした川崎による演説は「満州事変以来、本然たる日本主義、国粋主義の本道」をゆく民謡の価値が再認識されるようになり、さらに日中戦争にいたり「大政翼讃《ママ》文化芸能翼讃《ママ》の一翼として、どうしてもなくてはならない国民の精神的方面の要素の一つ」となったと説いている。さらに大政翼賛会の県文化部や文化協会から民謡調査報告を求められた経緯があること、町当局はもちろん、各常会長、おわら保存会が一丸となっておわらの振興に尽くすべきことを語っている(79)。

翼賛運動が文化・生活面において具体的にどのように展開されたか、市町村や町内会・部落会といった単位がいかに重要視されたかを伝える興味ぶかい新聞記事がある。『北日本新聞』「郷土色を濃厚に　前線への慰問刊行文」（一九四一年八月二三日）がそれである。県は慰問通信文が将兵の士気を高め、郷土の実情を知らせるのに有効とみて奨励するが、事変の長期化と用紙節約のため次の方針を決定した。①県単位の団体による刊行は内容が比較的抽象的になりがちのため中止または廃止すること、②市町村単位の印刷物は郷土色をいっそう濃厚にし、できるだけ用紙を節減すること、③町内会・部落会単位の印刷物は防諜に差支えない範囲で郷土の実情を前線に伝えること。県当局は市町村、さらには町内会・部落会といった小さい単位こそ、個々の人間に訴えかけることを認識していた。そのため、あえて県単位の刊行物をなくし、それより小さい行政単位での出版活動・通信活動を奨励したのである。

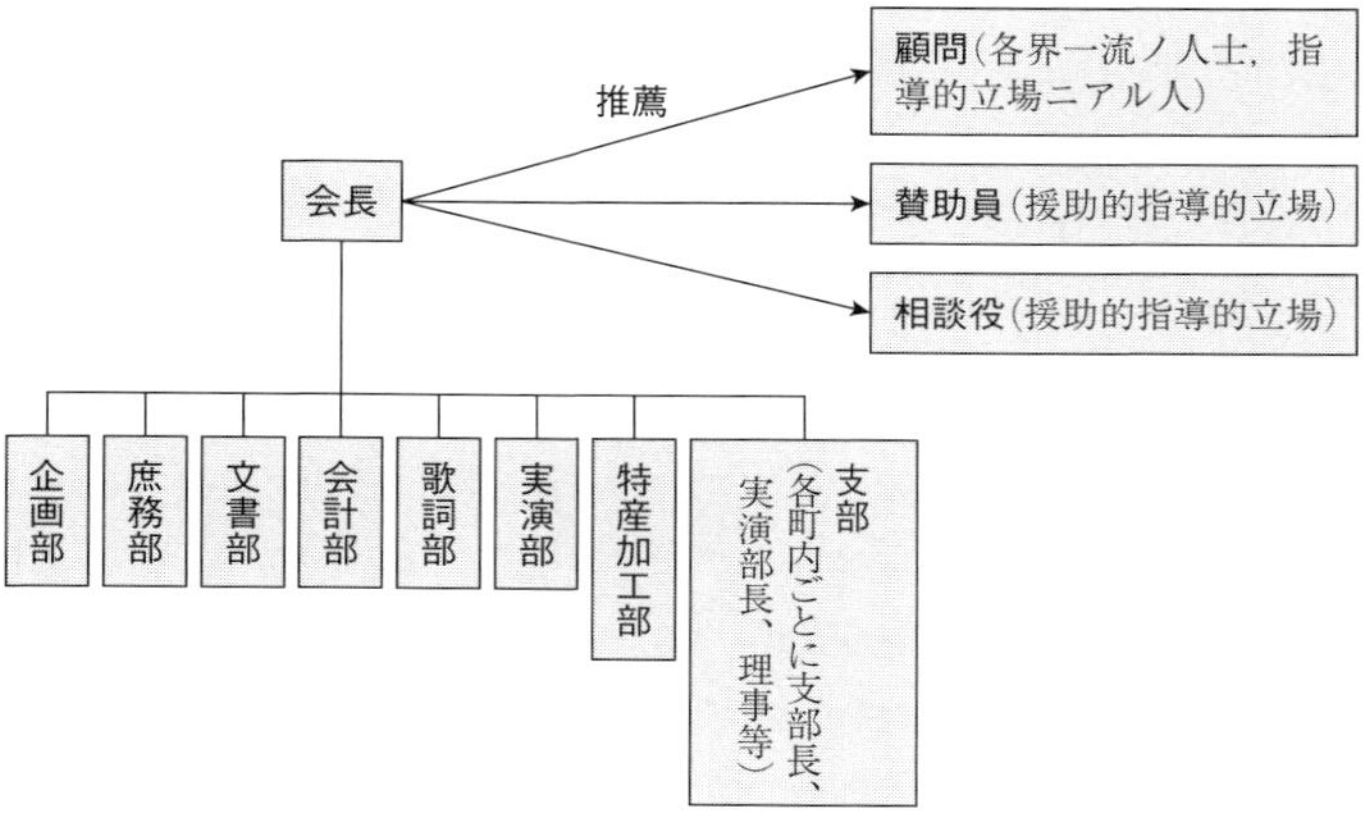

図7－7　おわら保存会組織図（1935～1940年ころ）

出所：『会則及ビ綱領』，役員名簿（おわら資料館，資料 No. 195）より筆者作成。

おわら保存会は町単位の活動であり、かねてからパンフレットや番組、歌詞集などの印刷物を頻繁に制作していた。年々、紙の質は劣化し、一九四三年にはそれまで小冊子として出していたものをコンパクトな郵便書簡形式の印刷物[80]に衣替えしている。こうした活動が積み重ねられることによって、戦時下の文化はかたちづくられていくのであった。

さて、常会長を前に行われた演説では大政翼賛会の県文化部や文化協会への言及があるが、これらは一九四一年四月、大政翼賛会の第一次改組後に文化部で力点がおかれるようになった地方文化運動を背景としていた[81]。その基本方針は「地方文化建設の根本理念と当面の方策」に示されている[82]。すなわち、東亜新秩序建設という大きな目的に向けて高度国防国家を完成させるためには「広汎な国民生活一般の諸分野を包括する文化機構の再編成」が不可欠だというのである。従来、文化というものは消費的、享楽的、個人的、非公共的なものと考えられていたが、いまやそうした観念をしりぞけ「全国民的な基礎のうえにたつ、生産面にふれた新しき文化を創造し……国民生活と東亜諸民族の生活の中に実現して行く」ことが肝要だと述べる。そして、来たるべき時代の文化は「国家成員のすべてがその創造と享受とに積極的に参加するという「高い意味の政治性が加味されなければならない」。

「外来文化の影響の下に発達した中央文化」よりも地方文化のなかに日本文化の正しい伝統があることを認識し、伝統の自覚のもとに新体制を築くことが、大政翼賛会文化部の唱導する地方文化振興の意義なのであった。

当面の方策には「地方文化機構の再編成とその運用」として大政翼賛会地方支部（道府県）の文化担当者の配置や地方文化職能団体の自発的結成促進およびそれらを大政翼賛会地方支部の外郭団体として活動させることなどが含まれていた。おわら保存会は元来、町の行政、自治組織や社会教育団体と密接にかかわりあいながら活動を展開してきたため、文化部が地方の文化団体に求める要件をすでに満たしていた部分もあった（図7－7）。川崎順二が率いることになった郷土文化保存会や越中八尾文化協会は、まさしくこうした文脈のなかで生まれたのであった。

7 〈うたの町〉の強靱さ

おわら保存会は郷土文化保存会、後には越中八尾文化協会の下部組織として翼賛体制下においても名称を変えることのないまま存続した。

郷土文化保存会の組織図をみてみよう（図7－8）。総務や顧問、常任顧問、相談役といった役職については、発足当初のおわら保存会の構成に類似している（第6章）。傘下には、おわら保存会、曳山保存会、特産品加工部、城ヶ山公園保勝会がある。曳山保存会というのはこのときはじめて用いられた組織名ではないだろうか。八尾町では町人文化を背景に六基の曳山が受け継がれてきた。それぞれ氏子集団が所有・管理していたが、地方文化運動による文化組織の統合・再編成の動きのなかで、郷土文化保存会の下部組織として位置づけられたとみられる。城ヶ山公園保勝会について川崎順二は「城ヶ山公園はわれらのお庭であり、郷土愛の精神運動をこの公園から起こすのである」[83]と展望を述べるにとどまり、その実態は不明である。

一九四三年三月二八日には越中八尾文化協会[84]が結成された。これはおそらく大政翼賛会富山県支部の影響のもと

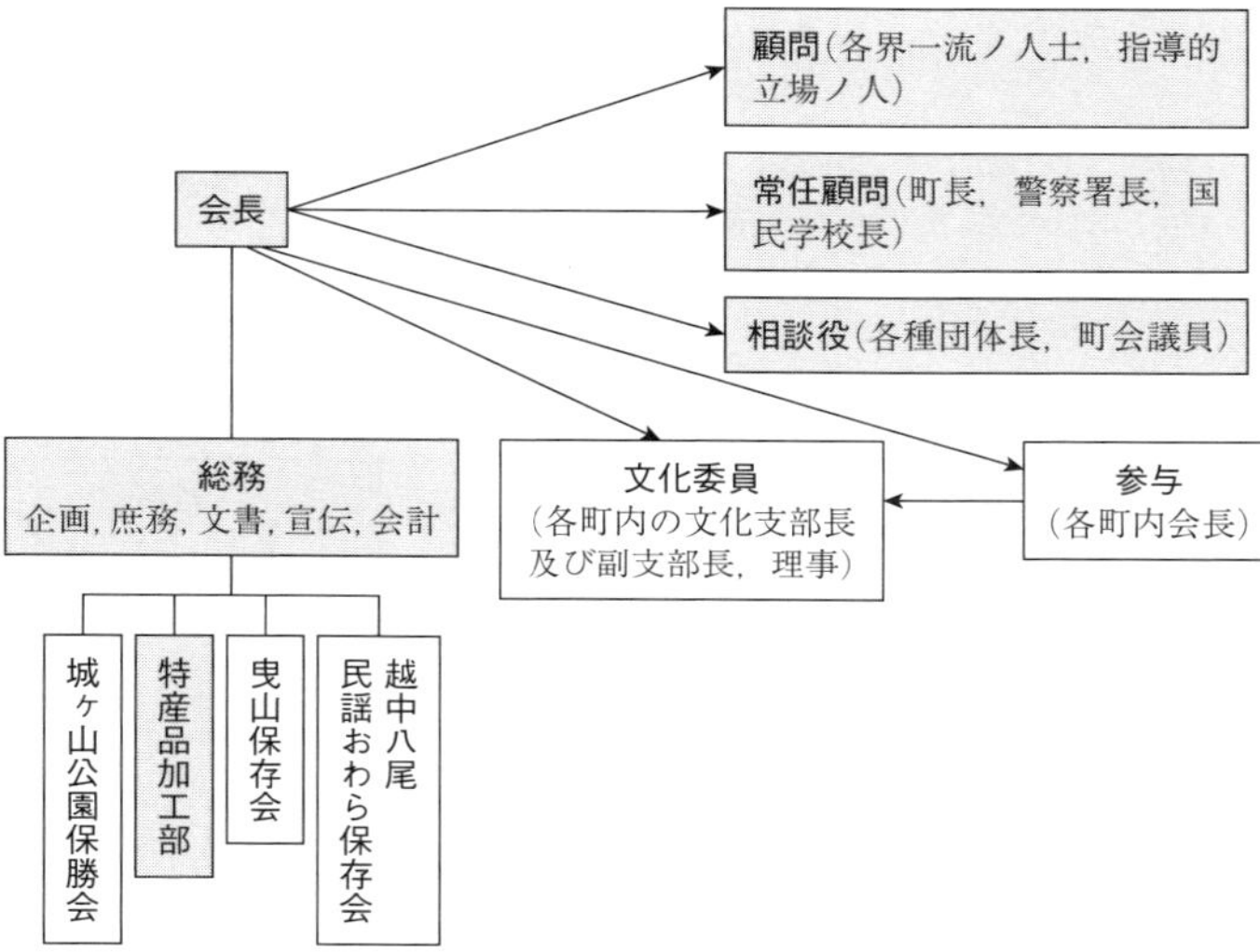

図7-8　郷土文化保存会組織図（1941年8月ころ～）

注：網掛部分はおわら保存会の組織構成をほぼ踏襲。
出所：おわら資料館，資料 No. 250より筆者作成。

に起きた動きであった。というのも、越中八尾文化協会の会則は大政翼賛会富山県支部の「市・町・村文化会準則[85]」にほぼ則って作られていたからである。この時点で、おわら保存会は翼賛体制に取り込まれてしまったようにみえる（図7-9、図7-10）。

だが、両者を比較してみるといくつかの相違に気がつく。大政翼賛会富山県支部「市・町・村文化会準則」ではトップ（名誉会長または会長）に大政翼賛会市町村支部長をあてることが非常に重視されている。ところが、越中八尾文化協会の場合、準則どおりに名誉会長を置きながらも、名誉会長の意向とは関係なく会長がきまるようになっており、会長に名誉会長以上の裁量と権限が与えられていた。しかも会則には「会長ニハ前八尾郷土文化保存会長ヲ推ス」とある。つまり、川崎順二を引き続き会長とする文言が盛り込まれているのである。また「市・町・村文化会準則」には役場内に事務所を設置することが定められており行政と文化会運営の一体化が意図されたが、越中八尾文化協会会則では総務を設け、会長が人員を委嘱し業務を直接指示することに

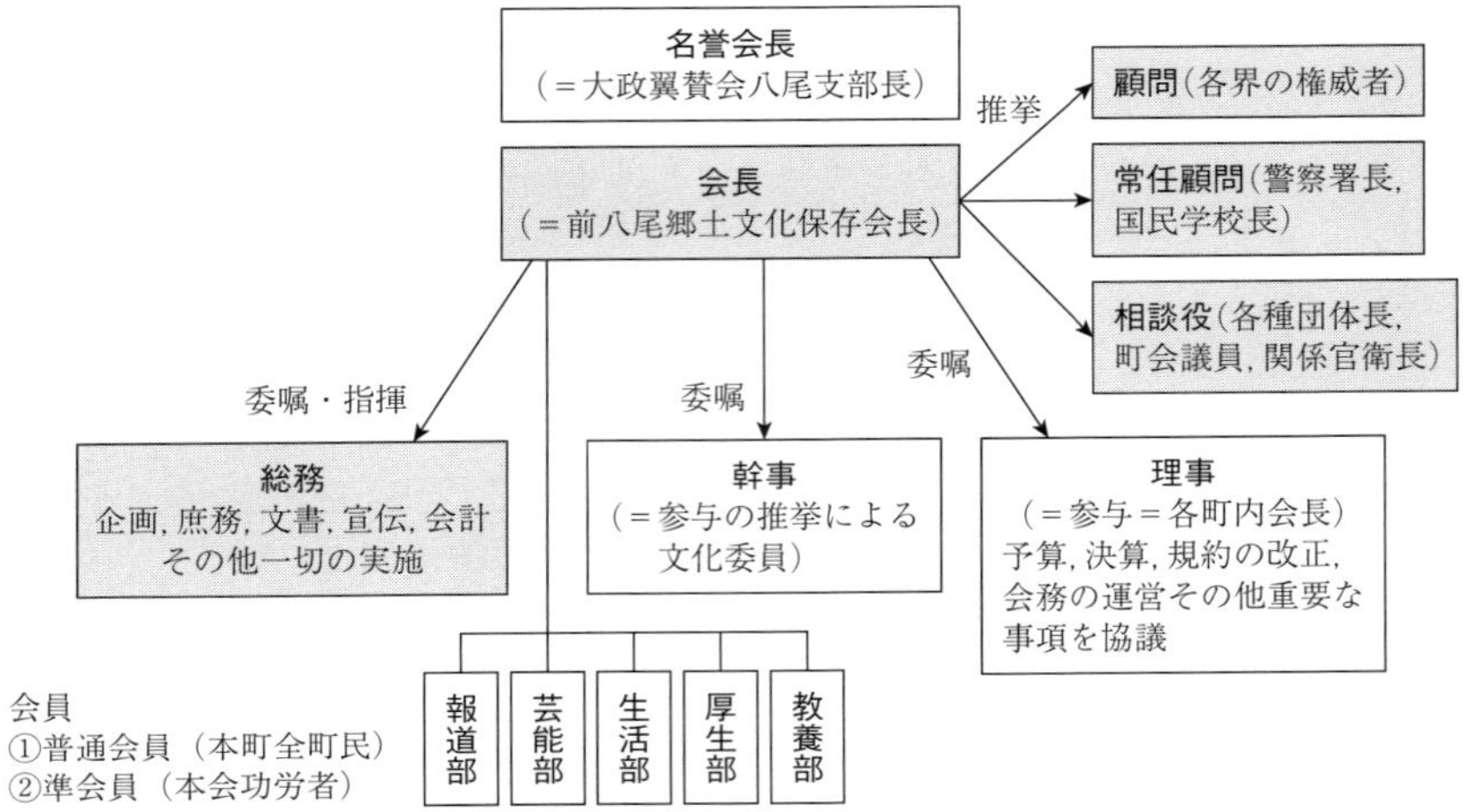

図7－9　越中八尾文化協会組織図（1943年３月～）

注：網掛部分はおわら保存会の組織構成をほぼ踏襲。
出所：「越中八尾文化協会会則」より筆者作成。

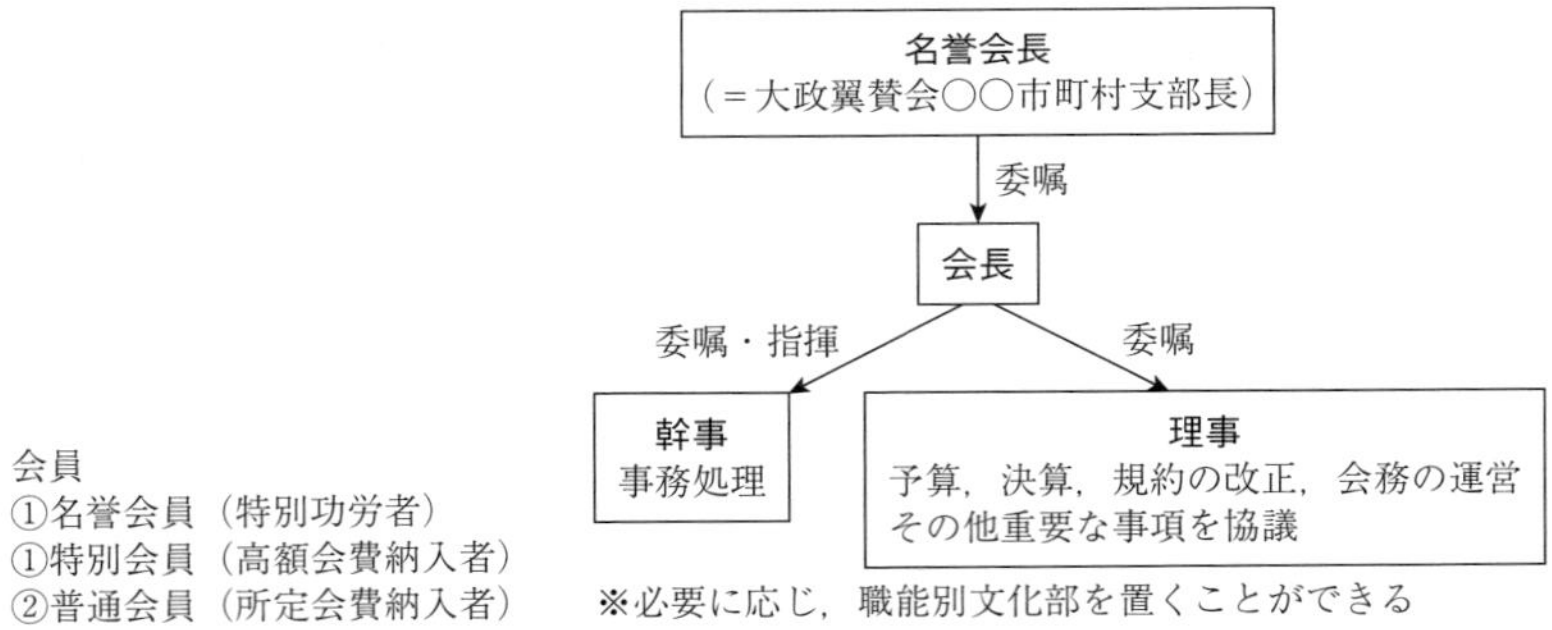

図7－10　市・町・村文化会準則に示された文化会のひな型

出所：市・町・村文化会準則より筆者作成。

なっている。会則上は事務所を八尾町役場内におくことを定めていたが、『翼賛文化団体一覧表』（大政翼賛会国民運動局文化厚生部編、一九四四年）に記載された所在地は「婦負郡八尾町川崎医院内」とある。翼賛文化団体のひとつとはいっても、じっさいには川崎会長の指揮下におわらを中心とした独自の活動を展開する仕組みとなっていたわけである。

この問題は、一方ではファシズムがいかに大衆の支持を得ることができたかを問う「同意の文化[86]」をめぐる問題系に属し、他方では近代戦争特有の総力戦がどのように組織され（ようとしてい）たかについての問いに連なる[87]、重く、複雑な課題であり、筆者はいまのところ答えをもたない。戦後、越中八尾文化協会の解散にあたって川崎が準備した原稿には次のようにある。

大政翼賛会型の文化運動の形式は狭い意味の文化から、全く膨大な広義な文化の内容を持ってゐました。……多種多様の内容を包含していたのでありまして、其一つ一つをとりあげて之を実際運動に結びつけてやつてゆくといふ事はなかなか尋常一様な事ではありません。殆ど不可解の事の様に思はれます。……之の茫漠たる会合を解きたいと思ふのであります。そして各団隊《ママ》が自由な発展のため団隊独自の立場に帰つてやつて頂いたらどうかと思ひます。……横の連携のとれる様な機構も考慮して頂き、相共に郷土文化に尽くしたいと思つて居るのであります[88]〔。〕

かつては精力的におわらの総合プロデュースを展開した川崎であったが、総力戦に資するよう求められた文化は「膨大」かつ「茫漠」「不可解」なものであった。おそらく郷土文化保存会が発足した一九四一年ごろまで、おわら保存会は郷土芸術あるいは町の振興に続く道を照らしていた。だが総力戦はその道を、沿道に広がる雑多な環境もろとも強引に戦車でならしてしまった。しかし、おわら保存会時代から変わらず川崎を会長に戴いていた越中八尾文化協会は翼賛体制の瓦解とともに再び「自由な発展のため団隊独自の立場に帰」ることを宣言し、町の他の活動分野にもそうあってほしいというメッセージを発したのだった。そこに私は〈うたの町〉とその住人の強靱さ、実践を通して新たなコンテクストを創出する空間生成の契機をみるのである。

注

（1）おわら資料館、資料 No. 792。
（2）高井進監修『富山県の昭和史』北日本新聞社、一九九一年、五一頁。
（3）『時局民謡おわらぶし』は未公刊であったが、掲載歌詞はその後の刊行物に流用された。おわらの解説と小杉放庵ら著名人の作を掲載した『民謡おわら節　出征慰問』と題されたリーフレットには、『時局民謡おわらぶし』から二〇首が採録されている。
（4）越中八尾民謡おわら保存会『民謡おわら』（はやし書店、一九三五年）に「昭和七年三月五日満州事変出征軍人慰問歌詞パンプレット（戦地へ贈る）」との記載がある。
（5）古茂田信男・島田芳文・矢沢寛・横沢千秋編著『新版日本流行歌史（上）』社会思想社、一九九四年、三九、一八七頁。
（6）富山聯隊史刊行会編『富山聯隊史』富山聯隊史刊行会、一九八六年、一〇三頁。
（7）続八尾町史編纂委員会『続八尾町史』八尾町役場、一九七三年、六七四頁。
（8）富山聯隊史刊行会、前掲書、一〇一頁。
（9）永井良和「大衆文化のなかの『満州』」津金澤聰廣・有山輝雄編著『戦時期日本のメディア・イベント』世界思想社、一九九八年。その後も『大阪毎日新聞』『東京日日新聞』は盧溝橋事件をうけていちはやく軍国歌謡の募集を行い、「露営の歌」（藪内喜一郎作詞）のような国民的愛唱歌を生み出していった。全国的規模でみれば一九三二～三七年末までにいくつもの軍歌・軍国歌謡の公募が行われた（倉田喜弘『日本レコード文化史』岩波書店、二〇〇六年、二三〇～二三八頁）。

(10) 富山聯隊史刊行会、前掲書、一〇一～一一六頁。
(11) おわら資料館、資料 No. 161「昭和十二年度おわら保存会事業報告」。
(12) 戦後は一九四六年に復活したが、それ以降行われることはなかった。
(13) 一九二九年第一回歌詞募集広告（おわら資料館、資料 No. 103「おわら歌詞大募集」）。
(14) 一九三四年第四回歌詞募集広告（おわら資料館、資料 No. 88）。
(15) おわら資料館、資料 No. 139、No. 167「皇軍慰問民謡おわら歌詞大募集」。
(16) 中野敏男『詩歌と戦争――白秋と民衆、総力戦への「道」』NHK出版、二〇一二年。
(17) 翁久允『翁久允全集第六巻』翁久允全集刊行会、一九七三年、三五一～三五二頁。
(18) 翁久允「郷土研究雑誌『高志人』発刊について」『高志人』第一巻第一号、一九三六年。
(19) 翁久允『宇宙人は語る』聚英閣、一九二八年。水野真理子『日系アメリカ人の文学活動の歴史的変遷』風間書房、二〇一三年、一四五～一四六頁。
(20) 翁久允『翁久允全集第四巻』翁久允全集刊行会、一九七二年、二三〇頁。
(21) 翁久允『翁久允全集第四巻』。
(22) 翁久允「おわら節の町、八尾」『高志人』第三巻第一〇号、一九三八年、二七頁。
(23) 翁久允、前掲記事、一九三八年、三一頁。
(24) 中山輝「翁さんと高志人」『翁久允全集第四巻』翁久允全集刊行会、一九七二年、三六一～三六二頁。
(25) 翁久允『翁久允全集第四巻』翁久允全集刊行会、一九七二年、二三七頁。
(26) 翁久允『翁久允全集第一〇巻』翁久允全集刊行会、一九七三年、八七～九六頁。
(27) 江馬修については、江馬修『一作家の歩み』（日本図書センター、一九八九年）（理論社、一九五七年の復刻）にもとづく。
(28) 翁久允『翁久允全集第一〇巻』翁久允全集刊行会、一九七三年、八九～九六頁。
(29) 翁久允『翁久允全集第一〇巻』翁久允全集刊行会、一九七三年、九五頁。

(30) おわら資料館、資料No.お－2－3－1（一九三五年一二月一五日付　翁久允から川崎順二への書簡）。

(31) 翁はおわら保存会の本質を早くから見抜き、川崎の努力を評価していた。「『おわら保存会』長の川崎君は、この伝統の民謡を現代化して昔の卑俗、野卑の凡てを端し折らうとしてる苦心は察することが出来る。……干渉圧迫から、だんだん気のきいた人達が街頭に立たないやうになつて来たから、上流家庭の子女などは年を追ふておわら節に左様ならした。それを川崎君が、八尾全体の唄とし踊とす可く改善に改善を重ね、今まで芸者の専有物であつたものを家庭化、学校化して現代の子女を踊らしてるのである。これは地方の為め大きな努力だつた」（翁久允「おわら節の町、八尾」『高志人』第三巻第一〇号、一九三八年、三四頁。強調は引用者による）。

(32) 翁久允『翁久允全集第一〇巻』翁久允全集刊行会、一九七三年、九八頁。

(33) 富山県『富山県史　通史編Ⅵ　近代下』富山県、一九八四年。

(34) 稗田菫平『筆魂・翁久允の生涯』桂書房、一九九四年、二一一～二一二頁。

(35) 翁久允「郷土研究雑誌『高志人』発刊について」『高志人』第一巻第一号、一九三六年、三七～四八頁。翁は郷土文化振興の活動家でもあった。『高志人』創刊の数年後に発足した越中文芸翼賛会は翁の発案による（翁久允「六渓山房随想」『高志人』第七巻第九号、一九四二年、二～三頁）。

(36) おわら資料館、資料No.お－2－3－5（昭和一二年五月五日付　翁久允から川崎順二への書簡）。

(37) 東風会すなわち「私達十数名の小説家、美術家、詩人、劇作家等が集つて、毎月俳句雑誌『ゆく春』主催の例会に出席して飲んだり食つたり喋口つたりしながら、余技的俳句をつくつて寄せ書をしたりして遊ぶ会」のこと（『高志人』第三巻第一〇号、一九三八年、三二頁）。このときの吟行には『ゆく春』主宰の室積徂春の参加を得て、翁としても力を入れていた様子がうかがえる。

(38) 佐藤惣之助も参加する予定だったが、戦争取材のため急遽不参加となった。歌詞の選にはあたったようである（『高志人』第三巻第一〇号、一頁）。

(39) 『高志人』第三巻第一〇号、一九三八年、一、三七～四一頁。

(40) 翁久允「おわら節の町、八尾」『高志人』第三巻第一〇号、一九三八年、三二～三四頁。

(41) 横山美智子「富山と女性」『高志人』第四巻第六号、一九三九年、二六頁。
(42) 翁久允「講演旅行日誌」『高志人』第四巻第六号、一九三九年、五九頁。
(43) 川路柳虹「富山と八尾」『高志人』第四巻第六号、一九三九年、二九頁。
(44) 室積徂春「越中雑感」『高志人』第三巻第一〇号、一九三八年、一九頁。
(45) 邦枝完二「富山の印象」『高志人』第三巻第一〇号、一九三八年、二一頁。
(46) 翁久允「おわらの町、八尾」『高志人』第三巻第一〇号、一九三八年、三三頁。
(47) 翁久允『翁久允全集第四巻』翁久允全集刊行会、一九七二年、一三五～一三九頁など。
(48) 翁久允「講演旅行日誌」『高志人』第四巻第六号、一九三九年、六〇頁。
(49) 一九四〇年のみ翁は選者ではないが、この期間に選にあたった複数の文士の選評（選後感）を比較し翁の位置づけを探るため、この年を含めて検討する。
(50) 越中八尾民謡おわら保存会歌詞部『聖業翼賛の巻　第十三回懸賞募集おわら歌詞当選歌集』越中八尾民謡おわら保存会、一九四一年、二〇頁。
(51) 「理屈」「議論」といった語が用いられることもある。
(52) 福田正夫「選後感」一九四二年（手稿、おわら資料館、資料 No. 231）。
(53) 翁久允「『おわら民謡』と八尾情緒」越中八尾民謡おわら保存会歌詞部『聖業翼賛の巻　第十三回懸賞募集おわら歌詞当選歌集』越中八尾民謡おわら保存会、一九四一年、二六～二七頁。
(54) 翁久允「選後感」一九四二年（手稿。おわら資料館、資料 No. 233）。
(55) 翁久允「情味」『高志人』第八巻第一二号、一九四三年、四五頁。ここでは情味と情緒は同じ概念と考えてよい。
(56) 翁久允「『おわら民謡』と八尾情緒」越中八尾民謡おわら保存会歌詞部『聖業翼賛の巻　第十三回懸賞募集おわら歌詞当選歌集』越中八尾民謡おわら保存会、一九四一年、二五～二六頁。
(57) 中山輝「翁さんと高志人」翁久允『翁久允全集第四巻』翁久允全集刊行会、一九七二年、三六二～三六三頁。翁久允『翁久允全集第七巻』翁久允全集刊行会、一九七三年、二四八頁。

(58) 水野真理子、前掲書、一三二～一三八頁。「世界的田舎者」という表現は、翁久允が『富山日報』に寄せた「米国よりの感想　其一二　田舎モンとして悟りきらぬ日本人」が初出（一九二四年一月一四日）。

(59) 水野真理子、前掲書、一三五頁。

(60) 翁久允「米国よりの感想　其一二　田舎モンとして悟りきらぬ日本人」『富山日報』一九二四年一月一四日。

(61) 水野真理子、前掲書、一三六頁。

(62) おわら保存会発行の歌詞集では著名人による歌詞が掲載され、訪問や主要行事やメディアへの出演などが年表形式でみられるようになっている。

(63) 「民謡『おわら』に関する文芸大講演会」ちらし。

(64) 文芸大講演会開催時においては、川崎順二を代表者とする郷土文化保存会の傘下にあった。

(65) おわら資料館、資料 No. 53。

(66) 生産活動の増進に関連して、一九二九年七月に文部省は国民体育向上策の一環として「民衆踊り」を取り入れることにしたため全国調査を実施している（「本県特有の民衆踊り」『北陸タイムス』一九二九年七月二一日）。その結果、富山県ではおわら、麦屋節踊、その他の盆踊を推薦することとなった（「文部省へ推薦した本県の民謡踊」『北陸タイムス』一九二九年九月一五日）。

(67) 「越中八尾民謡おわら保存会公演　軍隊歓迎おわらプログラム」。おわら資料館、資料 No. 156「昭和拾一年度事業計画書」。御前演奏番組。

(68) 日満博は満州事変を機に日本海が「日満産業貿易上の活舞台となり」、北陸が「一躍して我が帝国の表玄関」となろうとしているという認識のもとに開催された。一九三三年雄基・伏木間直通命令航路の指定や富山飛行場の開設、翌年太平洋岸と日本海側を直接結ぶことになる高山本線の全通は富山が「海・陸・空共に完全なる日満連絡最捷路」への起点となる条件を着々と整えつつあったからである。日満産業貿易の振興と両国の親善を目的としたこの博覧会の会期は一九三六年四月一五日～六月八日。地方博覧会の一日の入場者数は多くて四万人といわれていた当時、六万人以上を記録する日もあり、結果的には予想を大きく上回る九〇万六〇〇人以上、夜間入場者を含めればおそらく一〇〇万人内外の人びとが日満博を訪れたのであった（日満産業大博覧会編『富山市主催日満産業大博覧会誌』富山市、一九三七年）。

(69)「八尾おわら踊り映画に撮つた日満博の宣伝用に」『北陸タイムス』一九三五年九月三日。同記事は「小穴映検主任」が満州派遣部隊のために慰安映画撮影を行ったとも伝えている。おわら保存会側の記録にみられる満州出征兵士のための慰問映画撮影協力とはこのことであろう。

(70) おわら資料館、資料No. 156。

(71) 日満産業大博覧会編、前掲書、六三六～六四〇頁。

(72) おわら資料館、資料No. 220。

(73)「踊つて働くべし　町村知事おわらの町へ」『北日本新聞』一九四一年九月四日。

(74) おわら資料館、資料No. 220。

(75) 金子直樹「勝ち抜く行事――翼賛文化運動における祭礼行事・民俗芸能の『活用』」「郷土」研究会『郷土――表象と実践』嵯峨野書院、二〇〇三年。

(76) 富山県『富山県史　通史編Ⅵ　近代下』富山県、一九八四年、一〇八〇頁。

(77) 町内会長のこと。

(78) 常会単位で文化係長をおいていたとみられる。

(79) おわら資料館、資料No. 220。

(80) 便箋と封筒を兼ねた折りたたみ式の書状。

(81) 河西英道「翼賛運動と地方文化」馬原鉄男・掛谷宰平編『近代天皇制国家の社会統合』文理閣、一九九一年、一八一～一八四頁。

(82) 北河賢三編『資料集総力戦と文化　第一巻　大政翼賛会文化部と翼賛文化運動』大月書店、二〇〇〇年、六～八頁。

(83)「高志人往来」『高志人』第七巻第九号、一九四二年、六五頁。

(84) 大政翼賛会国民運動局文化厚生部編『翼賛文化団体一覧表』（一九四四年）では「八尾町文化協会」となっているが、代表者、設立年月から推して越中八尾文化協会と同一である。

(85) 大政翼賛会富山県支部『地方文化について』大政翼賛会富山県支部、一九四三年、二九〜三二頁。

(86) デ・グラツィア、ヴィクトリア『柔らかいファシズム――イタリア・ファシズムと余暇の組織化』豊下楢彦・高橋進・後房雄・森川貞夫訳、有斐閣、一九八九年（De Grazia, Victoria, *The Culture of Consent: Mass Organization of Leisure and Fascist Italy*, Cambridge University Press, 1989)。

(87) 山之内靖・ヴィクター・コシュマン・成田龍一『総力戦と現代化』（柏書房、一九九五年）ではさらに総力戦システムは「多かれ少なかれ、すべての『先進』資本主義国家に共通する傾向に由来」しており、戦時に「国民的生産力の動員と拡充を支えたもの」あるいは「強制的均質化」は近代性の機能として戦後にも大きく作用したとしている。

(88) おわら資料館、資料 No. 601。

終章　おわら風の盆の半世紀に耳を澄ます

本書の目的は、うたにまつわる近代を空間誌として描くことであった。うたは音色をともなった声の響きとして発せられ、想念とむすびついて人に、あるいは土地に宿り、空間と時間のなかを流れていく。うたの根本的な性質は、人間の生の内部から発生しているにもかかわらず、捉えがたく、移ろいやすいことである。移ろいやすさは、ことば、リズム、旋律、意味合い、雰囲気など、うたのさまざまな面にあらわれる。日本の音楽的伝統においては即興、替え歌、借用、組み換えが広範に行われ、うたはさまざまに変化した。また、人や物の移動にともなって旅することとなったうたは、長い移動の途上に変化する。流行唄としてさまざまな土地や場でうたわれるうちに固有の変形を遂げる場合もあった。うたは、時間の経過のなかで変化することを常態としているのであり、本来的に不定形で捉えがたい性質をそなえている。

うたはまた光に似ている。真夏の日、渓流の水面に木立の緑が揺れ、ほとりの岩肌に草木の影がまぶしくそよぐ様子を思い浮かべてみよう。そこには草木の存在が、瞬間の反復として示され続けている。しかし、草木自体の存在が知覚されているわけではない。光が差し込み、ものとものとが距離をおいて存在し、反映しあう環境がととのった空間が措定されたときに「映ろい」が生ずるのである。そして映ろいが知覚されたときはじめて、ものの存在や距離が暗示される空間が感知される。

うたが声の響きとして聴こえるとき、距離と空間がそれを可能にしている。声はどこかから聴こえてくるのであり、呼気は響きを通して、振動するものの存在を暗示する。水面に、灼けた岩肌に緑の光と影を揺らす風は、ものとものとが距離をおいて存在し、反響しあう空間においてうたとなる。あるいは風のそよぎが音の映ろいとして感知されたとき、空間が立ち上がる。このように、うたの捉えがたさ、「うつ（移／映）ろう」性質に注目するとき、私たちはうたが時間と空間の双方に深くかかわっていることをあらためて認識するのだ。

序章において、おわらは富山県の代表的な民謡として知られる越中おわら節をさすと述べた。しかし、本書が取り上げたのは、明治の知識人が構想したような純然たる「民謡」としてのおわらではなく、文部省の「童話伝説俗謡等調査」で記録されながらも報告され損ねたうた、不定形の練り廻り習俗の一部をなしていたうたや身ぶり、座敷歌、流行唄、俳諧の伝統をひく文芸、創作民謡など、うつろいをはらんだままのうたである。本書はこうしたうたにまつわる近代を捉えるために〈うたの町〉という視座を設け、「歴史的現在」に降り立ち、「生きられた表象の空間」（社会空間）の次元、行為とコンテクストが相互作用を繰り返す「場《ロカール》」を凝視することによって空間編成の過程を描く空間誌に取り組んできた。その結果、次の四つの過程が浮かび上がってきた。

ひとつは統治と権力の問題にまつわる過程である。第1章でみたように、うたは明治新政府による明らさまな取締や弾圧から、「やわらかな統制」への転換を経験した。といっても、コントロールの手段を変えただけで、じっさいにはより長い射程をもった、ある種狡猾な文化政策への転換であった。なぜなら新たな政策は、言語空間そのものに〈標準語〉を中心とするヒエラルキーを構築し、領土内における〈標準語〉以外の言語を〈方言〉として排除し、あるいは改良の対象として馴致するものであり、うたもそうした言語空間に引きずりこまれる恰好になったからである。八尾町のおわらは、こうした政策転換のなかではじめて公的な文書に姿を現したのであった。

やわらかな統制は各地のうたや芸能が教育や文化の資源へと変質する契機ともなった。後藤桃水の民謡普及活動が大正期に入って勢いづいていくのは、急激に変貌する都市空間を味方につけた彼の実践が民衆の欲求と地方町村の民謡への期待とをうまくむすびつけたためばかりではない。政府の政策転換により地域芸能の資源化が進行しはじめていたことも一因であろう。それがより明確に現れたのがたとえば第5章で論じた〈男踊〉の意義である。

統治と権力の問題はまた一九世紀後半から二〇世紀半ばにおける帝国主義と切り離して考えることはできない。博覧会や都市計画、港湾や鉄道などのインフラ整備にも密接にかかわっており、日本海に面した地域にとっては大陸方面への経済的・軍事的進出が大きな関心を集めていた。国家統合や領土拡張への関心が凝縮された博覧会的空間とおわら、八尾町との関係については、富山県主催一府八県連合共進会（一九一三年）（第2章）、日満産業大博覧会（一九三六年）（第6章・第7章）を取り上げてくわしく検討した。おわらは一方では殖産興業や啓蒙主義、帝国主義へと一方向に突き進んでいく動向を象徴し、推進していく力となった。共進会の余興として舞台で演じられた「小原節踊」（八尾町はほぼ蚊帳の外であった）と日満産業大博覧会に際して各所の催しに出演した八尾町のおわらはこの点において共通しており、後者の段階では八尾町のおわらも帝国主義的なスペクタクル装置にすっかり同化していたことを意味する。これは郷土芸術として「見せる」身体性が優位となり、おわら保存会の組織的活動を通じて頻繁な外部出演をこなせる体制ができあがっていたこととも関係していた。

他方、〈豊年踊〉はそのような動きとは相容れない性格をもっていた。「小原節踊」に刺激されつつも、むしろそれに反発するかたちで生まれた〈豊年踊〉は、博覧会的空間に流れていた時間や方向性に淀みを生じさせた。というのも、〈豊年踊〉はおわらの古層にあった不定形の練り廻り習俗の身体的記憶や「かっぽれ」などにみられる「群れる」身体性をその構成要素としていたからである。これらは近代とは無関係の文脈で存在していたものであった。それが博覧会的空間への反応として、振付という創造的な実践に無意識的に組み込まれていたという点が重要である。

ここに第二の過程、すなわち身体にまつわる過程を見いだすことができる。

近代的なるものが露わになるのは……〔時間における経験の〕統一作用が繰り返しかき乱されるとき、つまり、所与の事柄を連続する時間的継起のうちに取り込み分類する意識の能力に対して、それらの事柄が挑戦し、意識を攻撃したときなのである。(1)

国家的スケールで構想され推進される近代の外側にあるものを呼び起こし、今目の前にある事態を自分のものとして組み換え、表現すること。〈豊年踊〉の創出にみる身体的実践も〈うたの町〉にとっての近代を構成するものであったといえよう。

昭和期に入ってから振付けられた〈女踊〉と〈男踊〉は演じる者と観る者の分離という、近代に特徴的な現象を背景として成立した。戦前に〈女踊〉を踊ったのはおもに八尾芸妓とおわら保存会女児部であった。芸妓が体現していたのは「すい」な情緒や伸長しつつあった都市中間層の趣味に応えるかたちでの野趣、女児が体現していたのは童心主義や郷土芸術に通じる純真無垢な芸術性であった。これらの審美的基準の強調は、おわらの「見せる」身体性が前景化される大きな契機となった。〈男踊〉は〈女踊〉に付随して、具体的な観客を想定されないままに創作された。それよりも、〈男踊〉は生産活動の現場であり、国家建設の現場である郷土において取り組まれることによって、地域共同体の絆を深め、他の町村の模範となることが期待されたのだ。かりに観客の目を楽しませることがあるとすれば、それは日本青年館での「郷土民謡と舞踊の会」などで郷土振興・民力涵養に資する娯楽のひとつとして演じられるような場面であった。この意味で〈男踊〉における「見せる」身体は、国家建設に向かう同胞が観客として想定されていた。〈うたの町〉の文脈において近代の家父長的な構造は「郷土芸術」を結節点として芸妓、女児、青年をこのように配置したのであった。

うたう身体、奏でる身体についてはどうか。音響と空間は密接に関連しているが、本書では資料の制約から、おわらの歌唱・器楽演奏について踏み込むことができなかった。それでも、たとえばおわらの古層においては各人各様のスタイルでうたっていたらしいこと、大正期ごろまでの風の盆では合唱が主流であったこと、御座敷でもうたわれ、街路や広場、公園などでも演じられた事実にふれた。くらしや生業、人生や信仰に根ざすうたは、うたわれ、聞かれ、身体を揺すり、神経を研ぎ澄ませ（あるいは麻痺させ）、感情を交換しあう空間を生み出す。近代の効果はこうした音響空間にもおよんだ。在来のうたもまた、近代の文脈における新たな文化ヒエラルキーと価値体系のもとに定義づけられ、位置づけなおされることになったのである。

　そうした事態を如実に表していたのが大正期の演唱空間であった。八尾町のおわらは全国民謡大会をきっかけに東京進出をはたすわけだが、これは同時に全国区デビューの機会でもあった。東京＝〈中央〉が近代日本における文化の主戦場だったからである。後藤桃水の呼びかけに応じて「全国民謡大会」に出演した面々は「正調」確立と邦楽改良の動きを背景として、集中的聴取にたえる演唱を目指し、円熟した男性像をモデルとした威厳ある舞台姿の確立に努めた。風の盆に典型的に現れる祝祭的雰囲気や「群れる」身体性から離れて、「聴かせる」身体性が立ち上がりはじめたのである。こうした身体性の発達は、レコードやラジオといった音響メディアに参入していく際にも強みとなった。レーベルに「本場」「地元」と記されたところをみると、芸を生業としないうたい手や地方連による録音も商品価値をもったことがうかがわれる。

　身体性についての考察は、さらに第三の過程すなわち資本主義の深化（消費社会の形成と拡大）にかかわる過程に目を向けさせてくれる。日本近現代史を専門とするアンドリュー・ゴードンは消費という行為自体は近代以前にもみられるが「近代になってはじめて『消費社会』という概念がきわだった位置に浮上してきた」と指摘する[2]。またケネス・ルオフは、一九二〇年代の日本では大衆消費社会が成立し、一九三〇年代の愛国主義的風潮によって消費主義がさらに追い風を得たとしている[3]。紀元二千六百年にあたる一九四〇年には、観光、出版、百貨店等の小売業は戦前におけるピークをなすほどであった。民謡を含む民俗芸能も、こうした消費社会の動向と密接にかかわっていた。第2章で論じたように富山県主催一府八県連合共進会の時点で郷土性は〈特産品《スペシャリテ》〉として消費の対象となっており、第3章でふれた興行路線の安来節などは娯楽産業の商品としてのかたちを整えてゆくこととなった。興行路線から意識的に袂を分かった勢力も、急速に成長しつつあった観光や音楽産業の領域で注目されることを期待したという意味では、積極的に消費の対象となろうとしたといえる。こうして「見せる」身体、「聴かせる」身体は消費の対象となったのである。昭和初期における〈新踊〉誕生の経緯は、消費の殿堂である百貨店での催しへの出演がおわらの芸態を大きく変え、いかに〈特産品《スペシャリテ》〉としての価値を高めようとしたかをものがたるものであった。続いて発足したおわら保存会は物産奨励部を設け、おわらにちなむ製品を開発し、宣伝に努めた。そればかりでなく商標登録も行っており、精力的におわらブランドを構築していたことが明らかになった。

最もよい消費者の代表格は、八尾町のおわらを愛でた文士たちだった。彼らは自分たちの趣味にあわせて洗練をほどこされた演技に酔い、感興を作品化していく。彼／彼女らのことばは、宣伝力・説得力をもってさらなる消費の拡大を促す。こうしたカリスマ消費者としての文士たちの存在や言動は、〈うたの町〉の誇りとなり、ブランド力を高めていく。このように、おわらの情緒をあらゆるものに「多分にふくませ芸術的に進出せしむる」姿勢は消費社会の深化、資本主義のさらなる進展へと接続していったのである（第5章・第6章・第7章）。

第四の過程は地理的想像力とその物質性にかかわっている。おわらは集団的身体によって育まれ、伝えられてきた。そして八尾町の自然や建造物が〈うたの町〉の身体ともいうべきものをかたちづくっていた。〈うたの町〉に生きるものにとって、その周縁性と中心性（本場性）をどのように意識し、表現するかは重要な問題であった。みずからの芸能や町の情緒を鑑賞や消費の対象としてプロデュースすることも、他所にくらす鑑賞者・消費者の存在を意識し距離をはかることをともなっており、それ自体、地理的想像力の発現である。近代詩運動と民謡について論じた第4章では、〈うたの町〉をより相対化するかたちで地方性、すなわち地理的想像力とその表象の展開をあとづけた。歌詞改良に取り組んでいたおわらは俳句や和歌といった伝統的な文芸を参考にしていたのが、近代詩と遭遇することによって、近代詩運動のなかで試みられた実験を取り入れた。それが北原白秋の「民謡体短章」に触発されたと推測される「民謡短章」である。おわら歌詞改良の文脈では、近代詩への擬態といえる提示の仕方だ。

おわらと近代詩運動の接点に位置する小谷惠太郎の活動と作品を詳細に検討した結果みえてきたのは、彼自身というよりも、彼が象徴する〈うたの町〉の位置であった。それは幻想的な山々の世界に通じる玄関口としての八尾町であり、〈中央〉や〈都市〉とは明確に差異化され、〈辺境〉へと人を誘う役目をはたした。〈都市〉との差異は詩人によって語られ、〈辺境〉は小谷によって仮構された。人は〈うたの町〉を通過することによって山々の世界に足を踏み入れる。こうした交通のなかに現れたのが、おわら歌詞の近代詩への擬態なのであった。それは、清新なおわらの情緒を実現しようとするおわら保存会、ひいては八尾町の身ぶりであったともいえる。

考えてみれば、本書で言及したさまざまな「交通」は、民俗芸能とそれを営む地域や人びとに関する想像力を媒介し、物質化する過程に通じていたとはいえないだろうか。

第6章はこの問題を正面からあつかい、おわら保存会が組織的におわらをプロデュースした経緯をたどった。第3章で登場した邦楽改良運動は日本と西洋の異文化接触によって普遍性を志向したことに端を発し、「民謡」のジャンル形成や演唱・上演スタイルの確立に寄与した。これも一種の物質化といえるだろう。全国民謡大会では出演者が東京と地元を鉄道で往復し、正装して煉瓦造りのホールの舞台に立ち、東京で活躍する地元出身の面々からの喝采を浴びた。各地からのうた名人と交流し、写真に収まり、新聞に掲載される。こうした経験のひとつひとつは大きな時代のうねりによってもたらされたと同時に、うたに期待をかける同志が開拓した演唱空間を充実させる行為によって物質化されたのだ。

おわらと〈うたの町〉のブランド価値をおおいに高めた中央文化人の言説はどうであろうか。それらもまた、「交通」から生まれた地理的想像力の産物であり、おわらにたずさわる人びとの実践に影響をあたえ、もてなしに必要なさまざまな「舞台装置」のしつらい、小道具の工夫を促した。都会人好みの洗練を忌避する言説も存在したが、それを含め、素朴と洗練のバランスを追求したところに、〈うたの町〉にとって、地理的想像力とその物質性がぬきさしならない問題であった事情が透けてみえるのである。

ここで、第一にあげた統治と権力の問題を再び考えたい。明治三〇年代に試みられた「やわらかな統制」は『俚謡集』という、その企図に比してあまりにもささやかな成果を出すにとどまり、中途半端におわった。しかし、民俗芸能が農村娯楽として健全で有用であるばかりでなく都市中間層の成長が支えた消費社会と親和的であったこと、一九三〇年代に盛り上がりをみせた愛国主義が郷土振興と消費に拍車をかけたことは「やわらかな統制」が再び頭をもたげる状況を導いた。今度は国民精神総動員の手法、より具体的には第7章でふれた戦時下の厚生運動や地方文化運動としてである。

慰問という素朴な営みから出発した、おわらの時局への関与は、後におわら保存会の翼賛組織化という局面をむかえた。町村レベルでもともと民俗芸能の保存・研究・振興に特化していた組織がこのような変貌をとげることは比較的めずらしかったが、全国の自治組織や社会教育団体、文化団体が翼賛体制下に組み込まれていく動向の一環であった。ところが、表向きには越中八尾文化協会を名のり、おわら保存会をその一部署に格下げし、いかにも翼賛文化団体らしい会則を有しながらも、おわらを中心とした独自の活動を行う仕組みを維持していた事実は、おわら保存会が時代の推移に完全に身をまかせていたわけではないことをものがたっている。表面上の翼賛組織化と実質的な自律性の確保という綱渡りは、失敗や制約、閉塞を引き受け、可能性へと翻訳・変形しようとするぎりぎりの実践といえるのではないか。

翼賛体制への「適応」はこの場合、無批判な同意や迎合を意味しない。総動員と称してすべてを呑み込もうとする時代状況に対し、みずからの尊厳（おわらに関する自律性）を保つことのできる限界を必死に探る行為であった。こうした「適応」は、看板を付け替えてでも組織の命脈を維持し、状況の変化に即応してうたい、奏で、踊る空間を創出するための集合的な技法ともいえる。八尾町だけではない。近代の時空間をともにした無数の村や町の住人も、さまざまな場面とりわけ危機的状況に見舞われた場合には、みずからが遭遇した出来事をみずからのことばに翻訳し、それぞれのやり方で「適応」しようとしたのではないだろうか。

ここで再び、場《ロカール》の概念を想起しよう。場《ロカール》は人間の相互行為の舞台装置としての空間を利用する実践が、ひるがえってその舞台装置としてのコンテクスト性を規定するパフォーマティヴな作用を内包している。「適応」はその作用の一部にあたり、危機的な状況においてとりわけ意義をもつものであった。その他の状況においても、「適応」を含めたさまざまな反応に刺激され媒介される「舞台装置」は不断の再文脈化を余儀なくされる。〈うたの町〉をめぐる近代とは、変形しながら反復される統制、生き延びるための本能とも技巧を要する戦術ともつかない実践、これらに絡みつく身体性、美学、資本主義、地理的想像力、物質性が再文脈化を通じて響き合う時空間なのであった。

注

（1）Harootunian, Harry, *History's Disquiet: Modernity, Cultural Practice, and the Question of Everyday Life*, Columbia University Press, 2000, p. 4.（ハルトゥーニアン、ハリー『歴史の不穏——近代、文化的実践、日常生活という問題』樹本健訳、こぶし書房、二〇一一年。）なお引用は筆者訳。

（2）ゴードン、アンドリュー『ミシンと日本の近代——消費者の創出』大島かおり訳、みすず書房、二〇一三年、ii頁（Gordon, Andrew, *Fabricating Consumers: The Sewing Machine in Modern Japan*, University of California Press, 2012）。

（3）ルオフ、ケネス『紀元二千六百年——消費と観光のナショナリズム』木村剛久訳、朝日新聞出版、二〇一〇年（Ruoff, Kenneth J., *Imperial Japan at Its Zenith: The Wartime Celebration of the Empire's 2,600th Anniversary*, Cornell University Press, 2010）。

文献および資料

日本語文献

赤坂憲雄『子守り唄の誕生』講談社、一九九四年（講談社学術文庫、二〇〇六年）
赤坂憲雄編『現代民族誌の地平2　権力』朝倉書店、二〇〇四年
赤松啓介「子守『女』唄の発生と消滅」『歴史評論』一九五〇年六月号（赤松啓介『民謡・猥歌の民俗学』明石書店、一九九四年に再録）
浅野健二「解説」町田嘉章・浅野健二編『わらべうた――日本の伝承歌謡』岩波書店、一九六二年
荒木良一「おわらを伝えたレコード、ラジオ」おわらを語る会編『おわらの記憶』桂書房、二〇一三年
荒木良一「興行のおわら」おわらを語る会編『おわらの記憶』桂書房、二〇一三年
荒木良一「富山共進会のおわら」おわらを語る会編『おわらの記憶』桂書房、二〇一三年
荒木良一「明治の新聞に描かれた『おわら』『風の盆』」おわらを語る会編『おわらの記憶』桂書房、二〇一三年
荒畑寒村『寒村自伝　上巻』岩波書店、一九七五年
荒山正彦・大城直樹編『空間から場所へ――地理学的想像力の探求』古今書院、一九九八年
イ・ヨンスク『「国語」という思想――近代日本の言語認識』岩波書店、一九九六年
石河幹明『福澤諭吉伝　第2』岩波書店、一九三二年
石田信夫『安来節』中国新聞社、一九八二年

市橋浩二『宝塚歌劇五十年史』宝塚歌劇団、一九六四年
伊藤淳編『木曾のなかのりさん』加藤清助、一九二二年
稲田浩二編『富山県明治期口承文芸資料集成』同朋舎出版、一九八〇年
上田敏「楽話」『帝国文学』第一〇巻第一号、一九〇四年
上野正章「大正期の日本における通信教育による西洋音楽の普及について」『音楽学』第五六巻第二号、二〇一一年
上村直己「雑誌『民謡詩人』について」『日本歌謡研究』第二〇号、一九八一年
馬原鉄男・掛谷宰平編『近代天皇制国家の社会統合』文理閣、一九九一年
海内果「越中伏木港ノ形勢」新田二郎・栄夏代編『旧新川県誌稿・海内果関係文書　越中資料集成14』桂書房、一九九九年
梅村紫声「錦輝館三代」『映画史料』第一七集、一九六九年
運輸省港湾局編『日本港湾修築史』運輸省港湾局、一九五一年
江差追分会『江差追分――北海道無形民俗文化財』江差追分会、一九八二年
越中五箇山麦屋節保存会『越中五箇山麦屋節保存会百周年記念誌』越中五箇山麦屋節保存会、二〇〇九年
越中八尾民謡おわら保存会編『民謡おわら乃街』（発行年不詳）
越中八尾民謡おわら保存会『民謡おわら』はやし書店、一九三五年
越中八尾民謡おわら保存会歌詞部『聖業翼賛の巻　第十三回懸賞募集おわら歌詞当選歌集』越中八尾民謡おわら保存会、一九四一年
江馬修『一作家の歩み』日本図書センター、一九八九年
大村正次「地方詩人に呼びかける」『日本海詩人』第三巻第二号、一九二八年
大和田建樹編『日本歌謡類聚』博文館、一八九八年
岡崎義恵『明治文化史　第七巻　文芸編』洋々社、一九五三年
岡田芳朗『明治改暦――「時」の文明開化』大修館書店、一九九四年
翁久允『宇宙人は語る』聚英閣、一九二八年

翁久允「郷土研究雑誌『高志人』発刊について」『高志人』第一巻第一号、一九三六年
翁久允「おわらの町、八尾」『高志人』第三巻第一〇号、一九三八年
翁久允「講演旅行日誌」『高志人』第四巻第六号、一九三九年
翁久允「『おわら民謡』と八尾情緒」越中八尾民謡おわら保存会歌詞部『聖業翼賛の巻　第十三回懸賞募集おわら歌詞当選歌集』越中八尾民謡おわら保存会、一九四一年
翁久允「選後感」一九四二年（手稿。おわら資料館、資料 No. 233）
翁久允「情味」『高志人』第八巻第一二号、一九四三年
『翁久允全集』翁久允全集刊行会、一九七一〜一九七四年
長志珠絵『近代日本と国語ナショナリズム』吉川弘文館、一九九八年
おわらを語る会編『おわらの記憶』桂書房、二〇一三年
鏡町公民館建設委員会記念誌編集部会編『鏡町の歩み』鏡町公民館建設委員会刊、二〇〇五年
笠原一人「歴史・観光・博覧会――第四回内国勧業博覧会と平安遷都千百年紀念祭の都市空間」『10＋1』第三六号、二〇〇四年
鹿島茂『神田神保町書肆街考――世界遺産的〝本の街〟の誕生から現在まで』筑摩書房、二〇一七年
潟山健一「郷土という幻想――民謡の場所とは」「郷土」研究会編『郷土――表象と実践』嵯峨野書院、二〇〇三年
勝原春希編『『日本詩人』と大正詩――〈口語共同体〉の誕生』森話社、二〇〇六年
加藤政洋「郷土教育と地理歴史唱歌」「郷土」研究会編『郷土――表象と実践』嵯峨野書院、二〇〇三年
加藤宗厚「富山県文化委員会の動向」『文化健民運動資料　第六輯』大政翼賛会文化厚生部、一九四四年
金子直樹「勝ち抜く行事――翼賛文化運動における祭礼行事・民俗芸能の『活用』」「郷土」研究会編『郷土――表象と実践』嵯峨野書院、二〇〇三年
株式会社三越本社編『株式会社三越100年の記録』株式会社三越、二〇〇五年
川路柳虹「富山と八尾」『高志人』第四巻第六号、一九三九年

河西英道「翼賛運動と地方文化」馬原鉄男・掛谷宰平編『近代天皇制国家の社会統合』文理閣、一九九一年
河西英道『近代日本の地域思想』窓社、一九九五年
河原和枝『子ども観の近代』中央公論新社、一九九八年
川村清志「国民文化としての民謡の誕生」『人間・環境学』第八巻、一九九九年
川村清志「民謡を出現させた権力とメディア──『能登麦屋節』を中心として」赤坂憲雄編『現代民族誌の地平２　権力』朝倉書店、二〇〇四年
川村清志「近代における民謡の成立──富山県五箇山地方『こきりこ』を中心に」『国立歴史民俗博物館研究報告第一六五集』二〇一一年
勧農局・商務局編『明治十二年共進会報告　共進会創設主旨　明治十二年共進会報告』有隣堂、一八八〇年（藤原正人編『明治前期産業発達史資料第一〇集（五）』明治文献資料刊行会、一九六六年として復刻）
菊池淡狂『日本民謡協会史』日本民謡協会、二〇〇〇年
北河賢三「戦時下の文化運動」『歴史評論』第四六五号、一九八九年
北河賢三編『資料集総力戦と文化　第一巻　大政翼賛会文化部と翼賛文化運動』大月書店、二〇〇〇年
北日本社『北陸の産業と温泉』北日本社、一九三二年
北日本新聞社編集局編『越中おわら社会学』北日本新聞社出版部、一九八八年
北原白秋『真珠抄』金尾文淵堂、一九一四年
北原白秋『薄陽の旅』アルス、一九二二年
北原白秋『日本の笛』アルス、一九二二年
北原白秋編『日本民謡作家集』大日本雄弁会、一九二七年
邦枝完二「富山の印象」『高志人』第三巻第一〇号、一九三八年
「郷土」研究会編『郷土──表象と実践』嵯峨野書院、二〇〇三年
倉内史郎『日本教育史基本文献・史料叢書一八　明治末期社会教育観の研究　野間教育研究所紀要二〇輯』大空社、一九九二年

倉沢愛子・杉原達・成田龍一・テッサ・モーリス・スズキ・油井大三郎・吉田裕編『岩波講座3アジア・太平洋戦争　動員・抵抗・翼賛』岩波書店、二〇〇六年
倉嶋厚「『風の盆』の季節」成瀬昌示編『定本　風の盆おわら案内記』言叢社、二〇〇四年
倉田喜弘『日本近代思想大系一八　芸能』岩波書店、一九八八年
倉田喜弘『日本レコード文化史』岩波書店、二〇〇六年
黒坂みちる「『日本詩人』の活動」勝原晴希編『『日本詩人』と大正詩』森話社、二〇〇〇年
郡司正勝・江口博『日本舞踊大系　正派若柳流』邦楽と舞踊出版部、一九六六年
芸能史研究会編『日本芸能史　七　近代・現代』法政大学出版局、一九九〇年
小島美子「新民謡運動の音楽史的意義」『演劇學』第一一号、一九七〇年
小関和弘「詩話会略記」『エスキス96』和光大学人文学部・人間関係学部紀要別冊、一九九六年
小谷恵太郎『辿り行く』漂渺社、一九二四年
小谷恵太郎『佛法僧』中越歌謡協会、一九三二年
小谷恵太郎「民謡おわらの街」『郷土風景』第二巻第八号、一九三三年
小寺謙吉『発禁詩集』西澤書店、一九七七年
小寺融吉『郷土舞踊と盆踊』桃蹊書房、一九三一年
後藤桃水「民謡とともに五十年」『民謡』第一号、一九五二年
後藤桃水『宮城民謡』桃水会本部、一九六六年
小松和彦編『これは「民俗学」ではない――新時代民俗学の可能性』福武書店、一九八九年
小松和彦・野本寛一編『講座日本の民俗学8　芸術と娯楽の民俗』雄山閣、一九九九年
小宮豊隆編『明治文化史　九　音楽演芸』原書房、一九八〇年
古茂田信男・島田芳文・矢沢寛・横沢千秋編『新版　日本流行歌史　上』社会思想社、一九九四年
権田保之助『権田保之助著作集』文和書房、一九七四年

権藤敦子『高野辰之と唱歌の時代——日本の音楽文化と教育の接点をもとめて』東京堂出版、二〇一五年
斉藤荘次郎「後藤桃水伝」後藤桃水『宮城民謡』桃水会本部、一九六六年
斉藤実『東京キリスト教青年会百年史』財団法人東京キリスト教青年会、一九八〇年
櫻本富雄『日本文学報国会——大東亜戦争下の文学者たち』青木書店、一九九五年
笹原亮二「引き剥がされた現実——『郷土舞踊と民謡の会』をめぐる諸相」『共同生活と人間形成』第三・四号、一九九二年
笹原亮二「芸能を巡るもうひとつの『近代』——郷土舞踊と民謡の会の時代」『芸能史研究』第一一九号、一九九二年
笹原亮二「民俗芸能大会というもの——演じる人々・観る人々」民俗芸能研究の会／第一民俗芸能学会編『課題としての民俗芸能研究』ひつじ書房、一九九三年
佐藤健二「近代日本の風景意識」松原隆一郎・荒山正彦・佐藤健二・若林幹夫・安彦一恵『〈景観〉を再考する』青弓社、二〇〇四年
志田義秀「日本民謡概論」『帝国文学』第一二巻第一三五号、一九〇六年
品田悦一『万葉集の発明——国民国家と文化装置としての古典』新曜社、二〇〇一年
柴田宵曲『明治の話題』筑摩書房、二〇〇六年
嶋村明彦「庶民のフロンティア——神田区」玉井哲雄編『よみがえる明治の東京——東京十五区写真集』角川書店、一九九二年
周東美材「鳴り響く家庭空間——一九一〇 - 二〇年代日本における家庭音楽の言説」『年報社会学論集』第二一号、二〇〇八年
周東美材「『令嬢』は歌う」『思想』第一〇〇九号、二〇〇八年
周東美材『童謡の近代——メディアの変容と子ども文化』岩波書店、二〇一五年
続八尾町史編纂委員会編『続八尾町史』八尾町役場、一九七三年
大政翼賛会国民運動局文化厚生部編『翼賛文化団体一覧表』大政翼賛会国民運動局文化厚生部、一九四四年
大政翼賛会富山県支部『地方文化について』大政翼賛会富山県支部、一九四三年
大政翼賛会文化厚生部編『地方翼賛文化団体活動報告書　第二輯』大政翼賛会文化厚生部、一九四四年
大日本家庭音楽会編『尺八講義録』大日本家庭音楽会、一九二六年

高井進監修『富山県の昭和史』北日本新聞社、一九九一年
高木博志「春を待つ花街の踊り」『京都新聞』二〇〇六年二月一九日
高野辰之編『日本歌謡集成　巻一二　近世編七　改訂版』東京堂出版、一九八一年
高野斑山・大竹紫葉編『俚謡集拾遺』三一書房、一九七八年
高群逸枝『女性の歴史二』理論社、一九六六年
田口龍雄『続風祭』古今書院、一九四一年
竹内勉『うたのふるさと――日本の民謡をたずねて』音楽の友社、一九七一年
竹内勉『民謡――その発生と変遷』角川書店、一九八一年
竹内有一「かっぽれ百態」細川周平編『民謡からみた世界音楽』ミネルヴァ書房、二〇一二年
竹下理三編『角川日本地名大辞典21　岐阜県』角川書店、一九八〇年
武田俊輔「民謡の歴史社会学――ローカルなアイデンティティ／ナショナルな想像力」『ソシオロゴス』第二五号、二〇〇一年
武田俊輔「『民謡』の再編成」徳丸吉彦・高橋悠治・北中正和・渡辺裕編『事典　世界音楽の本』岩波書店、二〇〇七年
竹本嘯虎「錦輝館と私」『映画史料』第一七集、一九六九年
田中純一郎『日本映画発達史』中央公論社、一九五七年
田邊健雄・杉田謙「三田演説館と明治会堂について――我国における公会堂建築の先駆として」『一九八九年度日本建築学会関東支部研究報告集』一九八九年
谷川健一編『日本庶民生活史料集成　第二一巻　村落共同体』三一書房、一九七九年
玉井哲雄編『よみがえる明治の東京――東京十五区写真集』角川書店、一九九二年
樽見博『戦争俳句と俳人たち』トランスビュー、二〇一四年
津金澤聰廣・有山輝雄編著『戦時期日本のメディア・イベント』世界思想社、一九九八年
土橋寛『古代歌謡の世界』塙書房、一九六六年
坪井秀人『声の祝祭――日本近代詩と戦争』名古屋大学出版会、一九九七年

坪井秀人『感覚の近代――声・身体・表象』名古屋大学出版会、二〇〇六年
東京国立文化財研究所芸能部編『芸能の科学17』東京国立文化財研究所、一九八九年
東京市編『東京案内　上巻』明治文献、一九七四年（一九一〇年刊の復刻版）
東京府教育会編『通俗教育都人の趣味』東京府教育会、一九一六年
東洋音楽学会編『日本の民謡と民俗芸能』音楽之友社、一九六七年
童謡研究会編『諸国童謡大全』春陽堂、一九〇九年（一九二六年、『日本民謡大全』に改題）
遠山静雄『舞台照明五十年』相模書房、一九六六年
徳丸吉彦・高橋悠治・北中正和・渡辺裕編『事典　世界音楽の本』岩波書店、二〇〇七年
富川順子「郷土資料案内　八尾地域の文学」富山市立図書館
富山県『富山県史　通史編Ⅴ　近代上』富山県、一九八一年
富山県『富山県史　通史編Ⅵ　近代下』富山県、一九八四年
富山県学務部学務課編『社会教育に関する調査』富山県学務部学務課、一九二三年
富山県主催連合共進会富山県協賛会編『富山県協賛会事務報告』富山県主催連合共進会富山県協賛会、一九一四年
富山県主催連合共進会編『富山県主催連合共進会事務報告』富山県主催連合共進会、一九一五年
富山県文学事典編集委員会『富山県文学事典』桂書房、一九九二年
富山文化協会編『文化運動の理念　第一輯』富山文化協会、一九四一年
富山文化協会幹事会編「富山文化協会の歩み」大政翼賛会文化厚生部編『地方翼賛文化団体活動報告書　第一輯』大政翼賛会文化厚生部、一九四四年
富山聯隊史刊行会編『富山聯隊史』富山聯隊史刊行会、一九八六年
内務省社会局『民力涵養実行資料其7　民衆娯楽機関の改善方法』内務省社会局、一九二一年
永井良和「大衆文化のなかの『満州』」津金澤聰廣・有山輝雄編著『戦時期日本のメディア・イベント』世界思想社、一九九八年

中内蝶二『娯楽大全』誠文社、一九二七年
長尾洋子「酔芙蓉のひそやかな抵抗――『おわら風の盆』にみるポスト観光」『国際交流』第八九号、二〇〇〇年
長尾洋子「侵食のリズム――『おわら風の盆』の奏でる思想」『現代思想』第二九巻第一〇号、二〇〇一年
長尾洋子「身体を獲得する芸能、芸能に幻／現出する自画像」伊藤守編『文化の実践、文化の研究――増殖するカルチュラル・スタディーズ』せりか書房、二〇〇四年
長尾洋子「全国民謡大会と邦楽改良運動」おわらを語る会『おわらの記憶』桂書房、二〇一三年
中原ゆかり「奄美八月踊りの『現在』性――舞台化・伝統　アイデンティティ」『民俗芸能研究』第一七号、一九九三年
中原ゆかり「長野共進会の木曽節――ふたつの木曽節をめぐって」『愛媛大学法文学部論集　人文学編』第四一号、二〇一六年
中野敏男『詩歌と戦争――白秋と民衆、総力戦への「道」』NHK出版、二〇一二年
中俣均編『空間の文化地理』朝倉書店、二〇一一年
永渕康之『バリ島』講談社、一九九八年
中村茂子「伝統芸能の保存組織のあり方の研究」東京国立文化財研究所芸能部編『芸能の科学17』東京国立文化財研究所、一九八九年
中山太郎「興味と感激の錯綜」『民俗芸術』第二巻第六号、一九二九年
中山輝「翁さんと高志人」『翁久允全集第四巻』一九七二年
夏目金之助『漱石全集　第一六巻』岩波書店、一九九五年
成瀬昌示編『風の盆おわら案内記』言叢社、一九九一年
成瀬昌示『越中八尾細杷』言叢社、一九九三年
成瀬昌示編『定本　風の盆おわら案内記』言叢社、二〇〇四年
西沢爽『日本近代歌謡史』桜楓社、一九九〇年
日満産業大博覧会編『富山市主催日満産業大博覧会誌』富山市、一九三七年
新田二郎・栄夏代編『旧新川県誌稿・海内果関係文書　越中資料集成14』桂書房、一九九九年

日本放送協会編『日本民謡大観中部篇（北陸地方）』日本放送協会、一九五五年
野口雨情『野口雨情全集第8巻』未來社、一九八七年
野口雨情「民謡の価値とその発達」『野口雨情全集第8巻』未來社、一九八七年
橋本裕之「これは『民俗芸能』ではない」小松和彦編『これは「民俗学」ではない――新時代民俗学の可能性』福武書店、一九八九年
橋本裕之「保存と観光のはざまで」山下晋司編『観光人類学』新曜社、一九九六年
橋本裕之『民俗芸能研究という神話』森話社、二〇〇六年
橋本裕之『舞台の上の文化――まつり・民俗芸能・博物館』追手門学院大学出版会、二〇一四年
長谷川剣星『八尾のかたりべ』長谷川洌、一九八五年
長谷川伸「一本刀土俵入」戸坂康二・利倉幸一・河竹登志夫・郡司正勝・山本二郎監修『名作歌舞伎全集　第25巻　新歌舞伎集二』東京創元社、一九七一年
埴野義郎「一九三〇年における北陸詩壇の形勢」『日本海詩人』第六巻第一号、一九三一年
稗田菫平「評伝　藤森秀夫　その詩と生涯」『牧人』第五九号、一九七八年
稗田葦平『筆魂・翁久允の生涯』桂書房、一九九四年
久武哲也『文化地理学の系譜』地人書房、二〇〇〇年
平野和子「川崎順二　おわら保存会への軌跡」おわらを語る会編『おわらの記憶』桂書房、二〇一三年
平山敏治郎『歳時習俗考』法政大学出版局、一九八四年
福岡県教育会編『全国昔話資料集成11　福岡昔話集（原題――福岡県童話）』岩崎美術社、一九七五年
福間良明『辺境に映る日本――ナショナリティの融解と再構築』柏書房、二〇〇三年
伏木港史編纂委員会編『伏木港史』伏木港海運振興会、一九七三年
藤澤衛彦「民謡蒐集保存研究と新民謡の提唱」『民謡詩人』第二巻第六号、一九二八年
藤田圭雄『日本童謡史』あかね書房、一九七一年

藤原正人編『明治前期産業発達史資料第一〇集（五）』明治文献資料刊行会、一九六六年
藤森秀夫訳『近代独逸名詩選（郁文堂対訳叢書　第三編）』郁文堂、一九二二年
藤森秀夫訳『ゲエテ詩集』聚英閣、一九二七年
藤森秀夫『紫水晶』金星堂、一九二七年
藤森秀夫『詩謡集　稲』光奎社、一九二九年
冨士原友吉編『おわらぶし』越中八尾民謡おわら保存会、一九二九年
文化庁『国語施策百年史』ぎょうせい、二〇〇六年
平凡社地方資料センター『日本歴史地名大系　第二一巻　岐阜県の地名』平凡社、一九八九年
ベンヤミン、ヴァルター『ベンヤミン・コレクション一　近代の意味』浅井健二郎編訳、久保哲司訳、筑摩書房、一九九五年
細川周平「日本の芸能一〇〇年　一〇七　民謡」『ミュージックマガジン』一九九〇年一〇月号
細川周平「日本の芸能一〇〇年　一〇八　新民謡」『ミュージックマガジン』一九九〇年一一月号
細川周平編『民謡からみた世界音楽――うたの地脈を探る』ミネルヴァ書房、二〇一二年
堀切直人『浅草　大正編』右文書院、二〇〇五年
堀切実「おわらと舞句」『鷹』第三一巻第八号、一九九四年
堀切実『芭蕉と俳諧史の展開』ぺりかん社、二〇〇四年
前田林外選訂『日本民謡全集』本郷書院、一九〇七年
巻山圭一「藤森秀夫――『民謡詩』を唱えたドイツ文学者詩人」『深志人物史Ⅲ』深志同窓会、二〇〇六年
町田嘉章編『長唄浄観』邦楽社、一九四九年
町田佳聲「民謡の移動と流転の実相（江差追分と越後と佐渡のおけさ）」東洋音楽学会編『日本の民謡と民俗芸能』音楽の友社、一九六七年
町田孝子『舞踊の歩み百年』桜楓社、一九六八年
松浦良代『本居長世』国書刊行会、二〇〇五年

松川二郎『全国花街めぐり』誠文堂、一九二九年
松田武雄『近代日本社会教育の成立』九州大学出版会、二〇〇四年
松原隆一郎・荒山正彦・佐藤健二・若林幹夫・安彦一恵『〈景観〉を再考する』青弓社、二〇〇四年
松本駒次郎『八尾史談』松六商店、一九二七年
水野真理子『日系アメリカ人の文学活動の歴史的変遷』風間書房、二〇一三年
宮川村誌編集委員会編『宮川村誌』宮川村誌編集委員会、一九八一年
宮地豊秋編『小原唄と踊』富山県人雑誌社八尾支局、一九二七年
宮田登編『民俗の思想』朝倉書店、一九九八年
民俗芸能研究の会／第一民俗芸能学会編『課題としての民俗芸能研究』ひつじ書房、一九九三年
室積徂春「越中雑感」『高志人』第三巻第一〇号、一九三八年
文部省・文芸委員会編『俚謡集』国定教科書共同販売所、一九一四年
文部省社会教育局編『民衆娯楽調査資料第５－６輯』文部省社会教育局、一九三三～一九三四年
文部省社会教育局編『民衆娯楽調査資料第５輯　全国農山漁村娯楽状況（下）』文部省社会教育局、一九三三年
文部省社会教育局編『民衆娯楽調査資料第６輯　全国農山漁村娯楽状況（上）』文部省社会教育局、一九三四年
八木康幸「ふるさとの大鼓――長崎県における郷土芸能の創出と地域文化のゆくえ」『人文地理』第四六巻第六号、一九九四年
八木康幸「祭りと踊りの地域文化――地方博覧会とフォークロリズム」宮田登編『民俗の思想』朝倉書店、一九九八年
八木康幸「民俗文化のゆくえ」中俣均編『空間の文化地理』朝倉書店、二〇一一年
安智史「民謡・民衆・家庭――白鳥省吾と北原白秋の論争をめぐって」勝原春希編『「日本詩人」と大正詩〈口語共同体〉――の誕生』森話社、二〇〇六年
八尾町史編纂委員会編『八尾町史』八尾町役場、一九六七年
柳川文吉「盆踊と農村青年の娯楽」『青年』第九巻第八号、一九二四年
矢野敬一「歌とメディア・イベント――昭和戦前期における『口承』と地域アイデンティティ」『口承文藝研究』第二三号、二

〇〇〇年
山口敏雄編『日本近代文学と戦争――「十五年戦争」期の文学を通じて』三弥井書店、二〇一二年
山路興造「『俚謡集』『俚謡集拾遺』解説」三一書房、一九七八年（文部省・文芸委員会編『俚謡集』付属冊子）
山下晋司編『観光人類学』新曜社、一九九六年
山之内靖・ヴィクター・コシュマン・成田龍一編『総力戦と現代化』柏書房、一九九五年
余川正清「民謡おわら節の街」『旅の光』第二巻第一号、高岡旅行会、一九三二年
横山美智子「富山と女性」『高志人』第四巻第六号、一九三九年
吉田寛『民謡の発見と〈ドイツ〉の変貌――十八世紀』青弓社、二〇一三年
吉見俊哉『都市のドラマトゥルギー――東京・盛り場の社会史』弘文堂、一九八七年
吉見俊哉『博覧会の政治学――まなざしの近代』中央公論社、一九九二年
吉見俊哉『カルチュラル・ターン、文化の政治学へ』人文書院、二〇〇三年
渡辺裕『日本文化モダンラプソディー』春秋社、二〇〇二年
渡辺裕「『民謡の旅』の誕生」『美術藝術学研究』第二五号、二〇〇七年
渡辺裕『サウンドとメディアの文化資源学――境界線上の音楽』春秋社、二〇一三年
和田茂樹編『愛媛民謡集』愛媛県史編纂委員会、一九六二年

外国語文献

Beck, Ulrich, Anthony Giddens, and Scott Lash, *Reflexive Modernization: Politics, Tradition and Aesthetics in the Modern Social Order*, Polity, 1994.（ウルリッヒ・ベック、アンソニー・ギデンズ、スコット・ラッシュ『再帰的近代化――近現代における政治、伝統、美的原理』松尾精文・小幡正敏・叶堂隆三訳、而立書房、一九九七年）
Chakrabarty, Dipesh, "Afterword: revisiting the tradition/modernity binary", Vlastos, Stephen ed., *Mirror of Modernity: Invented Traditions of Modern Japan*, University of California Press, 1998.

De Grazia, Victoria, *The Culture of Consent: Mass Organization of Leisure and Fascist Italy*, Cambridge University Press, 1989.（ヴィクトリア・デ・グラツィア『柔らかいファシズム――イタリア・ファシズムと余暇の組織化』豊下楢彦・高橋進・後房雄・森川貞夫訳、有斐閣、一九八九年）

Elden, Stuart, *Understanding Henri Lefebvre: Theory and the Possible*, Continuum, 2004.

Giddens, Anthony, *The Constitution of Society*, Polity, 1984.（アンソニー・ギデンズ『社会の構成』門田健一訳、勁草書房、二〇一五年）

Giddens, Anthony, "Living in a post-traditional society", Ulrich Beck, Anthony Giddens, and Scott Lash, *Reflexive Modernization: Politics, Tradition and Aesthetics in the Modern Social Order*, Polity, 1994.（アンソニー・ギデンズ「ポスト伝統社会に生きること」ウルリッヒ・ベック、アンソニー・ギデンズ、スコット・ラッシュ『再帰的近代化――近現代における政治、伝統、美的原理』松尾精文・小幡正敏・叶堂隆三訳、而立書房、一九九七年）

Gordon, Andrew, *Fabricating Consumers: The Sewing Machine in Modern Japan*, University of California Press, 2012.（アンドリュー・ゴードン『ミシンと日本の近代――消費者の創出』大島かおり訳、みすず書房、二〇一三年）

Graham, Brian, and Catherine Nash eds., *Modern Historical Geographies*, Longman, 2000.（ブライアン・グレアム、キャサリン・ナッシュ編『モダニティの歴史地理（下）』米家泰作・山村亜希・上杉和央訳、古今書院、二〇〇五年）

Gregory, Derek, *Geographical Imaginations*, Blackwell, 1994.

Gregory, Derek et al. eds., *The Dictionary of Human Geography*, Wiley-Blackwell, 2009.

Harootunian, Harry, *Overcome by Modernity: History, Culture, and Community in Interwar Japan*, Princeton University Press, 2000.（ハリー・ハルトゥーニアン『近代による超克』梅森直之訳、岩波書店、二〇〇七年）

Harootunian, Harry, *History's Disquiet: Modernity, Cultural Practice, and the Question of Everyday Life*, Columbia University Press, 2000.（ハリー・ハルトゥーニアン『歴史の不穏――近代、文化的実践、日常生活という問題』樹本健訳、こぶし書房、二〇一一年）

Harvey, David, *Social Justice and the City*, Edward Arnold, 1973.（ダヴィド・ハーヴェイ『都市と社会的不平等』竹内啓一・松

本正美訳、日本ブリタニカ、一九八〇年）

Hobsbawm, Eric and Terence Ranger eds., *The Invented Tradition*, Cambridge University Press, 1983.（エリック・ホブズボウム、テレンス・レンジャー編『創られた伝統』前川啓治・梶原景昭ほか訳、紀伊國屋書店、一九九二年）

Hughes, David, W., *Traditional Folk Song in Modern Japan*, Global Oriental, 2008.

Katz, Cindi, "On the grounds of globalization: a topography for feminist political engagement", *Signs: Journal of Women in Culture and Society* 26(4), 2001.

Lefebvre, Henri, *La Production de l'espace*, Éditions Anthropos, 1974.（アンリ・ルフェーブル『空間の生産』斎藤日出治訳、青木書店、二〇〇〇年）

Mills, C. Wright, *The Sociological Imagination*, Oxford University Press, 1959.（チャールズ・ライト・ミルズ『社会学的想像力』鈴木広訳、紀伊國屋書店、一九六五年）

Nagao, Yoko, "The visible and invisible urban void: How they can be captured in the strata and networks of local activities and negotiations", *Proceedings of the 6th International Conference* (Modern Asian Architecture Network mAAN), 2006.

Oaks, T. S., "The cultural space of modernity: ethnic tourism and place identity in China", *Environment and Planning D: Society and Space*. vol. 11, 1993.

Ong, Walter J., *Orality and Literacy: The Technologizing of the World*, Methuen, 1982.（ウォルター・J・オング『声の文化と文字の文化』桜井直文・林正寛・糟谷啓介訳、藤原書店、一九九一年）

Passi, Anssi, "Place and region: regional worlds and words", *Progress in Human Geography*, 26(6), 2002.

Passi, Anssi, "Region and place: regional identity in question", *Progress in Human Geography*, 27(4), 2003.

Pred, Allan, "Place and historically contingent process: structural and the time-geography of becoming places", *Annals of Association of American Geographers*, 74(2), 1984.

Prince, H. C., "The geographical imagination", *Landscape*, 11, 1962.

Rubin, Jay, *Injurious to Public Morals: Writers and the Meiji State*, University of Washington Press, 1984.（ジェイ・ルービン

『風俗壊乱——明治国家と文芸の検閲』今井泰子・大木俊夫・木股知史・河野賢司・鈴木美津子訳、世織書房、二〇一一年）

Ruoff, Kenneth J., *Imperial Japan at Its Zenith: The Wartime Celebration of the Empire's 2,600th Anniversary,* Cornell University Press, 2010.（ケネス・ルオフ『紀元二千六百年——消費と観光のナショナリズム』木村剛久訳、朝日新聞出版、二〇一〇年）

Schama, Simon, *The Embarrassment of Riches: An Interpretation of Dutch Culture in the Golden Age,* University of California Press, 1988.

Schnell, Scott, *The Rousing Drum: Ritual Practice in a Japanese Community,* University of Hawai'I Press, 1999.

Seeger, Charles, *Studies in Musicology 1935-1975,* University of California Press, 1977.

Seymour, Susanne, "Historical geographies of landscape", Graham, Brian, and Catherine Nash eds., *Modern Historical Geographies,* Longman, 2000.（スザンヌ・シーモア「風景の歴史地理」ブライアン・グレアム、キャサリン・ナッシュ編『モダニティの歴史地理（下）』米家泰作・山村亜希・上杉和央訳、古今書院、二〇〇五年）

Smith, Suzan J. "Beyond geography's visible worlds: a cultural politics of music", *Progress in Human Geography,* 21(4), 1994.

Soja, Edward W., *Postmodern Geographies: The Reassertion of Space in Critical Social Theory,* Verso, 1989.（エドワード・W・ソジャ『ポストモダン地理学——批判的社会理論における空間の位相』加藤政洋・西部均・水内俊雄・長尾謙吉・大城直樹訳、青土社、二〇〇三年）

Soja, Edward W., *Thirdspace: Journeys to Los Angeles and Other Real-and-Imagined Places,* Blackwell, 1996.（エドワード・W・ソジャ『第三空間——ポストモダンの空間論的展開』加藤政洋訳、青土社、二〇〇五年）

Thornbury, Barbara E., *The Folk Performing Arts: Traditional Culture in Contemporary Japan,* State University of New York Press, 1997.

Urry, John, *The Tourist Gaze,* Sage, 1990.（ジョン・アーリ『観光のまなざし』加太宏邦訳、法政大学出版局、一九九五年）

Vlastos, Stephen ed., *Mirror of Modernity: Invented Traditions of Modern Japan,* University of California Press, 1998.

新聞・雑誌

『大阪朝日新聞』
『榧の実』
『歌謡芸術』（継続後誌『歌謡音楽』）
『北日本新聞』
『郷土風景』
『高志人』（一九四四年六月～一九四五年六月まで『高志』）
『中越新聞』
『東京朝日新聞』
『東京教育雑誌』（継続後誌『東京教育』）
『富山新報』
『富山日報』
『日本海詩人』
『日本詩人』
『北陸タイムス』
『毎日新聞』
『民謡』
『民謡音楽』
『民謡詩人』
『八尾日曜新聞』
『読売新聞』

その他

『越中おわら』おわら保存会
『鷗外全集　第三八巻』月報三八、岩波書店、一九七五年六月
『おわら通信』桂書房、二〇一〇〜二〇一二年
『郷土舞踊と民謡』日本青年館
「伝説・俗謡・童話・俚諺調査答申書」婦負郡役所、一九〇六年
『東京市統計年表』
『富山県統計書』
『三越』株式会社三越
都家歌六ほか監修『全集・日本吹込み事始　一九〇三年ガイズバーグ・レコーディングス』（東芝ＥＭＩ TOCF-59061-71）
宵まち・せんまい会議『俚謡越中おわら節　発掘「おわら」ＳＰレコードヴィンテージシリーズ　第一集』二〇〇二年
富山市八尾おわら資料館所蔵資料

あとがき

本書は二〇一七年に総合研究大学院大学に提出した博士論文「〈うたの町〉をめぐる近代の空間誌——おわら風の盆の半世紀に耳を澄ます」に加筆、修正をほどこしたものである。

筆者が初めておわら風の盆に出会ったのは一九九一年、地理学を学んでいた大学二年生の夏休みのことであった。帰省中の八尾町出身の学友を訪ねたのがきっかけである。

筆者の眼に映った八尾町の姿は、最初から特別な浮遊感をたたえたものであった。JR高山線越中八尾駅で列車を降り、一〇分ほど歩くと井田川のほとりで急に視界が開ける。対岸には中世の城と見紛う石垣がそびえていた。その上に町が築かれているなどとはにわかに理解できず、時代的・空間的錯覚をひき起こす奇観に虚を突かれた心地であった。

滞在中におわら風の盆にふれ、耳なじみのない音楽と独特の雰囲気にさらに印象を深くした。筆者が幼少期から受けてきた音感教育や西洋クラシック音楽を中心として育まれた音楽観とは、まったく異なる音の世界に出会ってしまったからである。町筋や神社の境内にしつらえられたぼんぼりの光のなかで、おわらは音と熱を発して眼前で繰り広げられていた。だが、筆者との間には大きく深い谷間が横たわっているかのような遠さをも感じさせた。こうした「臨場感」と「遠さ」に挟まれた宙吊り状態は、なぜ、どのように生じるのか。それは筆者の個人的な感じ方というよりも、より一般的な文化や身体の問題なのではないか。ふりかえれば、こうした疑問がずっと心の中でくすぶり続けていたのである。

一九九三年、生活空間としての地域社会に人びとが抱く意識を民俗行事から解き明かそうと、八尾町をフィールドに卒業論文に取り組んだのが、空間‐うた‐社会の連関を探る研究の第一歩であった。その後、紆余曲折を経てふたたびおわら風の盆にまつわる研究に本腰を入れ始めたのは、十年以上経ってからのことである。

というのも、二〇〇〇年に開館した八尾おわら資料館（初代おわら保存会会長故川崎順二邸跡にあった旧資料館跡地に建設された）において資料収集・整理の機運が高まり、一九九〇年代には存在が知られていなかったような資料へのアクセスが可能となっていた。そこで二〇〇三～〇四年度にかけて科学研究費補助金（科学研究費補助金（若手研究（B））研究題目「地方文化としての「おわら風の盆」の創造／再生産と社会的想像力」）の助成を受け、所蔵資料の調査を行った。館長の長谷川洌氏（当時）、富山県民謡越中八尾おわら保存会、富山市教育委員会のご協力により未整理の資料の特定や目録化などを進め、富山県立図書館所蔵の明治期～昭和戦前期を中心とした新聞記事調査をあわせて行うなかで、文化実践の内実に分け入る好資料にめぐりあった手応えを得た。

さらに、二〇〇六年に日本ポピュラー音楽学会で行った研究報告「統制の対象から文化・教育の資源へ――民謡のカテゴリー化と価値の転換をめぐって」を機に、国際日本文化研究センターの細川周平先生が主宰する共同研究「民謡研究の新しい方向」（二〇〇七～一〇年度）に参加できたのは幸運であった。古今東西のうたにまつわる研究を手がけ、音楽学、社会学、文化人類学、文学、音楽評論など領域横断的に活躍される方々に直接接し、語り合うなかで、孤独な手探り状態から脱することができたように思う。国内外の学会で報告し、視野を広げ研究が深められたのも、この共同研究に参加していたからこそであった。この間、全国民謡大会の調査過程で後藤桃水の故郷である宮城県東松島市ゆかりの民謡関係者の方々とつながりができたことも収穫であった。共同研究の成果は『民謡からみた世界音楽――うたの地脈を探る』（細川周平編著、ミネルヴァ書房、二〇一二年）に結実した。

そうこうするうちに「越中おわらを語る会」発足のニュースが舞い込んだ。「おわらの歴史をたどる資料を発掘、整理」し、「おわらの原点を見極め、今後に生かしていく」（越中おわらを語る会編「『おわら』の謎を探る旅」『おわら通信（その二）』二〇一〇年、越中おわらを語る会）ことを目的とし、県民によびかけて、おわらに関する古い文書や写真、レコード、戦中・戦後の資料を持ち寄って論議を深め、出版物を通じて成果を発表する計画だという。折にふれて会に同席させていただき、活動に携わる方々の知見や問題意識に耳を傾け、情報交換を行うなど、貴重な機会に恵まれた。

以上のような研究の歩みは、博士論文の初出に色濃く反映している。

序　章　書下ろし

第1章　「『俚謡集』再考——うたの〈方言〉化とやわらかな統制」『和光大学表現学部紀要』第一〇号、二〇一〇年、八六～九七頁。

第2章　「地域芸能の改造と博覧会的空間」『人文地理』第六一巻第三号、二〇〇九年、一八七～二〇六頁。

第3章　「豊年踊りをめぐって——『群れる』と『見せる』のあいだ」おわらを語る会編『おわらの記憶』桂書房、二〇一三年、八一～九四頁。

「ホールでうたう——大正期における演唱空間の拡大と民謡の位置」細川周平編著『民謡からみた世界音楽——うたの地脈を探る』ミネルヴァ書房、二〇一二年、一五七～一七四頁。

「全国民謡大会と邦楽改良運動」『おわら通信（その四）』桂書房、二〇一一年、一四～二四頁（おわらを語る会編『おわらの記憶』桂書房、二〇一三年、七二～八〇頁に再録）。

第4章　「近代詩運動と民謡——大正・昭和初期における富山県の動向からさぐる地方性の現出」『和光大学表現学部紀要』第一五号、二〇一五年、一五四［一］～一三一［二四］頁。

第5章　「新踊りをめぐって——郷土芸術の探求」おわらを語る会編『おわらの記憶』桂書房、二〇一三年、一四五～一五七頁。

「〈踊る少女〉と越中おわら節の芸術化」『おわら通信（その四）』桂書房、二〇一二年、三四～四三頁（「〈踊る少女〉とおわらの芸術化」おわらを語る会編『おわらの記憶』桂書房、二〇一三年、一七六～一八三頁に再録）。

第6章　「おわらの総合プロデュース――初期おわら保存会の組織・活動・構想」おわらを語る会編『おわらの記憶』桂書房、二〇一三年、一五八～一七五頁。

第7章　書下ろし

終　章　書下ろし

空間というテーマに大きくこだわり始めたのは、第2章のもととなった「地域芸能の改造と博覧会的空間」（『人文地理』第六一巻第三号、二〇〇九年）を構想していたころだったと思う。粗削りな第一稿に対する査読者の厳しくも懇切丁寧なコメントは、改稿にあたってのみならず、その後の研究を進めていくうえで大きな助けとなった。博士論文の総論にあたる序章を執筆し、全体の構成を決める過程で、初出論文は大幅な加筆、修正、ときには組み換えを行うこととなった。

本書刊行に至るまでには、たいへん多くの方々や機関のお世話になった。博士論文を審査して下さった総合研究大学院大学・坪井秀人先生、細川周平先生、安井眞奈美先生、愛媛大学・中原ゆかり先生、法政大学・米家志乃布先生に深く感謝申し上げたい。主査の坪井秀人先生からは研究の早い段階で大きな影響を受けていたが、まさか審査していただく光栄に浴するとは思ってもみなかった。細川周平先生は前述した共同研究「民謡研究の新しい方向」以来、遅々とした歩みを根気強く見守り、論文博士申請の相談にも快く応じて下さった。安井眞奈美先生からは半年あまりにわたる審査の過程で拙論の不備な点について的確なご指摘を賜り、中原ゆかり先生は国内外の民族音楽・民俗芸能に関する知見を惜しみなく分かち合って下さった。米家志乃布先生は大学院生時代からの先輩として、背中を追ってきた存在である。本書の刊行が少しでも審査委員の先生方の学恩に報いることになれば幸いである。

また、筆者の勤務先である和光大学で関心を共有できた諸先輩方、同僚にも感謝したい。とりわけ塩崎文雄先生からはご専門の日本近代文学にとどまらず、文化史への深い造詣をふまえた貴重なご指摘を頂戴した。女性学・ジェンダー研究の泰斗である井上輝子先生には、第5章にあたる原稿に目を通していただき、励ましをいただいた。また、デザインを専門とされる畑中朋子先生には図版作成にご協力いただいた。大学業務を通じて知り合った境磯乃さん、松岡有希さんには八尾おわら資料館所蔵調査や資料整理などでお世話になった。

各方面の専門家・機関・関係者のご協力に対しても御礼申し上げる。藤本蔦彌師には邦楽の初歩的な知識を教えていただいた。歴史資料の判読には、古文書調査に関する経験と知識の豊富な荒垣恒明氏のお力添えをいただいた。先述した国際日本文化研究センター共同研究「民謡研究の新しい方向」のメンバーやオブザーバーの方々からは多大な恩恵を被った。京都市立芸術大学・竹内有一先生を通じてご紹介いただいた稀音家義丸師からは長唄の歴史、大西秀紀先生には俚謡レコードについてご教示を賜ることができた。国立音楽大学・横井雅子先生には二〇〇八年日本音楽学会ラウンドテーブル「現代に棲処を得る――伝統芸能の〝再文脈化〟」への登壇の機会を与えていただいた。後藤桃水関係ではご親族の後藤正一郎氏、直弟子にあたる成澤護氏、小林敬子氏をはじめとする東松島市の方々、二葉園宗家日本民謡桃水会、東松島市図書館にお世話になった。株式会社三越伊勢丹ホールディングスには図版提供、資料や記載内容の確認作業にご協力いただいた。

富山では非常に多くの方々にお世話になった。卒業論文のための住み込み調査から現在にいたるまで厚情を賜った谷井俊彦・昭美御夫妻、筆者をおわらの世界に導いて下さった八尾町の皆様、何人ものすばらしい演奏者、踊り手の方々に深く感謝する。富山市立図書館、富山市教育委員会、富山市八尾おわら資料館、富山県民謡越中八尾おわら保存会、おわらを語る会、富山県立図書館、富山県公文書館、成瀬昌示氏（故人）、伯育男氏（故人）、長谷川洌氏、嘉藤稔氏には、情報・資料提供など多大なご協力をいただいた。かつて記者としておわら風の盆を精力的に取材された荒木良一氏（元北日本新聞社論説委員長）と調査方法や新たな研究の方向性について議論したことも忘れられない。

ミネルヴァ書房の涌井格氏には「ホールでうたう」（『民謡からみた世界音楽』所収）以来、六年ぶりにお世話になった。筆者のわがままに寛大かつ冷静に対処していただいた。

最後になったが、いつも仕事に汲々としている筆者を温かく見守り応援してくれる家族と、問いの源泉となる音楽に人生の早い段階で出合わせてくれた両親に感謝したい。

本書では、うたと空間を掲げて領域横断的なアプローチを試みた。あらためて痛感したのは、近代の産物である学問領域の区分けがうたの捉え方をいかに狭め、専門領域ごとに切り刻んできたかという点であった。また、人間の集合的身体のなかから湧き上がるうたが終章でふれた権力、資本主義の深化、地理的想像力などにまつわる過程によって大きく影響を受け、痩せ細っていく面があることに気づかされた（即興の衰退やうたを介した日常的な社交機会の減少など）。学問はうたをまるごと捉えようとせず、その豊かさを十分に認識できぬまま部分的に光をあててきたにすぎないのではないか。本書で試みた空間誌という文化の把握と記述の方法が学問領域の間隙を橋渡しし、うたとともに響きを創り出していけるような学問のあり方へとつながることを願っている。

二〇一九年五月一〇日

長尾洋子

人名索引

あ　行

か　行

さ　行

た　行

な　行

は　行

ま　行

や行

ら・わ行

事 項 索 引

あ 行

か 行

さ 行

た 行

な 行

は 行

ま 行

や　行

ら　行

《著者紹介》

長尾洋子（ながお・ようこ）

1970年　生まれ
1997年　ロンドン大学大学院修士課程修了（開発学修士）
1998年　お茶の水女子大学大学院修士課程修了（人文科学）
2018年　博士（学術）（総合研究大学院大学）
現　在　和光大学表現学部教授
専　門　文化地理学
主　著　「生きられたレジャー革命——福井家の余暇とその舞台」塩崎文雄監修『東京をくらす——鉄砲洲「福井家文書」と震災復興』八月書館、2013年。
“Folk Performing Arts, Community Life, and Well-being :Why Shishi-mai Matters in Toyama, Japan”, *Paragrana*, 22 (1), 2013.
「あでやかさの舞台裏——観光資源としての鶴崎踊の成立と地域社会における女性」友原嘉彦編著『女性とツーリズム——観光を通して考える女性の人生』古今書院、2017年。
『民謡からみた世界音楽——うたの地脈を探る』（共著）ミネルヴァ書房，2012年。
ほか。

越中おわら風の盆の空間誌
——〈うたの町〉からみた近代——

2019年８月10日　初版第１刷発行　〈検印省略〉

定価はカバーに
表示しています

著　者　長　尾　洋　子
発行者　杉　田　啓　三
印刷者　中　村　勝　弘

発行所　株式会社　ミネルヴァ書房
607-8494　京都市山科区日ノ岡堤谷町１
電話代表（075）581-5191
振替口座01020-0-8076

中村印刷・新生製本

ISBN978-4-623-08528-6
Printed in Japan